KB265167

임동석중국사상100

도연명집

陶淵明集

$\frac{1}{2}$

陶淵明 撰 / 林東錫 譯註

〈陶淵明故事圖〉明 陳洪綬(그림) 미국 호놀룰루 미술학원 소장

"상아, 물소 뿔, 진주, 옥. 진괴한 이런 물건들은 사람의 이목은 즐겁게 하지만 쓰임에는 적절하지 않다. 그런가 하면 금석이나 초목, 실, 삼베, 오곡, 육재는 쓰임에는 적절하나 이를 사용하면 닳아지고 취하면 고갈된다. 그렇다면 사람의 이목을 즐겁게 하면서 이를 사용하기에도 적절하며, 써도 닳지 아니하고 취하여도 고갈되지 않고, 똑똑한 자나 불초한 자라도 그를 통해 얻는 바가 각기 그 자신의 재능에 따라주고, 어진 사람이나 지혜로운 사람이나 그를 통해 보는 바가 각기 그 자신의 분수에 따라주되 무엇이든지 구하여 얻지 못할 것이 없는 것은 오직 책뿐이로다!"

《소동파전집》(34) 〈이씨산방장서기〉에서 구당(丘堂) 여원구(呂元九) 선생의 글씨

책머리에

"歸去來 歸去來ᄒ되 말 쓴이오 가 리 업ᄉ
 田園이 將蕪ᄒ니 아니 가고 엇지 ᄒ고
 草堂에 淸風明月이 나명들명 기ᄃ리ᄂ니"

조선 시대 농암聾巖 이현보李賢輔의 〈효빈가效嚬歌〉이다. 그런가 하면 삼주三洲 이정보李鼎輔는 다시 이렇게 읊었다.

"歸去來 歸去來ᄒᄂ들 물러간 이 긔 누구며
 功名이 浮雲인줄 사람마다 알 것만은
 世上에 꿈 ᄭᆡᆫ이 업쓴이 그를 슬허 ᄒ노라"

도연명만큼 우리나라에 많이 읽혀 오고 또 인구에 회자된 중국 시인도 그리 많지는 않을 것이다. 조선시대 학자나 문인이면 입을 열었다 하면 "도연명 처럼 귀거래하리라"고 따라 읊어대었으니 그 때문에 '효빈效嚬'이라 하였다.
 지금인들 다르겠는가? 도시 생활에 지치고 경쟁에 고달픔을 참지 못하면 그저 쉬운 말로 '귀거래歸去來'를 들먹거린다. 그럼에도 과연 자신 있게 용기를 내어 모든 것을 떨치고 헌걸차게 짐을 싼 자는 그리 많지도 않고 또 현실적인 상황이 그렇게 놓아 주지도 않는다.

 그런가 하면 퇴계退溪 이황李愰은 〈도화원기〉를 두고 봉화 청량산을 이렇게 노래하였다.

“淸涼山 六六峯을 아느 니 나와 白鷗
白鷗야 헌스ᄒ랴 못 미들손 桃花ㅣ로다.
桃花야 ᄯᅥ드디 마라 漁舟子 알가 ᄒ노라”

이처럼 문인이라면 의례히 국화菊花, 오류五柳, 팽택彭澤, 남산南山, 율리栗里, 음주飮酒, 전원田園, 장무將蕪, 용슬容膝, 도화원桃花源, 귀거래歸去來, 오두미五斗米, 유관流觀, 불구심해不求甚解, 북창北窗, 귀전歸田이라는 어휘를 넣어 도연명을 닮고자 하고, 아니면 그러한 생활을 자신의 꿈인 양 읊었다.

그러나 《도연명집》의 전체를 훑어보면 이는 우리에게 널리 알려진 몇 편의 시와 문장에서 느끼는 도연명 문학의 정수일 뿐, 실제 그 외의 많은 시문 속에는 온통 고통의 하소연이며 생활고의 핍진한 현실을 그저 평범한 어휘로, 그러면서 살아 있는 그림처럼 소담하게 기록한 부분이 더욱 가슴을 아프게 하는 것이 훨씬 더 많다.

정말 이렇게 가난했을까? 정말 이토록 삶과 죽음에 대한 회한이 서려 있었을까? 천지를 다 버리리라 하는 도가적인 면이 강한 듯하면서 행간에는 가난을 벗어나기 위해 열심히 살리라 하면서도, 나이가 들어가면서 불로장생의 꿈을 버리지 못하는 이중적인 갈등 구조를 그대로 보여 주고 있다.

내가 도연명에 대한 전체 문장을 다 꼼꼼히 살펴보리라고 생각했던 것은 꽤 오래 되었다. 그러나 젊은 날에는 다른 문장에 심취하여 세월을 보내다가 이제는 안되겠다 싶어 모아둔 자료를 꺼내어 보았더니 쉬운 문장이 아니었을 뿐더러 내가 가지고 있던 도연명에 대한 생각과 많이 차이가 남을 느꼈다.

즉 어릴 때 배웠던 뛰어난 문장만이 그의 전체인 양 여겼던 것이, 처음
부터 살펴보니 매우 도가적道家的이면서도 동시에 유가적儒家的이며, 전원
생활의 꿈을 마음 놓고 누렸을 풍요로운 시골 시인인 줄 알았는데 도리어
가난과 가정적 고통에 몸부림을 친 불쌍한 작가에 불과한 것이었다.

이에 우선 시문을 모두 섭렵하고 나서 다시 학문적인 문제에 얽혀 있는
〈오효전찬〉과 〈성현군보록〉, 〈팔유·삼목〉은 도연명과 관련이 없는 것으로
그의 문집에 실림으로 해서 혼효混淆를 빚었던 것이기는 하나 이왕이면
역주를 하여 자료로 제공할 수밖에 없다는 생각을 하게 되었다.

이리하여 전체를 모두 빠짐없이 역주를 하고 출전의 원전을 찾아 대조
하였으며 각주를 활용하여 가능한 한 후인들의 학습과 연구에 도움이
될 수 있는 책으로 꾸미고자 해 보았다.

그러나 어찌 실제 살아 겪었던 옛 시인의 삶과 문학을 나의 둔천鈍淺한
재능으로 그 췌화萃華의 맛을 다 보았다 하겠는가? 그럼에도 한편으로는
이렇게 살았던 시인의 꿈을 나도 꿀 수 있었고, 그렇게 고통스러웠던 일생을
나도 견뎌낼 수 있으리라는 작은 다짐이 소득이라면 곧 소득이라 자위한다.

이미 도연명에 관심을 가지고 많은 저술과 학문적 업적을 쌓은 박아군자
博雅君子의 질책과 사교賜敎을 기다린다.

줄포茁浦 임동석이 취벽헌醉碧軒에서 적음.

일러두기

1. 이 책은 《도연명집교전陶淵明集校箋》 양용楊勇(著) 성위출판사(成偉出版社, 1975, 臺灣 臺北)를 바탕으로 전체를 빠짐없이 역주한 것이다. 이 책은 〈오효전五孝傳〉과 〈성현군보록聖賢羣輔錄〉(上下), 〈팔유八儒·삼묵三墨〉 등을 모두 집주하여 아주 유용한 자료로 활용하였다.

2. 국내외 번역본도 수집하여 참고하였으며 큰 도움을 받았다. 특히 《신역 도연명집新譯陶淵明集》(溫洪隆, 三民書局, 2004, 臺灣 臺北)은 구체적인 주석과 번역에 많은 참고 내용을 제공해 주어 결정적인 참고자료로 널리 활용하였다. 그러나 거의 모든 번역본(백화어 포함)에서는 〈자제문〉까지만 번역(역주)하고 있으며 〈오효전五孝傳〉과 〈성현군보록聖賢羣輔錄〉(上下), 〈팔유八儒·삼묵三墨〉은 다루지 않고 있다.(다만 車柱環 〈韓譯本〉은 다루기는 하였으나 注는 없음) 이는 이 문장들은 도연명의 작품이나 저술이 아닌 것으로 이미 판명되었기 때문이기는 하나, 이공환李公煥의 《도집陶集》 이후로 《도연명집》에 수록되어 있어, 본 역자는 에에 대한 연구 자료 제공의 의미로 모두 상주詳註하고 번역하였다.

3. 모든 문장은 일련번호를 부여하여 연구와 검색에 용이하도록 하였다.

4. 시문은 각 구절은 한 줄로 표현하되 원문은 두 줄로 제시하였다.

5. 각주 다음에 참고 및 관련자료 항목을 두어 번역에서 다루지 못한 내용을 원전을 찾아 일일이 제시하여 연구와 이해에 도움이 되도록 하였다.

6. 시는 함축적인 의미가 강하여 번역에 직통이 어려워 일부 의역을 하였다. 이에 대하여는 각주와 참고자료를 활용하여 대조하기 바란다.

7. 역대로 도연명의 시로 잘못 전해진 3편의 시는 말미에 『부기附記』란을 두어 이를 풀이하고 설명하였다.

8. 부록에는 역대 도연명에 대한 서발序跋과 자료, 정사正史의 도연명전
   陶淵明傳을 모두 원문으로 실어 연구자의 도움을 삼을 수 있도록 하였다.

9. 사고전서四庫全書《수신후기搜神後記》는 도잠陶潛(撰)으로 표기되어 이제껏
   전해오고 있다. 이는 이미 도연명의 작품이 아닌 것으로 확정, 판명이 나
   있다. 그러나 이 역시 자료로 활용할 수 있다고 여겨 부록에 그 원문을
   표점 처리하고 일련번호를 부여하여 게재하였다. 연구자의 참고로 활용
   하기를 기대한다.

10. 이 책을 역주함에 참고한 주요 문헌은 아래와 같다.

❀ 참고문헌

1. 《陶淵明集校箋》楊勇(著) 成偉出版社 1975 臺灣 臺北.

2. 《陶淵明集》吳澤順(編注) 岳麓書社 1996 湖南 長沙.

3. 《新譯陶淵明集》溫洪隆(註譯) 三民書局 2004 臺灣 臺北.

4. 《陶淵明集全譯》郭維森·包景誠(譯註) 貴州人民出版社 1992 貴州 貴陽.

5. 《陶淵明集譯注》孟二冬(注譯) 吉林文史出版社 1996 吉林 長春.

6. 《陶淵明詩文譯釋》劉繼才·閔振貴(編著) 黑龍江人民出版社 1997 黑龍江
   哈爾濱.

7. 《韓譯陶淵明全集》車柱環(譯) 서울大學校出版部 2001 서울.

8. 《陶淵明全集》이치수(譯註) 문학과 지성사 2005 서울.

9. 《南史》隱逸傳 (二十五史 鼎文書局本)

10. 《宋史》隱逸傳 (二十五史 鼎文書局本)

11. 《晉書》隱逸傳 (二十五史 鼎文書局本)

12. 《文選》梁, 蕭統 上海古籍出版社 1992 上海.

13. 《詩品》梁, 鍾嶸 林東錫(譯註) 學古房 2003 서울.

14. 《搜神後記》陶潛(撰) 四庫全書本

15. 《搜神後記》陶潛(撰) 百子全書本

　　기타 〈십삼경十三經〉, 〈이십오사二十五史〉, 〈사고전서四庫全書〉 관련 자료 및 공구서工具書 등은 생략함.

해제

도연명(陶潛: 365~427)

  도연명에 대하여는 더 이상 해설이 췌사贅辭일 정도로 우리나라에도 널리 알려진 시인이다.

  그는 진晉·송宋 시기의 시인詩人으로 이름은 연명淵明으로 더 널리 알려져 있으며 일명 잠潛이라고도 한다. 자字는 원량元亮, 사시私諡는 정절靖節. 심양尋陽(潯陽) 시상柴桑(지금의 江西省 九江市) 출신이다. 그의 증조曾祖인 도간陶侃은 동진東晉의 개국공신開國功臣으로 대사마大司馬 등을 지냈으며 조부祖父는 태수太守를 지내기도 하였다. 아버지는 일찍 죽었고 어머니는 동진東晉때 명가名家인 맹가孟嘉의 딸이었으며, 도연명은 한 때 주州의 좨주祭酒, 진군鎭軍, 건위참군建威參軍을 지냈으나 팽택령彭澤令이 되자 80여 일 만에 「오두미五斗米」 고사를 남긴 채 낙향하여 〈귀거래사歸去來辭〉를 지은 것으로 알려져 있다. 그 외에 〈전원시田園詩〉와 〈도화원기桃花源記〉, 〈오류선생전五柳先生傳〉 등을 남겨 중국 최고의 전원시인田園詩人으로 추앙되고 있다. 단 《시품詩品》에서는 그의 시를 중품中品에 넣어 당시 시풍詩風과의 차이에서 질박하다는 이유로 낮추고 있음을 알 수 있다. 한국문학韓國文學에도 지대至大한 영향을 미쳐 시조, 가사, 한문 문장에 도연명을 거의 인용하거나 거론하여 은일과 전원의 생활을 표현하는데 원용하였다. 그의 전기는 《진서晉書》(94), 《송서宋書》(93), 《남사南史》(75)에 전하고 있으며, 《도연명집陶淵明集》 여러 판본이 전하고 있다. (이들에 대한 자료는 부록을 볼 것.)

특히 남조 양나라 때 소명태자昭明太子 소통蕭統이 도연명에 대한 자료를
모아 《도연명집》 8권을 편집하였으나 여기에는 〈오효전五孝傳〉과 〈사팔목
四八目〉(聖賢羣輔錄)은 들어 있지 않았다. 그 뒤 북제北齊 때 양휴지陽休之가
처음으로 소통본에 없던 각편의 〈병서〉, 목록 등을 합하여 10권으로 편찬,
이것이 정본으로 널리 알려지게 되었다. 이에 북송 송원헌宋元憲은 《사기私記》
에서 "지금 관찬과 사찬의 도연명집 몇 종류를 보았더니 10권으로 되어 있는
것이 있었는데 이는 바로 양휴지가 편찬한 것이다. 나는 그 전후로 수십가의
판본을 보았으나 어느 것이 맞는 것인지 알 수 없었다. 그런데 만년에
이 판본을 얻었으니 전하는 말로 이는 강좌의 옛 책이라 하였다. 그 차례로
보아 가장 잘 된 것이었다"(今官私所行陶集數種: 有十卷者; 卽陽僕射所撰. 余前後所得本
僅數十家, 卒不知何者爲是, 晩獲此本, 云出於江左舊書, 其次第最若倫貫者)라 하여 높은
평가를 받았다.

그 외 근세에 전하는 판본으로는 증집曾集, 탕한湯漢, 이공환李公煥 세 사람의
판본이 널리 전해져 왔다. 그러나 이공환은 〈오효전〉과 〈사팔목〉을 더하되
〈사팔목〉은 상하上下로 분권하여 10권으로 만들었다. 이에 따라 도연명의
저술이 아닌 〈오효전〉과 〈사팔목〉이 오류를 범한 채 지금까지 이에 대한
혼란을 가져오게 된 것이다. 그 외에 《도연명집》에 대한 주석에 가한 이들
로는 탕한湯漢, 이공환李公煥, 하맹춘何孟春, 오첨태吳瞻泰, 구가수邱家穗, 도주
陶澍, 고직古直, 정복보丁福保 등이 있으며 이들 주에 대한 우열이나 특징은
양용楊勇의 《도연명집교전陶淵明集校箋》 자서自序에 자세히 실려 있다.

한편 그의 명자名字에 관한 이론異論에 대하여 왕중汪中은 《시품주詩品注》에서 장연張纘의 말을 빌려 "梁昭明太子傳稱陶淵明字元亮, 或云潛字淵明, 顔延之誄亦云有晉徵士尋陽陶淵明, 以統及延之所書, 則淵明固先生之名, 非字也. 先生作孟嘉傳, 稱淵名先親, 君之第四女, 嘉於先生爲外大父, 先生又及其先親, 義必以名自見, 豈得自稱字哉? 統與延之所書. 可信不疑. 晉史謂潛字元亮, 南史謂潛字淵明, 皆非也. 先生於義熙中祭程氏妹, 亦稱淵明, 至元嘉中對檀道濟之言, 則云潛也何敢望賢. 年譜吳仁傑云在晉名淵明. 在宋名潛, 元亮之字則未嘗易, 此言得之矣"라 하였다.

〈도연명〉

〈陶淵明醉歸圖〉明 張鵬(그림)

陶淵明像
三才圖會　人物五卷　兀
陶淵明晉臣也在宋易名潛字元亮世號靖節先生著有五
柳傳親老家貧時人弗聊妍絃歌以爲三逕之樂嘗未嘗
爲彭澤令解官賦歸去來辭

〈도연명〉《三才圖會》

〈陶淵明飮酒圖〉元 錢選(그림)

陶淵明集卷一

晉　陶潛　撰

詩四言

劉後村曰四言自曹氏父子王仲宣陸士衡後惟陶公最高停雲榮木等篇殆突過建安矣又曰四言尤難以三百五篇在前故也

停雲并序

停雲思親友也罇酒新湛（湛讀曰沈）園列初榮願言不從歎息彌襟

靄靄停雲濛濛時雨八表同昏平路伊阻靜寄東軒春醪獨撫良朋悠邈搔首延佇

停雲靄靄時雨濛濛八表同昏平陸成江（二句益寓厭亂思治之意）有酒有酒閒飲東窗願言懷人舟車靡從（謂相招以事新朝也）

東園之樹枝條再榮競用新好以招余情人亦有言日月于征安得促席說彼平生

翩翩飛鳥息我庭柯斂翮閒止好聲相和豈無他人念子實多願言不獲抱恨如何

高元之曰以停雲名篇乃周詩六義二曰賦四曰興之遺義也

時運并序

時運游暮春也春服既成景物斯和偶影獨游欣慨交心

邁邁時運穆穆良朝襲我春服薄言東郊山滌餘靄宇曖微霄有風自南翼彼新苗

洋洋平津乃漱乃濯邈邈遐景載欣載矚（矚之欲切視也）稱心而言人亦易足揮茲一觴陶然自樂

延目中流悠悠清沂（沂魚依切水名出泰山）童冠齊業閒詠以歸我愛其靜寤寐交揮但恨殊世邈不可追

斯晨斯夕言息其廬花藥分列林竹翳如清琴橫床濁酒半壺黃唐莫逮慨獨在余（史記曰黃帝為有熊帝堯為陶唐）

湯東澗曰閒詠以歸我愛其靜靜之為言謂

《陶淵明集》四庫全書（文淵閣）集部2 別集類

箋註陶淵明集卷之一

詩四言

劉後村曰四言自曹氏父子王仲宣陸士衡後惟陶公最高停雲榮木等篇殆突過建安矣又曰四言尤難以三百五篇在前故也

停雲

停雲思親友也罇湛新醪（湛讀曰沉）列初榮願言不從歎息彌襟（園）

靄靄停雲濛濛時雨八表同昏平路伊阻
静寄東軒春醪獨撫良朋悠邈搔首延佇
○停雲靄靄時雨濛濛八表同昏平陸成江（二句蓋寓飄回霧之意，陵還谷變之意）有酒有酒閒飲東窻
願言懷人舟車靡從○東園之樹枝條再榮競用新好以招余情（謂相招以人亦有事新朝也）
言日月于征安得促席說彼平生○翩翩飛鳥息我庭柯斂翮閒止好聲相和豈無他人念子寔多願言不獲抱恨如何

《箋註陶淵明集》四部叢刊본 初編 集部「書同文」電子版(北京)

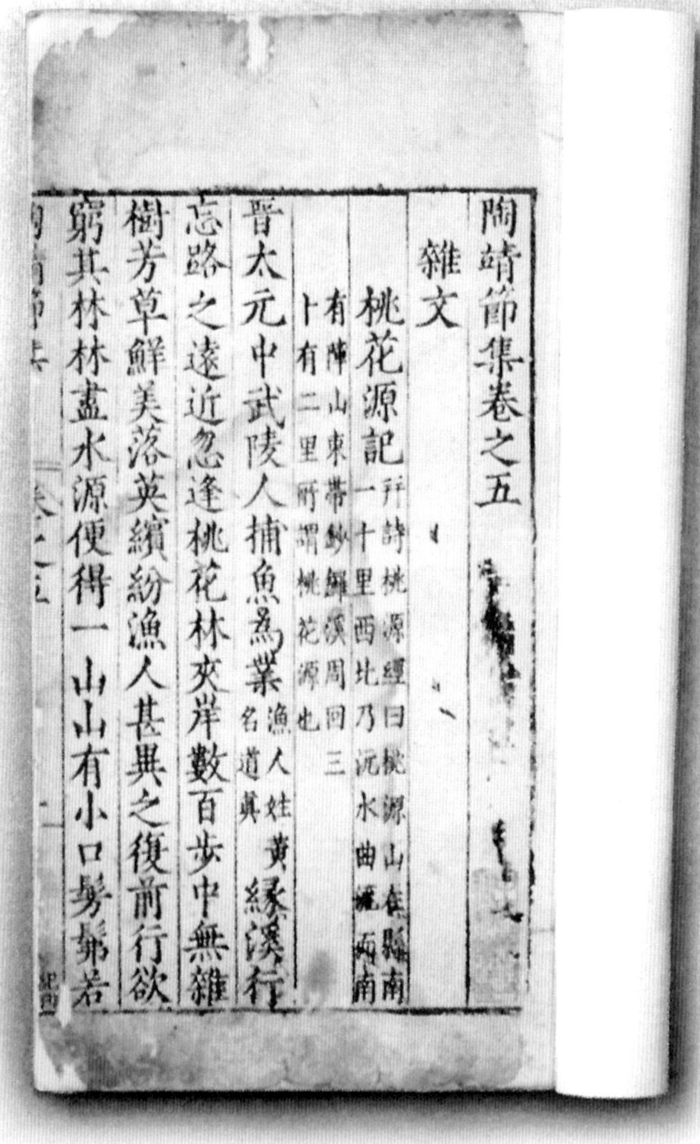

陶靖節集卷之五

雜文

桃花源記〔詩桃源山在縣南一十里西比乃沅水曲灑兩南有陣山東帶鈔鱖溪周回三十有二里所謂桃花源也〕

晉太元中武陵人捕魚為業〔漁人姓黄名道真〕緣溪行忘路之遠近忽逢桃花林夾岸數百步中無雜樹芳草鮮美落英繽紛漁人甚異之復前行欲窮其林林盡水源便得一山山有小口彷彿若

《陶靖節公集》

차 례

陶淵明集 二

卷一 『시사언詩四言』

卷三 『시오언詩五言』

卷四 『시오언詩五言』

卷五 『부賦·사辭』

卷九

◉ 附記

卷一『시사언詩四言』

(001 - 009)

〈織耕圖〉清 焦秉貞(그림)

001 〈停雲〉(并序)

『멈추어 선 구름』

서序

"이 '정운'이라는 시는 친구를 그리워 쓴 것이다. 술동이에 술이 익어 쌀알이 이미 잠겨 내려가고 새로운 탁주가 되었다. 정원에는 새롭게 피어난 꽃이 한창인데 친구와 더불어 함께 만나 즐기고자 하나 뜻대로 되지 않아 탄식이 내 가슴에 가득하다."

「停雲, 思親友也. 罇湛新醪, 園列初榮. 願言不從, 歎息彌襟.」

【停雲】 멈추어 선 구름. 잔뜩 구름이 낀 날씨. 이는《詩經》의 편명을 모방하여 제목을 삼은 것임.

【罇】 술을 숙성시키는 술항아리.

【湛】 '침'으로 읽으며 '沉(沈)'과 같음. '잠겨 가라앉다'의 뜻. 술을 담그는 곡물이 아래로 가라앉아 맑은 술이 위로 떠올라 익었음을 뜻함.《淮南子》覽冥訓에 "故東風至而酒湛溢"이라 하고 高誘 주에 "酒湛, 淸酒也. 米物下湛, 故曰湛"이라 하였음.

【新醪】 春醪. 봄에 익힌 술. 아직 거르지 않은 상태의 濁酒를 말함.

【列】 줄지어 늘어 선 모습. 드러남.

【初榮】 막 피어난 아름다운 꽃.

【願言】 말을 하고자 함. 여기서는 '그리워하다'의 뜻.《詩經》邶風 二子乘舟에
"願言思子"라 하였고 衛風 伯兮에는 "願言思伯"이라 함.
【不從】 뜻대로 할 수 없음을 말함.《詩經》小雅 小旻에 "謀臧不從"이라 함.
【彌襟】 흉금에 가득 품고 있음.

하늘 가득 멈추어선 구름,
부슬부슬 내리는 봄비.
온 세상이 함께 어둑어둑,
평탄한 길마저 막혀 버렸네.
조용히 동편 작은 방에서
홀로 봄 술잔 손에 잡았네.
그리운 친구 멀리 있으니
머리만 긁적이며 우두커니 있다네.

靄靄停雲, 濛濛時雨.
八表同昏, 平路伊阻.
靜寄東軒, 春醪獨撫.
良朋悠邈, 搔首延佇.

멈춘 구름 하늘 가득,
봄비는 그저 부슬부슬.
온 세상 어두워져
평지의 땅도 강이 되었네.
술만 이렇게 익어 있으니
동쪽 창 아래서 한가히 마실 뿐,

그리운 그대에게 말 전하고자 해도
배도 수레로도 갈 수 없구려.

停雲靄靄, 時雨濛濛.

八表同昏, 平陸成江.

有酒有酒, 閑飮東牕.

願言懷人, 舟車靡從.

동쪽 정원의 나무들이야,
가지도 줄기도 꽃을 달았지.
새롭다 다투고 있는 그 모습이야,
나의 정 기쁘게 하네.
사람들은 말하지,
세월은 쉬지 않고 흘러간다고.
어찌하면 그대와 자리 맞대고
일상의 말들을 나눌 수 있을까?

東園之樹, 枝條載榮.

競用新好, 以怡余情.

人亦有言, 日月于征.

安得促席, 說彼平生?

훨훨 나는 저 새도,
나의 정원 나뭇가지에서 쉬는구나.
나래를 접고서 한가히 앉아

좋은 소리로 서로 화답하누나.
어찌 다른 사람이 없겠소만은
그래도 그대 생각 간절하다오.
말 전해 보고자 해도 길이 없으니
한을 품은들 어찌하리오?

翩翩飛鳥, 息我庭柯.
斂翮閒止, 好聲相和.
豈無他人, 念子寔多.
願言不從, 抱恨如何?

【靄靄】 구름이 어둡게 가득 퍼져 있는 모습.
【濛濛】 가랑비가 내리는 모습을 표현한 말.
【時雨】 때에 맞게 내리는 비. 계절비. 여기서는 봄비를 가리킴.
【八表】 팔방의 밖. 八은 사면팔방을 뜻함. 表는 '그 밖까지'라는 뜻.
【同昏】 모두가 한결같이 어두컴컴함.
【伊】 '是'와 같음. 첩운호훈.
【寄】 '居'와 같음. 쌍성호훈.
【東軒】 동쪽으로 창이 있는 방이나 건물.
【獨撫】 홀로 술잔을 잡고 어루만지며 술을 마심. 홀로 술을 마심을 뜻함.
 獨酌과 같음.
【搔首】 머리를 긁적거림. 사람이 오지 않아 초조해하는 모습을 뜻함.《詩經》
 邶風 靜女에 "愛而不見, 搔首踟躕"라 함.
【延佇】 우두커니 서 있음.《楚辭》離騷에 "時曖曖其將罷兮, 結幽蘭而延佇"라 함.
【江】 長江. 濛, 牕, 從과 같은 운으로 '공'으로 읽음.《韻譜》에 "叶古紅切, 音公"
 이라 함.
【東牕】 牕은 窗(窓)과 같음. 역시 韻字에 맞추어 '총'으로 읽음.《集韻》에
 "麤叢切, 音怱"이라 함.
【靡從】 '不從'과 같음. 뜻대로 되지 않음. '靡'는 '無', '不能'의 뜻.

【再榮】‘再’는 ‘載’와 같으며 ‘始’의 뜻임. ‘榮’은 ‘茂盛’의 뜻. 嵇康〈贈兄秀才
　入軍詩十八章〉에 “春木載榮”이라 하여 위의 ‘初榮’과 같음.
【日月于征】日月은 세월. ‘于’는 ‘在’, ‘征’은 ‘往’의 뜻. 세월이 계속 흐르고 있음.
【促席】매우 가까이 다가와 앉음.
【說彼平生】각기 평소의 생활을 주제로 이야기를 나눔.
【庭柯】정원에 난 나무의 가지들.
【斂翮】‘翮’은 새의 날개를 지탱하는 힘줄. 날개를 접음을 뜻함.
【閒止】한가롭게 머물고 있음.
【好聲相和】좋은 소리로 서로 화답함.《詩經》小雅 伐木에 “嚶其鳴矣, 求其
　友聲, 相彼鳥矣, 猶求友聲, 矧伊人矣, 不求友生”이라 함.
【寔多】‘寔’은 ‘實’과 같음. 쌍성호훈. 다른 판본에는 ‘實’로 되어 있음.

1. 晉 安帝 元興 3년(404) 도연명 나이 40세 때의 작품으로 보고 있다.

2. 이 시는《詩經》小序의 體例를 본떠 제목을 붙인 것이며 뒤의「時運」,
「榮木」,「歸鳥」등도 마찬가지이다.

3. 봄비 속에서 친구에 대한 그리움을 四言으로 읊은 것이다.

〈甲第建築紋〉漢代 畫像石 四川 德陽 黃滸鎭 출토

002 〈時運〉(并序)
『사시의 운행』

"이 '시운'은 늦은 봄에 노닐며 지은 것이다. 봄에 입을 옷이 이미 마련되었고, 만물의 물색 또한 이에 맞추어 화창하다. 그림자와 짝을 이루어 홀로 놀이를 나섰으나 즐거운 마음과 서글픈 마음이 교차한다."

「時運, 游暮春也. 春服旣成, 景物斯和, 偶影獨游, 欣慨交心」

【時運】 사계절의 운행.
【游暮春】 이는 《論語》先進篇 曾點의 이야기를 원용한 것임. 참고란을 볼 것.
【偶影】 그림자를 짝으로 삼음. 홀로임을 뜻함.

끝없이 흐르는 계절의 운행이여,
온화하고 아름다운 아침이로다.
나의 봄옷을 껴입고서

동쪽 교외로 나서 보았네.
산에는 남은 아지랑이 깨끗이 씻겨 나가고
가벼운 구름이 살짝 덮였네.
고운 바람은 남쪽에서 불어와
저 새싹들 가볍게 스치네.

邁邁時運, 穆穆良朝.

襲我春服, 薄言東郊.

山滌餘靄, 宇曖微霄.

有風自南, 翼彼新苗.

넓고 넓어 고요한 나루터,
입도 가시고 발도 씻었네.
아득히 멀고먼 저 펼쳐진 광경,
즐겁기도 하고 눈도 떼지 못하네.
사람들은 말하지.
제 마음에 맞으면 쉽게 만족한다고.
잔에 남을 술 휙 뿌리니
즐거워 홀로 신나누나.

洋洋平津, 乃漱乃濯.

邈邈遐景, 載欣載矚.

稱心而言, 人亦易足.

揮茲一觴, 陶然自樂.

흐르는 물 걸림 없이 보노라니,
아득하다 옛날 그 기수沂水여.
어린이와 젊은이가 함께 공부하며
한가히 노래 부르며 돌아왔다지.
나는 그런 고요함을 즐거워하여
자나깨나 그런 생활 꿈 꾸어 왔네.
다만 그 때와 세상이 너무 멀어져
가히 그들을 따를 수 없을 뿐.

延目中流, 悠悠清沂.
童冠齊業, 閒詠以歸.
我愛其靜, 寤寐交揮.
但恨殊世, 邈不可追.

아침이나 저녁이나
나의 오두막에 쉬도다.
꽃과 약초는 줄을 지어 피어나고
숲과 대나무 그윽하게 우거지도다.
맑은 소리 거문고는 침상에 비껴 놓고
탁주는 술병에 반쯤이 남았구나.
황제와 요임금은 따를 수 없는 옛 성인,
나에겐 오직 개탄함만 남겨 주었네.

斯晨斯夕, 言息其廬.
花藥分列, 林竹翳如.

淸琴橫床, 濁酒半壺.
黃唐莫逮, 慨獨在余.

【襲】옷을 꺼입음.
【薄言】발어사, 語辭일 뿐으로 뜻은 없음. 王引之의 《經傳釋詞》(5)에 "皆語詞"라 하였으며 《詩經》邶風 柏舟에 "薄言往愬"라 함.
【滌】洗滌함. 깨끗이 씻음.
【宇】흔히 공간개념으로 四方上下를 뜻함. 이에 대응하여 '宙'는 고금왕래의 시간개념을 뜻함.
【宇暖微霄】'宇'는 하늘. 천지사방. '暖'은 옅게 드리워 가려진 모습. '微霄'는 희미한 구름의 기운. 옅은 구름 형상.
【翼】새의 날개. 여기서는 스치다, 흔들다의 뜻.
【平津】평온하고 조용한 나루.
【乃】'又'의 뜻.
【稱心而言, 人亦易足】焦竑本에는 "人亦而言, 稱心易足"이라 함. 이에 따라 풀이하였음. '稱心'은 '자신의 뜻과 맞음, 마음과 같음'을 말함.
【揮】술을 마신 다음 술잔에 남은 것을 뿌리거나 털어냄.《禮記》曲禮(上)에 "飮玉爵者弗揮"의 鄭玄 주에 "振去餘酒曰揮"라 함.
【延目】마음대로 구경함. 멀리 바라봄.
【沂】물 이름. 지금의 山東 曲阜 남쪽을 흐르며 泗水로 유입됨. 曾點의 고사와 관련이 있는 물임.
【童冠】어린아이와 관례를 치른 정도 나이의 사람들.《論語》先進篇의 내용을 원용한 것임.
【其靜】증점(曾點)이 외물에 움직이지 않았던 경지를 말함.
【寤寐】寤는 잠에서 깨어 있는 것. 寐는 잠을 자고 있어 의식하지 못하는 상태. '언제나, 밤낮으로, 항상'등의 뜻.
【交揮】늘 생각하고 그리워함.
【殊世】삶의 세대가 다름.
【邈】멀고 아득함. 여기서는 증점의 일이 있었던 옛날을 뜻함.
【翳如】초목이 빽빽하여 무성한 상태. '如'는 '然'과 같음.

【淸琴】淸琴은 깨끗한 거문고.《晉書》陶潛傳에《晉書》陶潛傳에 “性不
　解音, 而蓄素琴一張, 絃徽不具, 每朋酒之會, 則撫而和之, 曰: ‘但識琴中趣,
　何勞絃上聲!’”이라 하여 ‘素琴’을 뜻하며 이는 거문고의 雅趣를 좋아하여
　그저 갖추고 있음을 말함.
【床】‘牀’과 같음. 침석, 침대.《釋名》에 “人所坐臥曰牀”이라 함.
【黃唐】黃帝와 唐堯. 고대 태평성대를 말함.
【莫逮】이를 수 없음. 기대할 수 없음.

1. 이 시 역시 〈停雲〉과 같은 시기, 즉 晉 安帝 元興 3년(404)의 작품임.

2.《論語》先進篇

子路·曾晳·冉有·公西華侍坐. 子曰:「以吾一日長乎爾, 毋吾以也. 居則曰:『不吾
知也!』如或知爾, 則何以哉?」子路率爾而對曰:「千乘之國, 攝乎大國之間,
加之以師旅, 因之以饑饉; 由也爲之, 比及三年, 可使有勇, 且知方也.」夫子哂之.
「求! 爾何如?」對曰:「方六七十, 如五六十, 求也爲之, 比及三年, 可使足民. 如其
禮樂, 以俟君子.」「赤! 爾何如?」對曰:「非曰能之, 願學焉. 宗廟之事, 如會同,
端章甫, 願爲小相焉.」「點! 爾何如?」鼓瑟希, 鏗爾, 舍瑟而作, 對曰:「異乎
三子者之撰.」子曰:「何傷乎? 亦各言其志也.」曰:「莫春者, 春服旣成, 冠者
五六人, 童子六七人, 浴乎沂, 風乎舞雩, 詠而歸.」夫子喟然歎曰:「吾與點也!」
三子者出, 曾晳後. 曾晳曰:「夫三子者之言何如?」子曰:「亦各言其志也已矣.」
曰:「夫子何哂由也?」曰:「爲國以禮, 其言不讓, 是故哂之.」「唯求則非邦也與?」
「安見方六七十如五六十而非邦也者?」「唯赤則非邦也與?」「宗廟會同, 非諸
侯而何? 赤也爲之小, 孰能爲之大?」

003 〈榮木〉(幷序)
『무궁화』

"영목은 장차 늙어감을 생각하여 지은 것이다. 세월이 흘러 이미 다시 여름이 되었다. 총각 시절에 도를 들었으나 흰 머리 되도록 아무것도 이룬 것이 없구나."

「榮木, 念將老也. 日月推遷, 已復九夏. 總角聞道, 白首無成」

【榮木】 무궁화. 槿花, 木槿花를 가리킴. 《禮記》 月令에 "木董榮"이라 함. 아침에 피었다가 저녁에 지는 꽃으로 세월이 짧음을 비유함.
【將老】 장차 늙음이 다가옴. 楚辭 離騷에 "老冉冉其將至兮, 恐修名之不立"이라 함.
【推遷】 변천함. 推移.
【九夏】 여름. 여름 계절은 3개월 즉 90일이기 때문에 '九夏'라고 부름.
【總角】 고대 성년이 되기 전 15세부터 20세까지 머리카락을 묶어 뿔처럼 양쪽으로 올린 모습을 말하며 그 나이쯤을 대신하여 쓰는 말.
【聞道】 '道'는 성현의 도와 처세의 도를 가리킴. 《論語》 里仁篇에 "朝聞道, 夕死可矣"라 한 말을 원용한 것.

곱게도 피어난 무궁화 꽃나무,
이렇게 여기에 뿌리를 내렸구나.
새벽이면 그 꽃 빛나게 자랑하더니
저녁이면 이미 시들고 마네.
사람이 태어남도 이처럼 잠시 붙어사는 것,
초췌함이야 때가 오면 그런 것.
조용히 깊이 생각해 보니,
마음엔 창연히 슬픔이 가득.

采采榮木, 結根于玆.
晨耀其華, 夕已喪之.
人生若寄, 顦顇有時.
靜言孔念, 中心悵而.

곱게도 피어난 무궁화 꽃나무,
이렇게 여기에 뿌리를 내렸구나.
아침에는 번화하게 피어났으나
안타깝게 저녁엔 사라지고 말았네.
굳셈과 취약함이란 사람이 느끼는 것,
화복은 드나드는 문이 없다지.
도가 아니라면 어디에 의지하며,
선이 아니라면 어찌 그에 힘 쓰리오?

采采榮木, 於茲託根.
繁華朝起, 慨暮不存.
貞脆由人, 禍福無門.
匪道曷依, 匪善奚敦.

안쓰럽다 이 못난 나는,
이처럼 고루한 성품 타고났으니,
화려한 젊음은 이미 흘러가고,
학업도 옛날보다 나아진 것 없네.
뜻을 그에 두고 놓지 말았어야지,
이처럼 술취함을 편안히 여기니.
내 이를 생각하노라면
마음만 안달할 뿐 속으로 괴롭네.

嗟予小子, 稟茲固陋.
徂年旣流, 業不增舊.
志彼不舍, 安此日富.
我之懷矣, 怛焉內疚.

옛 선현이 남기신 말씀,
내 어찌 이를 포기하겠나!
마흔이 되도록 이름이 나지 않으면,
이는 두려운 상대가 못 된다 하셨지.
나의 좋은 수레에 기름칠하고

나의 좋은 말을 채찍질해 준다면,

천 리 길 비록 멀다 해도

어찌 감히 이르지 못할 자 있겠는가?

先師遺訓, 余豈云墜!

四十無聞, 斯不足畏.

脂我名車, 策我名驥.

千里雖遙, 孰敢不至?

【采采】꽃이 화려하고 아름다움을 표현한 말.

【人生若寄】사람으로 태어나 사는 것은 마치 잠시 이 세상에 寄宿하는 것과 같음. 이는 인생이 짧음을 표현한 말.

【顦顇】憔悴의 異表記.

【靜言】조용히. '言'은 의미가 없는 허사임.《詩經》衛風 氓에 "靜言思之"라 함.

【孔念】'孔'은 '深, 大'의 뜻. 여기서는 '깊이 생각하다'의 뜻.

【貞脆】곧음과 취약함. 견고함과 취약의 정도를 말함.

【禍福無門】'화'와 '복'은 드나드는 문이 있는 것이 아니라 사람의 행동의 옳고 그름에서 생기는 결과라는 뜻.《左傳》襄公 23년에 "禍福無門, 唯人所召"라 함.

【匪道曷依】'도에 순응하지 아니하고 무엇에 기댈 것인가'의 뜻.

【匪善奚敦】'선에 힘쓰지 아니하고 무엇에 힘쓸 것인가'의 뜻.

【小子】스스로를 칭하는 謙辭.

【徂年】왕년. 이미 지나간 세월.

【日富】날마다 술 취하는 일로 세월을 소비함.《詩經》小雅 小宛에 "彼昏不知, 一醉日富"라 함.

【怛焉】괴로워하는 모습.

【先師】공자를 가리킴.

【四十無聞】나이 마흔이 되도록 명성이 들리지 않음.《論語》子罕篇의 구절을

원용한 것. 참고란을 볼 것.

【脂】수레바퀴의 潤滑 작용을 하는 기름. 여기서는 동사로 쓰여 기름으로 수레바퀴를 윤활하게 한다는 뜻.

【名驥】이름난 좋은 말. 위의 名車와 대응하여 쓴 말.

1. 이 시는 앞의 두 편 시와 같은 시기의 작품으로 보고 있다.

2.《論語》子罕篇

子曰:「後生可畏, 焉知來者之不如今也? 四十·五十而無聞焉, 斯亦不足畏也已.」

004 〈贈長沙公〉(并序)
『장사공에게 드림』

"나는 장사공과 같은 일족으로 똑같이 대사마 도간陶侃에서 나왔다. 소목의 촌수가 이미 멀어져 마치 길가다 만나는 사람처럼 낯설어졌다. 심양을 지나면서 그와 헤어짐에 임하여 이 시를 증정한다."

「余於長沙公爲族, 祖同出大司馬. 昭穆旣遠, 以爲路人. 經過潯陽, 臨別贈此.」

【長沙公】원래 長沙는 지금의 湖南省 長沙. 그곳의 公으로 봉해진 작위를 가리킴. 구체적으로는 도연명 집안의 陶延壽의 아들(이름은 알 수 없음)을 가리킴. 이는 陶侃의 6世孫이며 《晉書》陶侃傳에 의하면 도간이 진나라에 공을 세워 長沙君公에 봉해졌으며 그 뒤 아들 陶夏가 이었고 다시 도하의 조카 陶弘으로, 그리고 도홍의 아들 陶綽으로, 그리고 아들 陶延壽로 이어 졌음. 그러나 劉裕가 宋나라를 건국하자 장사공의 작위는 강등되어 吳昌侯 (혹 醴陵縣侯)가 되었음. 따라서 도연수의 아들이 이 작위를 이어받았던 것으로 추측됨.
【族祖】도연명 자신이 도연수 아들의 조부 뻘에 해당함을 말한 것. 도연명은 도간의 4세손이며 도연수의 아들은 도간의 6세손임.
【大司馬】도간이 죽고 나서 晉 成帝가 그에게 '대사마'의 직위를 추증함.

【昭穆】고대 종법 제도로서 종묘의 배열 순서. 太祖廟는 중앙에, 짝수 세대는
왼쪽에 배열하며 이를 '昭'라 함. 그리고 홀수 세대의 조상은 오른쪽에 배열
하며 이를 '穆'이라 함.
【潯陽】지명. 지금의 江西 九江市 서남쪽이며 도연명의 고향. 기록마다 표기가
달라 혹 '尋陽'으로 되어 있기도 함.

시詩

같은 근원이지만 지류로 나뉘어,
사람도 바뀌고 세대도 소원해졌네.
개연히 깨닫고 탄식하면서
여기서 우리의 선조를 생각해 보게 되오.
상복도 드디어 아련히 달라졌고,
세월도 이렇게 아득히 흘렀구려.
저 길가는 사람처럼 낮설게 된 것을 한탄하며
나는 그리움에 머뭇거리오.

同源分流, 人易世疎.
慨然寤歎, 念兹厥初.
禮服遂悠, 歲月眇徂.
感彼行路, 眷然躊躇.

오! 아름답고 훌륭한 우리 족속,
조상의 업적을 잘도 이어왔네.
온화한 기질은 겨울의 따뜻한 햇살이요
비추는 마음씀은 규장이외다.
풍채 또한 봄꽃이요,

근엄한 경계심은 추상과 같소이다.
내 그대를 흠모한다오,
실로 우리 종실의 영광이외다.

於穆令族, 允構斯堂.
諧氣冬暄, 映懷圭璋.
爰采春華, 載警秋霜.
我曰欽哉, 實宗之光.

내 그대를 만나,
오랫동안 같은 친족임을 잊고 살았구려.
웃음과 대화를 오래 하지도 못한 채,
다시 동서로 헤어져야 하는구려.
아득히 먼 저 삼상三湘의 고을,
그리도 도도히 흐르는 구강.
산천이 막혀 서로 멀리 헤어져도
심부름꾼이야 때때로 통할 수 있겠지.

伊余云遘, 在長忘同.
笑言未久, 逝焉西東.
遙遙三湘, 滔滔九江.
山川阻遠, 行李時通.

어찌하면 이 마음 표현할 수 있겠소.
그저 이렇게 좋은 말만 주고 갈 뿐.

한 삼태기 흙덩이 비록 아무것도 아니지만
끝내 모이면 산을 이룬다오.
삼가시오, 그대 헤어질 사람이여,
떠나고자 하니 처연하구려.
서로 만나 정을 나눌 길 혹 아득하다 해도,
안부야 그에 앞서 전할 수 있겠지요.

何以寫心, 貽玆話言.
進簣雖微, 終焉爲山.
敬哉離人, 臨路凄然.
款襟或遼, 音問其先.

【寤歎】깨닫고 나서 탄식함.《詩經》曹風 下泉에 "愾我寤歎"이라 함.
【厥初】그 처음. '厥'은 '其'와 같은 뜻임. 같은 조상이라는 뜻을 함께 가지고
있음.《詩經》大雅 生民에 "厥初生民, 時維姜嫄"이라 함.
【禮服遂悠】'昭穆旣遠'과 같은 뜻으로 조상과의 거리가 멀어 상복을 입는
내용이 차별이 있음.
【眇徂】'眇'는 '渺'와 같은 뜻임. 아득히 멀어졌음.
【眷然】아끼고 사랑하는 모습.
【於穆】'오, 아름답도다'의 뜻. '於'는 '오'로 읽으며 감탄사. '穆'은 美의 뜻.
【令族】훌륭한 족친. 여기서는 도연수의 아들을 가리킴.
【允構斯堂】'允'은 '誠信', '確能'의 뜻. '堂'은 '正室'. 여기서는 '父業'을 가리킴.
능히 조상의 업적을 이어나감.
【冬暄】겨울철의 햇살처럼 따뜻함.
【映懷圭璋】'映'은 '暉映', '懷'는 '胸懷'라는 뜻. 圭璋은 옥기 이름. 품덕이 고상한
사람을 뜻함. 여기서는 장사공의 품덕이 귀중한 옥과 서로 어울려 빛을
발함을 가리킴.《詩經》大雅 卷阿에 "如圭如璋, 令聞令望"이라 함.
【遘】遇와 같음. 첩운호훈. 도연수의 아들과 만남을 뜻함.
【三湘】湘潭, 湘鄕, 湘源을 뜻함.

【九江】 심양을 흐르는 물. 강 이름. 도연명이 돌아갈 고향을 말함.

【行李】 사자. 심부름하는 사람.《左傳》僖公 30년에 "行李之往來"라 함.

【寫心】 마음에 있는 정을 표현함.《詩經》小雅 蓼蕭에 "旣見君子, 我心寫兮"의
 鄭箋에 "我心寫者, 抒其情意"라 함.

【話言】 吳注에 "話言, 古之善言也"라 함.

【進簣】《論語》子罕篇의 구절. 참고란을 볼 것.

【敬】 '愼'의 뜻임. 신중하고 몸 조심함을 가리킴

【款襟】 흉금을 털어놓고 이야기하다의 뜻.

1. 도연수의 아들 도로가 심양을 지나간 일은 史書에 나타나지 않아 구체적
으로 어느 때의 작품인지 알 수 없다.

2.《論語》子罕篇

子曰:「譬如爲山, 未成一簣, 止, 吾止也. 譬如平地, 雖覆一簣, 進, 吾往也.」

〈村童鬧學圖〉宋 작자 미상

005 〈酬丁柴桑〉
『정시상에게 화답함』

한 분의 나그네,
나의 집에 머무셨네.
정직을 붙잡고 민의를 살펴,
백 리 안에 은혜를 베푸는 분이라네.
좋은 이치 수용하기를 마치 집에 돌아간 듯이 하고
훌륭한 의견 들으실 땐 마치 처음 듣는 말인 듯 하시는 분.

有客有客, 爰來爰止.
秉直司聰, 于惠百里.
飱勝如歸, 聆善若始.

그저 서로가 단지 마음 맞는 것을 넘어,
여러 번 좋은 만남 있었답니다.
말을 나누며 멀리 함께 보기도 하면서
나의 근심을 털어놓기도 하였지요.
즐거움을 맘껏 풀었던 그 한 번 만남,
취하지 않고서야 어찌 그만두리오.
진실로 서로 마음이 통함을 좋아하여
그 때문에 나를 따라 노니는 것이지요.

匪惟諧也, 屢有良由.
載言載眺, 以寫我憂.
放歡一遇, 旣醉還休.
實欣心期, 方從我游.

【酬】酬答함. 贈答과 같음.
【丁柴桑】丁씨 성의 柴桑縣의 현령. 柴桑은 현 이름으로 지금의 江西 九江市
　서남쪽.
【爰止】머물음. 詩經 小雅 正月에 "瞻烏爰止, 于誰之屋"이라 함.
【秉直司聰】관직을 수행하기가 정직하며 민의를 살핌. '秉直'은 공평하게 수행
　함을 뜻함. '秉'은 '持', '直'은 '正直'의 뜻. '司聰'조정을 위해 민의를 살핌.
　'司'는 '掌管', '聰'은 '聽聞'의 뜻.《晉書》李含傳에 "含忠公淸正, 才經世務實,
　有史魚秉職之風"이라 하였고, 司聰은《左傳》昭公 9년에 "女爲君耳, 將司
　聰也"라 함.
【百里】하나의 현을 지칭함. 백 리를 다스릴 수 있는 재능이 있음을 비유함.
【殞勝如歸】지극한 이치를 받아들이기를 마치 집으로 돌아가듯 즐거워함.
　殞은 '흡수하다, 받아들이다, 수용하다, 채납하다'의 뜻.
【聆善若始】좋은 말을 들을 때의 진지한 모습을 가리킴. '始'는 '開始'. 여기
　서는 '新鮮'의 뜻이 있음. 진지한 태도를 뜻함.
【匪惟諧也】화목한 한 가지만이 아님.
【良由】'由'는 '游'와 같음. 즐겁게 다니며 감상하다는 뜻. 楊勇《校箋》에 "由,
　一作游. 今依曾本. 丁注: 由·游, 爲同音通借字. 左傳成十六年楊由基, 後漢班
　彪傳作楊游基. 魏志蘇由, 文選作蘇游. 李善注: 游, 與由同. ……皆由·游通借
　之證也"라 함.
【載言載眺】말을 하면서 조망하기도 함. '載'는 '又'와 같음.
【以寫我憂】'寫'는 '除'와 같음. 털어놓다.《詩經》邶風 泉水에 "駕言出遊, 以寫
　我憂"라 함.
【心期】서로 의기가 투합함.
【從我】나를 따름.《論語》公冶長篇에 "從我者其由與"라 함.

이는 酬答詩로서 丁縣令의 시를 읽고 회답한 것임. 紫桑縣은 도연명의 고향이다. 시상현령 劉程之가 元興 二年(403년) 벼슬을 버리고 관직에서 물러나 歸隱하였다. 이어 부임한 현령이 바로 이 시에서 말한 정현령이다. 이로부터 이 시는 義熙년(405년) 전후, 즉 도연명의 나이 41세쯤 지은 것으로 보인다.

006 〈答龐參軍〉(并序)
『방참군에게 답함』

"방씨가 위장군의 참군이 되어 강릉에서 서울로 심부름 가던 길에 심양을 지나며 나를 만나 내가 그의 시를 얻게 되었다."

「龐爲衛軍參軍, 從江陵使上都, 過潯陽見贈」

【龐參軍】龐氏 성의 참군. 참군은 벼슬 이름. 당시 荊州刺史 劉義隆의 鎭軍 參軍을 가리킴. 때는 宋 少帝 景平 二年(424년)으로, 龐氏가 사명을 받고 潯陽에서 江陵으로 가는 도중 도연명에게 시를 증정하자, 도연명이 이 시에 답한 것임.

【衛軍】관직 이름으로 衛將軍. 구체적으로 王弘을 가리킴. 왕홍은 《宋書》 王弘傳에 의하면 字는 休元, 瑯琊 臨沂人으로 王導의 증손. 義熙 14년(418)에 撫軍將軍·江州刺史 등을 지냈으며 永初 3년(422)에 衛將軍에 올랐음.

【江陵】현 이름. 지금의 湖北 江陵縣.《宋書》武帝紀에 의하며 劉義隆(宋 文帝)이 제위에 오르기 전 荊州刺史가 되어 영초 3년에 宜都王으로 봉해진 다음 江陵을 진수하였음.

【上都】도읍. 京師. 당시 建康이라 불렸으며 지금의 南京市.

【潯陽】지명. 군의 치소는 지금의 江西 九江市.

가난한 선비의 집이라지만
거문고도 있고 책도 있다오.
연주도 하고 노래도 읊조리며,
이렇게 즐거움을 삼고 있지요.
어찌 다른 즐김이 없겠소만은
즐거움이란 바로 이런 그윽한 정취겠지요.
아침에는 정원에 물을 주고,
저녁이면 초려에 들어 몸을 눕히오.

衡門之下, 有琴有書.
載彈載詠, 爰得我娛.
豈無他好, 樂是幽居.
朝爲灌園, 夕偃蓬廬.

사람이 보배로 여기는 것이
오히려 진귀한 것이 아닐 수 있어,
똑같이 좋아하는 것이 아닐 바에야
어찌 그런 것을 친히 여기겠소?
좋은 벗 만나기를 갈구하더니
드디어 그립던 이를 만나게 되니,
즐거워하는 마음 크게 흡사해,
사는 것도 이웃으로 정하였다오.

人之所寶, 尚或未珍.

不有同愛, 云胡以親.
我求良友, 實覯懷人.
歡心孔洽, 棟宇惟隣.

내 그리워하던 그런 사람아,
덕을 좋아하여 부지런히 힘쓰네.
나에게 좋은 술 있어
그대와 더불어 즐기기도 하지.
좋은 말들을 실컷 떠들며
새롭게 시도 한 편 지어 본다오.
하루만 보지 못하여도 삼 년이 흐른 듯,
어찌 그리워하지 않을 수 있겠소?

伊余懷人, 欣德孜孜.
我有旨酒, 與汝樂之.
乃陳好言, 乃著新詩.
一日不見, 如何不思.

즐거운 놀이도 아직 마음대로 못해봤는데
이렇게 이별이 찾아오다니.
길에 나와 그대를 보내드리니,
잔을 들어도 즐겁지 않소이다.
헤어지기 섭섭하긴 그대 가는 초나라 길,
서쪽 구름 아득히 가물가물.
그대 가는 길 멀고 또 멀어
좋은 말씀 어디서 다시 들으랴?

嘉遊未歝, 誓將離分.
送爾于路, 銜觴無欣.
依依舊楚, 藐藐西雲.
之子之遠, 良話曷聞.

옛날 나와 이별할 때엔
꾀꼬리 울음 소리 처음 들릴 때.
지금에 이렇게 다시 만남에
싸락눈 흩뿌리는 추운 겨울날.
높으신 어른의 명령이기에
사신이 되어서 서울 가는 길.
어찌 편안함에 임무를 잊겠소.
나랏일 아직도 안정되지 않았는데.

昔我云別, 倉庚載鳴.
今也遇之, 霰雪飄零.
大藩有命, 作使上京.
豈忘宴安, 王事靡寧.

춥고 쓸쓸한 겨울 날씨에
매섭게 불어 오는 바람이어라.
가볍게 저어 가는 저 한 쌍의 배,
도리어 강 가운데에서는 느릿느릿.
힘쓰시오, 먼 길 가는 그대여,
시작할 때 좋은 끝맺음 생각하시고,

이 좋은 날 삼가서,
그대의 몸 소중히 보전하소서.

慘慘寒日, 肅肅其風.
翩彼方舟, 容裔江中.
勖哉征人, 在始思終.
敬兹良辰, 以保爾躬.

【衡門】 나무를 가로로 걸쳐 대문을 삼은 집. 衡은 橫과 같음. 가난한 집, 혹은
은거하고 있는 집을 가리킴.《詩經》陳風 衡門에 “衡門之下, 可以棲遲”라 함.
【有琴有書】《晉書》陶潛傳에 “性不解音, 而蓄素琴一張, 絃徽不具, 每朋酒之會,
則撫而和之, 曰: ‘但識琴中趣, 何勞絃上聲!’”이라 함. 002의 ‘淸琴’(素琴)과 같음.
【灌園】 정원에 물이나 주는 일을 하며 은거함. 皇甫謐《高士傳》에 陳仲子의
고사를 빗댄 것임. 참고란을 볼 것.
【偃】 ‘臥’와 같음. 반듯이 눕다, 휴식한다는 뜻.
【蓬廬】 쑥으로 대당 얽어 지은 초막. 가난한 은거 생활을 말함.
【所寶】 보물로 여기는 것. 金玉을 말함.《禮記》儒行에 “儒不寶金玉, 以忠信
以爲寶”라 함. 다른 사람이 보물로 여기는 것을 나는 귀하게 여기지 않는
다는 뜻.
【尙或】 ‘혹시 그렇게 되기를 허락하다’의 뜻.《詩經》小雅 小弁에 “尙或先之”
라 함.
【云胡】 ‘如何’와 같음.《詩經》鄭風 風雨에 “云胡不喜”라 함.
【懷人】 그리워하는 사람. 방참군을 뜻함.
【棟宇】 집, 건물. 屋宇.
【孜孜】 열심을 다하는 모습.
【我有旨酒】 旨酒는 좋은 술.《詩經》小雅 鹿鳴에 “我有旨酒, 以燕樂嘉賓之心”
이라 함.
【一日不見】《詩經》王風 采葛에 “一日不見, 如三秋兮”라 함. 하루 만나지 못한
것이 삼년처럼 길어 보인다는 뜻.

【如何不思】《詩經》王風 君子于役에 "如之何勿思"라 함. 윗구절과 연결하면 '하루라도 만나지 못해도 삼년처럼 길어 보이는데 이렇게 오랫동안 만나지 못했음에 어찌 그리워하지 않겠는가'의 뜻.

【嘉遊】 아름다운 사귐. 훌륭한 교유.

【未斁】 斁은 '만족하다'의 뜻.

【誓將】 '逝將'과 같음.《詩經》魏風 碩鼠에 "逝將去女"라 하고 鄭箋에 "逝, 往也. 往矣, 將去女"라 함. 여기서는 방참군이 장차 江陵으로 감을 뜻함.

【舊楚】 강릉을 가리킴. 옛날 楚나라가 이곳 강릉을 도읍으로 삼았었음.

【倉庚】 새 이름. 꾀꼬리(黃鶯).《詩經》豳風 七月에 "春日載陽, 有鳴倉庚"이라 함.

【載鳴】 '載'는 '始'와 같음.《孟子》滕文公(下) "湯始征, 自葛載"의 朱熹 주에 "載, 亦始也"라 함.

【大藩】 세력이 강대한 번왕. 여기서는 宜都王 劉義隆을 가리킴. 유의륭은 宋 武帝 劉裕의 셋째 아들로 荊州刺史를 거쳐 永初 원년(420)에 의도왕으로 봉해짐. 여기서는 방참군이 의도왕의 명에 의해 京都(建康)에 파견되었음을 말함.

【方舟】 배 두 척이 나란히 항해함.

【容裔】 '容與'와 같으며 배회하며 앞으로 나가지 못하는 모습을 뜻하는 雙聲連綿語.《楚辭》九章 涉江에 "船容與而不進兮, 淹回水而凝滯"라 함.

【勗】 열심을 다함.

【征人】 길 떠나는 사람. 방참군을 가리킴.

【敬】 '신중히 하다'의 뜻.

【爾躬】 그대 몸. 신체 건강을 뜻하는 말.《詩經》大雅 文王에 "無遏爾躬"이라 함.

1. 이 시는 景平 元年(423) 도연명 59세 때의 작품으로 보고 있다.

2.《高士傳》(皇甫謐) 陳仲子

陳仲子者, 齊人也. 其兄戴爲齊卿, 食祿萬鍾, 仲子以爲不義, 將妻子適楚, 居於陵. 自謂於陵仲子. 窮不苟求不義之食. 不食遭歲饑乏糧, 三日乃匍匐而食井上李實之蟲者, 三咽而能視. 身自織屨, 妻辟纑以易衣食. 楚王聞其賢, 欲以爲相. 遣使

持金百鎰至於陵聘仲子. 仲子入謂妻曰:「楚王欲以我爲相. 今日爲相, 明日結
駟連騎, 食方丈於前, 意可乎?」妻曰:「夫子左琴右書, 樂在其中矣. 結駟連騎,
所安不過容膝; 食方丈於前, 所甘不過一肉. 今以容膝之安·一肉之味, 而懷楚國
之憂, 亂世多害, 恐先生不保命也.」於是出謝使者, 遂相與逃去, 爲人灌園.
3.《列女傳》과《蒙求》에도 진중자가 정원에 물을 주며 隱者로 살았다는
고사가 실려 있다.

007 〈勸農〉
『농사를 권함』

아득한 옛날 상고시대,
그 때의 사람들은,
세상에 먹을 것 풍족하여, 유유자적하면서,
질박함과 진실을 품고 살았지.
지혜와 기교가 싹이 트더니
먹을 것 입을 것이 모자라졌네.
그런 그들을 누가 풍요롭게 해 주었나.
다름 아닌 철인의 도움 때문이었지.

悠悠上古, 厥初生民.
傲然自足, 抱朴含眞.
智巧旣萌, 資待靡因.
誰其贍之, 實賴哲人.

철인이란 누구일까,
바로 후직을 두고 한 말이지.
어떻게 풍요롭게 해 주었나,
바로 씨 뿌려 농사짓고 모종 내는 일.
순임금도 몸소 밭을 갈았고,

우임금도 역시 농군이었지.
멀리 그 옛날 주나라 법전에도,
팔정八政 중에 먹는 것을 제일로 쳤지.

哲人伊何, 時惟后稷.

瞻之伊何, 實曰播殖.

舜旣躬耕, 禹亦稼穡.

遠若周典, 八政始食.

빛나는 덕행 널리 펴시고,
평원은 이어져 풍성하였네.
꽃과 나무가 번성하고,
봄바람은 맑고 따사로웠네.
바삐 오가는 농부와 그 아내,
때를 놓칠세라 다투어 일터로 나섰지.
뽕 따는 아낙은 밤중에 일어나고,
들 나간 농부는 들에서 잠을 잤네.

熙熙令德, 狩狩原陸.

卉木繁榮, 和風淸穆.

紛紛士女, 趨時競逐.

桑婦宵興, 農夫野宿.

농사짓는 절기는 쉽게 지나가,
온화하고 윤택한 비도 오래갈 수 없는 법.

기결은 아내와 함께 밭을 갈았고,
장저와 걸닉은 짝을 지어 김을 매었네.
살피건대 저처럼 현명한 이들일지라도
오히려 밭두둑에서 힘써 일했거늘
하물며 우리 같은 서민들이야
옷자락을 끌면서 팔짱끼고 있을 수 있겠는가?

氣節易過, 和澤難久.
冀缺携儷, 沮溺結耦.
相彼賢達, 猶勤壟畝.
矧伊衆庶, 曳裾拱手?

사람들이 사는 길은 부지런함에 있으니,
부지런히만 하면 궁핍함이 없는 법.
안락함에 스스로 일탈하다간
저문 세밑에 무엇을 기대하리오!
한두 섬 저장해 두지 않았다가는
굶주림과 추위가 교대로 찾아오리니,
농사에 힘쓰는 이들을 보고도
어찌 부끄럽지 않겠소?

民生在勤, 勤則不匱.
宴安自逸, 歲暮奚冀.
儋石不儲, 飢寒交至.
顧爾儔列, 能不懷愧?

공자는 도덕을 닦기에 탐닉하여
농사를 질문한 번수를 비루하다 꾸짖었고,
동중서는 거문고와 책에 빠져
논밭은 밟아 보려고도 하지 않았지.
만약 능히 그처럼 초연하여
옛사람의 길을 따라갈 수만 있다면야,
감히 옷깃을 여미고
그 덕 아름답다 공경하고 칭송하지 않을 수 있으랴!

孔耽道德, 樊須是鄙.
董樂琴書, 田園不履.
若能超然, 投迹高軌.
敢不斂衽, 敬贊德美.

【傲然自足】'傲'는 '敖'와 같아 '유유자적하다'의 뜻. '自足'은 '자급자족'의 뜻.
상고시대 사람들은 스스로 자족하여 한가로이 지냈다는 뜻.《韓非子》
五蠹篇에 "古者丈夫不耕, 草木之實足食也; 婦人不織, 禽獸之皮足衣也"라 함.
【抱朴含眞】'抱朴'은 '抱樸'과 같음. 樸實한 것을 안고 있음.《老子》19장에
"見素抱樸, 少私寡欲"이라 하였으며《莊子》天運篇에는 "吾子使天下無失其樸,
……夫鵠不日浴而白, 烏不日黔而黑, 黑白之樸, 不足以爲辯"이라 함. '含眞'은
자연의 본성을 지니고 있음을 뜻함.《莊子》漁父篇에 "眞者, 所以受於天也,
自然不可易也"라 함.
【智巧】원문의 '朴'과 '眞'에 상대적으로 쓰인 것으로 간사함과 교활함으로
가리킴.
【贍】공급하다, 공양하다. 풍요롭게 해 주다의 뜻.
【時惟后稷】時는 是와 같음. '이'(此)의 뜻. 后稷은 周나라의 시조이며 堯舜
시대 農稷에 공이 있어 邰 땅에 봉해졌고 호를 后稷이라 하였음. 이름은
성은 姬, 이름은 棄.《史記》周本紀에 자세히 실려 있음.

【舜】고대 虞나라의 시조로 요임금으로부터 천하를 선양 받음. 諸馮(지금의
  山東 諸城市)에서 태어나 歷山(濟南)에서 직접 농사를 짓자 많은 사람들이
  서로 양보하는 풍습이 생겼다 함.《史記》五帝本紀 참조.
【禹】고대 夏王朝의 시조.《論語》憲問篇에 "禹稷躬稼而有天下"라 함.
【周典】《尙書》周書를 말함.
【八政】《尙書》周書 洪範에 "八政: 一曰食, 二曰貨, 三曰祀, 四曰司空, 五曰
  司徒, 六曰司寇, 七曰賓, 八曰師"라 함. 백성에게 베푸는 정치 중에 먹을 것을
  해결하는 것이 첫째라는 뜻을 강조한 것임.
【士女】남자와 여자. 여기서는 農夫와 蠶婦를 뜻함. 남녀의 農桑에 대한
  업무를 지칭한 것.
【宵興】날이 밝기 전에 일어나 일을 시작함.
【冀缺携儷】冀缺은 춘추시대 晉나라 농부 이름. 携儷은 짝을 지어 농사일을
  함을 말함.《左傳》僖公 33년에 "冀缺耨, 其妻饁之, 敬, 相待如賓"이라 함.
【沮溺】長沮와 桀溺. 춘추시대 은자로 함께 밭을 갈며 유유자적하며 살았음.
  《論語》微子篇에 고사가 실려 있음. 040 참고란을 볼 것.
【矧】'하물며'의 뜻.
【曳裾拱手】옷자락을 땅에 끌면서 손은 서로 모아 팔짱을 낀 채 아무런 일을
  하지 않음. 게으르고 한가한 모습을 가리킴.
【儋石】모두 고대의 들이의 단위. 담(儋)은 매우 적은 양을 말하며 섬(石)은
  한 섬.《方言》에 "海岱之間, 名罋爲儋; 石, 斗石也"라 함.
【顧爾儔列】일부 본에는 '顧余儔列'로 되어 있음. '儔列'은 '동반자', 즉 농사에
  힘쓰는 자들을 말함.
【孔耽道德】孔子는 도덕에 탐닉하여야 함을 주장함. 참고란을 볼 것.
【董樂琴書】漢나라 때 董仲舒는 거문고와 책만을 좋아하여 농사일을 거들
  떠보지도 않았다 함.《漢書》董仲舒傳에 "董仲舒, 廣川人. 少治春秋, 孝景
  時爲博士. ……三年不窺園, 其精如此"라 함.
【斂衽】옷깃을 여밈. 공경을 표한다는 뜻.

 1. 이 시는 晉 安帝 元興 2년(403), 도연명 39세 때의 작품으로 보고 있다.

2.《論語》子路篇

樊遲請學稼. 子曰:「吾不如老農.」請學爲圃. 曰:「吾不如老圃.」樊遲出. 子曰:
「小人哉, 樊須也! 上好禮, 則民莫敢不敬; 上好義, 則民莫敢不服; 上好信, 則民
莫敢不用情. 夫如是, 則四方之民襁負其子而至矣, 焉用稼?」

〈潑墨仙人圖〉宋 梁楷(그림) 臺北故宮博物館 소장

008 〈命子〉
『아들에게 명함』

아득한 옛날 우리 선조는
도당씨로부터 나왔단다.
먼 옛날 우순의 빈객으로서
대를 이어 거듭 영광을 누렸었지.
어룡씨가 되어 하나라를 열심히 도왔고
시위씨가 되어 상나라를 보좌했었지.
빛나도다, 사도를 지내셨으며
그 일족이 번창하였단다.

悠悠我祖, 爰自陶唐.
邈焉虞賓, 歷世重光.
御龍勤夏, 豕韋翼商.
穆穆司徒, 厥族以昌.

陶唐氏 堯임금《三才圖會》

어지럽던 전국시대
주나라가 쇠약해질 때는
봉황은 숲 속에 숨고
어진 이는 자연으로 은거하였지.
마구 뛰는 용은 구름을 휘감고

분탕하는 고래는 바다를 놀라게 하였지.
천운이 한나라에 집중되자
고조의 사랑을 받아 민후陶舍로 봉을 받았단다.

紛紛戰國, 漠漠衰周.

鳳隱於林, 幽人在丘.

逸虯遠雲, 奔鯨駭流.

天集有漢, 眷余愍侯.

오! 민후여,
운세가 마땅히 용을 잡고 오르는 형상이어라.
칼을 잡고 바람처럼 내달려,
뛰어난 무공을 드러내었네.
산하를 지키리라 글로써 맹세하여,
땅을 분봉 받아 개봉후陶舍가 되셨었지.
그 아들陶靑 부지런하여 승상이 되어
선조의 발자취를 훌륭히 따르셨지.

於赫愍侯, 運當攀龍.

撫劍風邁, 顯茲武功.

書誓山河, 啓土開封.

亹亹丞相, 允迪前蹤.

끊임없이 출렁이는 긴 근원,
빽빽하게 자라는 큰 나무처럼

많은 내가 흘러 다시 나오듯,
모든 가지 그에게서 뻗어 나오듯.
때로는 벼슬하고 때로는 재야에 있었음은
모든 운세는 세상의 성쇠 때문.
지금 나의 이 동진 시대에
업적을 쌓으신 분은 바로 장사공陶侃.

渾渾長源, 蔚蔚洪柯.
群川載導, 衆條載羅.
時有語黙, 運因隆窊.
在我中晉, 業融長沙.

위풍당당하신 장사공陶侃이시여,
공훈과 덕으로 이름 나셨지.
천자元帝 사마예司馬睿께서 그에게 작위를 내리셨고
남국 정벌을 일임하셨네.
공을 이루시자 사임하고 돌아오시니
총애에 임하여 어긋남이 없으셨네.
누가 일러 주랴 이러한 마음,
근래에 이르러 다시 볼 수 있겠는가고?

桓桓長沙, 伊勳伊德.
天子疇我, 專征南國.
功遂辭歸, 臨寵不忒.
孰謂斯心, 而近可得?

엄숙하신 나의 조부님陶茂,
끝맺음을 시작처럼 조심하셨지.
곧기로는 이대御史臺에 방정하셔서
천 리에 걸치도록 은혜를 베푸셨지.
오, 돌아가신 아버님께서는
담백하신 분으로 마음을 비우셨지.
벼슬길에 몸을 맡기되
온희慍喜의 감정을 보이지 않았지.

肅矣我祖, 愼終如始.
直方二臺, 惠我千里.
於皇仁考, 淡焉虛止.
寄跡風雲, 寘玆慍喜.

아, 나는 덕도 없고 비루하여
그러한 선조 우러러보아도 미치지 못하여,
돌아보니 벌써 귀밑머리 희어짐이 부끄러워
그림자 등지고 홀로 서 있네.
극형에 처해질 3천 가지 죄 중에
후손이 없는 것이 가장 엄하다 하였지.
내 진실로 염원하였더니
고고지성의 태어나는 너의 울음소리 듣게 되었단다.

嗟余寡陋, 瞻望不及.
顧慙華鬢, 負影隻立.

三千之罪, 無後爲急.
我誠念哉, 呱聞爾泣.

점을 쳤더니 길한 날 태어났다 하였고
그 점에 역시 좋은 시절이라 하더라.
너의 이름을 엄儼이라 하고
너의 자를 사구求思라 하였음은,
조석으로 온량함과 공손함을 다하여 이를 생각하고
이에 바탕을 두라는 뜻.
공자의 손자 공급孔伋을 생각하여
그처럼 되기를 바라는 마음이란다.

卜云嘉日, 占亦良時.
名汝曰儼, 字汝求思.
溫恭朝夕, 念茲在茲.
尚想孔伋, 庶其企而.

몹쓸 병을 앓는 자가 밤에 자식을 낳으면
서둘러 불을 밝혀 살펴보는 법,
누구라도 이러한 마음은 갖고 있느니
어찌 나만 특별히 그렇겠는가?
이미 이렇게 태어난 너를 보고서
진실로 훌륭하게 될 것을 바라고 있단다.
사람들은 이렇게 말한단다.
이러한 심정에는 거짓이란 없는 것이라고.

屬夜生子, 遽而求火.
凡百有心, 奚特于我?
旣見其生, 實欲其可.
人亦有言, 斯情無假.

해가 가고 달이 가고
점차 자라서 어린애 나이를 넘을 것이니,
복이란 이유 없이 오는 것이 아니며
화는 역시 쉽게 올 수 있는 법.
일찍 일어나고 늦게 잠자리에 들며
너에게 이런 재주 갖추기를 바란단다.
네가 재능을 갖추지 못한다면
그 역시 어쩔 수는 없겠지마는!

日居月諸, 漸免于孩.
福不虛至, 禍亦易來.
夙興夜寐, 願爾斯才.
爾之不才, 亦已焉哉!

【陶唐】堯임금을 말함. 원래 그 선조가 陶(山東 定陶縣)에 살다가 다시 唐
(河北 唐縣)으로 옮겨 살아 흔히 陶唐氏라 함. 이름은 放勳.
【虞賓】虞 땅에서 빈객이 됨. 여기서는 堯의 아들 丹朱를 가리킴. 단주가
불초하여 요가 천하를 순에게 물려주었으며 단주는 순의 빈객이 되었음.
도씨의 선조 제요가 순에게 천하를 물려주어 그 후손들이 도리어 빈객
(신하)이 되었음을 뜻함.

【御龍】御龍氏. 하나라를 섬겼으며 매우 근면했던 집안(사람)이었음.《左傳》襄公 24년에 "惜匄之祖, 自虞以上爲陶唐氏, 在夏爲御龍氏, 在商爲豕韋氏"라 함. 그러나《左傳》僖公 29년에 의하면 도당씨의 후대인 劉累가 夏나라 임금 孔甲을 섬겨 용을 길렀으며 공갑이 그를 칭찬하여 御龍이라는 성씨를 하사한 것으로 되어 있음.

【豕韋】商나라를 도왔던 집안.《國語》鄭語에 "豕韋爲商伯矣"라 함.

【司徒】도연명의 선대인 陶叔이 司徒를 지냈음을 말함. 周公이 成王을 섭정하면서 殷나라 유민을 7개의 족부로 나누어 康叔에게 다스리도록 하였는데 그 중 陶氏가 가장 우대를 받았으며 도숙이 사도 벼슬을 담당함.《左傳》定公 4년 참조.

【衰周】주나라의 쇠락시기, 동주 말년을 가리킴. 동주 이후 주나라는 천자국으로서의 면모를 잃어가고 있었음.

【逸虯·奔鯨】마구 날뛰는 용과 제멋대로 휘젓고 다니는 고래. 춘추전국시대 사회의 혼란함을 비유한 것임.

【愍侯】閔侯로도 표기하며 陶舍. 漢 高祖 劉邦을 도와 燕·代 지역을 평정하고 開封을 봉지로 받았던 인물.《史記》高祖功臣侯者年表 참조.

【於赫】빛나고 아름답다는 뜻.《詩經》商頌 那에 "於赫湯孫"이라 함.

【攀龍】한 고조 유방을 통해 공을 세웠음을 말함. 옛날에는 천자를 용에 비유했음.

【書誓山河】작위를 책봉하는 성대한 의식을 가리킴.《史記》高祖功臣侯者年表 序에 "使河如帶, 泰山若厲. 國以永寧, 爰及苗裔"라 함.

【丞相】陶靑. 陶舍의 아들로 漢나라 景帝 때 승상을 지냄.《史記》孝景本紀에 "二年八月, 以御史大夫開封侯陶靑爲丞相"이라 함.

【群川】丁福保의《陶淵明詩箋注》에 "群川導於長源, 衆條羅於洪柯, 喩枝派之分散, 皆導源於鼻祖也"라 함.

【語默】드러나기도 하고 은거하기도 함.《周易》繫辭(上)에 "君子之道, 或出或處, 或默或語"라 함.

【中晉】東晉을 가리킴.

【長沙】도연명의 증조인 陶侃이 蘇峻의 난을 평정한 공으로 강릉에서 돌아오자 侍中, 太尉의 직책을 받았으며 長沙公에 봉해졌음.《晉書》陶侃傳 참조.

【天子】東晉의 첫 황제인 元帝 司馬睿를 가리킴. 317~323년 재위.

【疇】'酬'와 같음.《晉書》陶侃傳에 의하면 도간이 廣州刺史 王機와 交州

秀才 劉沈 등의 반란을 평정한 공로로 柴桑侯에 봉해졌으며 녹읍이 4천 호였음.

【專征】《晉書》陶侃傳에 의하면 도간이 柴桑侯에 봉해진 다음 다시 大興 초에 平南將軍과 얼마 뒤 都督交州軍事에 올랐음.

【辭歸】《晉書》陶侃傳에 의하면 도간은 咸化 7년(332) 6월 공직을 사직하고 부모의 무덤을 이장하겠다고 晉 成帝에게 표를 올려 귀향하였음.

【不忒】어긋나지 않음.《晉書》陶侃傳에 의하면 도간 어머니의 태몽에 자신에게 8개의 날개가 돋아 하늘로 올라가 아홉 겹의 천문에 올랐는데 그 중 마지막 하나의 문만은 통과할 수 없었음. 문지기가 몽둥이로 쳐서 결국 땅에 떨어지며 왼쪽 날개가 부러졌는데 깨어나 보았더니 왼쪽 겨드랑이가 심하게 아팠다고 함. 과연 도간은 8개 주의 도독이 되었으며 많은 공을 세웠으며 혹 병력을 믿고 다른 생각이 생길 때면 그 꿈 이야기를 떠올려 자제하였다고 함.

【祖】도연명의 조부는 陶茂.

【二臺】御史臺는 안으로는 蘭臺秘書를 관장하고 밖으로는 여러 州의 都督 刺史를 관할하여 이 때문에 蘭臺를 內臺, 刺史의 치소를 外臺라 함.

【千里】태수의 관할 지역의 넓이를 말함.

【仁考】어진 아버지. 돌아가신 아버지를 考라 함.

【淡焉虛止】무위하여 세상물욕이 없다는 뜻. '焉'과 '止'는 모두 어조사임. 《莊子》天道篇에 "夫虛靜恬淡寂寞無爲者, 天地之平而道德之至也"라 함.

【風雲】벼슬길을 가리킴. 옛사람은 '벼슬하다'를 '風雲際會'라고 함.

【慍喜】벼슬의 득실에 대한 기쁨과 노여움.《論語》公冶長篇에 "令尹子文 三仕爲令尹, 無喜色; 三已之, 無慍色"이라 함.

【三千·無後】《孝經》五刑章에 "五刑之屬三千, 而罪莫大於不孝"라 하여 오형에 해당하는 죄가 삼천 가지가 넘는다는 뜻. 無後는 자식이 없음.《孟子》離婁 (上)에는 "不孝有三, 無後爲大"라 함.

【儼·求思】이름을 儼이라 하고 자를 求思라 함.《禮記》曲禮(上)에 "儼若思" 에서 취한 것임.

【溫恭】온량하고 공경스러움.《詩經》商頌 那에 "溫恭朝夕, 執事有恪"이라 함.

【孔伋】자는 子思. 공자의 孫子이며《中庸》을 지은 것으로 알려짐. 도연명이 아들 儼의 자를 求思라 한 것도 子思(孔伋)처럼 가학을 잘 이어가기를 바라는 뜻이 있는 것으로 봄.

【厲夜】‘厲’는 ‘癘’와 같은 뜻. 염병을 앓는 자를 가리킴. 몹쓸 병을 앓는 자가 밤에 아이를 낳으면 급히 서둘러 혹시 자신처럼 잘못된 모습으로 태어나지나 않았나 살펴봄.《莊子》天地篇에 “厲之人, 夜半生其子, 遽取火而視之, 汲汲然唯恐其似己也”라 함.

【日居月諸】시간을 뜻함. ‘居’와 ‘諸’는 모두 어조사임.《詩經》邶風 柏舟에 “日居月諸, 胡迭而微. 心之憂矣, 如匪澣衣. 靜言思之, 不能奮飛”라 함.

【漸免于孩】점차 방글방글 웃는 아이의 단계를 넘어섬.《孟子》盡心(上)에 “孩提之童”이라 하였고, 趙岐의 주에 “孩提, 二三歲之間, 在襁褓知孩笑, 可提抱也”라 함.

【夙興夜寐】아침 일찍 일어나고 밤이 늦어서야 잠자리에 듦. 매우 부지런함을 뜻함.《詩經》衛風 氓에 “夙興夜寐, 靡有朝矣. 言旣遂矣, 至于暴矣. 兄弟不知, 咥其笑矣. 靜言思之, 躬自悼矣”라 하였으며, 小雅 小宛에는 “夙興夜寐, 無忝爾所生”이라 하였고, 또 大雅 抑에는 “夙興夜寐, 洒掃庭內, 維民之章. 脩爾車馬, 弓矢戎兵. 用戒戎作, 用遏蠻方”이라 함.

【斯才】재능을 성취함.《詩經》魯頌 駉에 “思無期, 思馬斯才”라 함.

【亦已焉哉】‘亦已’는 어쩔 수 없다의 뜻. ‘焉哉’는 감탄사임.《詩經》衛風 氓에 “反是不思, 亦已焉哉”라 함.

1. 이는 장자(儼)가 유년시기를 넘었을 때 지은 것으로 보임.

2. 도연명이 자신의 큰아들 陶儼을 훈육하기 위하여 집안의 내력과 생활 지표, 성실과 실천을 강조한 내용이며 시로써 표현하여 지은 것이다.

009 〈歸鳥〉
『돌아오는 새』

훨훨 날개를 저으며 돌아오는 새,
새벽에 숲을 떠났던 그 새.
멀리 사방 끝까지 날아갔다가
가까이 구름 잠긴 산봉우리에서 쉬더니,
부드러운 바람도 만족해하지 않고
날개를 퍼득이며 뜻대로 해 보고자 하네.
제 무리를 돌아보며 서로 지저귀며
맑은 그늘 아래 그림자를 숨겼지.

翼翼歸鳥, 晨去于林.
遠之八表, 近憩雲岑.
和風弗洽, 翻翮求心.
顧儔相鳴, 景庇淸陰.

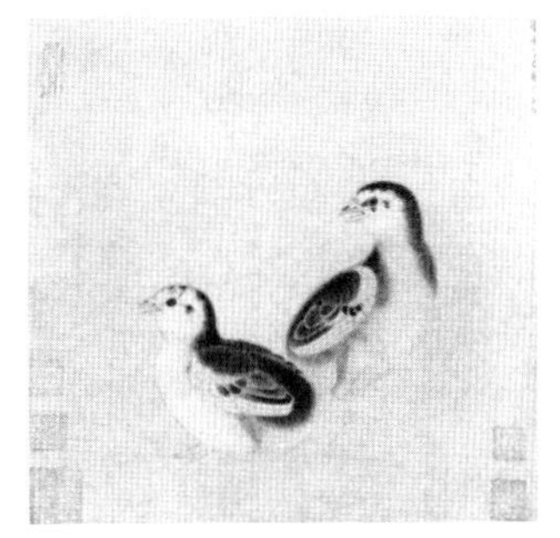

〈鷄雛待飼圖〉 宋 李迪(그림)
北京故宮博物院 소장

훨훨 날개를 저으며 돌아오는 새,
치솟기도 하고 옆으로 날기도 하였지.
비록 노닐 뜻을 품지는 않았지만
그래도 숲을 보면 정을 붙이고 싶었지.
구름을 만나면 그를 뚫고 위아래로 넘나들다가

서로 지저귀며 돌아오네.
먼 길이라 진실로 아득하지만
천성이 좋아하니 포기할 수도 없었지.

翼翼歸鳥, 載翔載飛.
雖不懷遊, 見林情依.
遇雲頡頏, 相鳴而歸.
遐路誠悠, 性愛無遺.

훨훨 날개를 저으며 돌아오는 새,
숲을 살펴보고 배회하네.
어찌 하늘로 닿는 길을 생각하리오?
그저 옛 살던 숲이면 즐거울 뿐인걸.
비록 옛 친구는 이미 없지만
여러 새소리 언제나 화목한 걸.
해질 무렵 공기는 맑기도 하여라.
그 속에 그윽하도다, 나의 품은 뜻이여.

翼翼歸鳥, 相林徘徊.
豈思天路? 欣及舊棲.
雖無昔侶, 衆聲每諧.
日夕氣清, 悠然其懷.

훨훨 날개를 저으며 돌아오는 새,
차가운 가지에서 날개를 접노라.

놀아도 전쟁터에 휩쓸리지 아니하였고
잠잘 때는 울창한 나뭇가지 끝.
새벽바람 맑게 불어올 때면
아름다운 소리로 때맞추어 서로 주고받지.
주살이 어찌 나에게 닥쳐오겠으며
이미 지쳐 돌아왔으니 무슨 노고로움이 있으랴!

翼翼歸鳥, 戢羽寒條.

遊不曠林, 宿則森標.

晨風淸興, 好音時交.

矰繳奚施, 已卷安勞!

【八表】팔방의 밖. 온 세상 드넓은 곳.
【求心】'求志'와 같음. 《論語》季氏篇에 "隱居以求其志, 行義以達其道"라 함.
【頡頏】위아래로 날아서 오르내림. 쌍성연면어. 《詩經》邶風 燕燕에 "燕燕
　　于飛, 頡之頏之"라 함.
【馴林】'循林'과 같음. '수풀을 따라'의 뜻.
【戢羽】날개를 거두어 모음. 날기를 중지함.
【游不曠林】'전쟁터에 휩쓸리지 않는다'의 뜻으로 '曠林'은 戰場을 말함. 《左傳》
　　昭公 원년에 高辛氏(帝嚳)의 두 아들 중 첫째 閼伯과 넷째 實沈이 "居于曠林,
　　不相能也, 日尋干戈, 以相征討"라 함.
【矰繳】화살에 실을 매어 사냥하는 방법.
【已卷安勞】'卷'은 '倦'과 같음. 새가 '날기를 권태롭게 여겨 이미 돌아왔으니
　　어찌 더 이상 노고로움이 있겠는가'의 뜻.

이 시는 〈歸去來辭〉, 〈歸園田居〉과 같은 시기, 대략 晉 安帝 義熙 원년(405)
쯤으로 보고 있다.

卷二『시오언詩五言』

(010 – 030)

〈山徑春行圖〉 宋 馬遠(그림) 臺北故宮博物館 소장

010 〈形影神〉(并序)
『육신과 그림자, 그리고 정신』

서序

"귀한 자나 천한 자, 똑똑한 자나 어리석은 자, 그 누구라도 자신의 생명이 아까워 부지런히 움직이지 아니하는 자는 없으나 이는 심히 미혹迷惑한 짓이다. 그 때문에 육체와 그림자의 고통을 지극히 세밀히 진술하고 정신이 자연을 변별하는 이치를 말하여 이를 해석하는 것이다. 일 꾸미기를 좋아하는 군자라면 함께 내 마음을 들어줄 수 있을 것이다."

「貴賤賢愚, 莫不營營以惜生, 斯甚惑焉. 故極陳形影之苦, 言神辨自然以釋之. 好事君子, 共取其心焉.」

【營營】 열심을 다해 무엇을 찾거나 영위함.
【惜生】 생명을 애석히 여김.
【形】 육체. 형체를 구체적으로 띠고 있음.
【影】 그림자. 몸을 따라다니는 종속적인 것.
【神】 정신, 신령, 영혼. 慧遠의 〈形盡神不滅論〉에 "夫神者何邪? 精極而爲靈者也"라 함.
【好事】 일을 꾸미기를 좋아함. 어떤 일에 특이한 관심을 보이는 사람.
【取】 聽取함. 採納함. 받아들임. 들어줌.

010-1 〈形贈影〉

『육신이 그림자에게』

천지는 영원하여 사라지는 법이 없으며,
산천은 의구하여 바뀌는 때가 없지요.
초목도 항상 같은 이치에 따라
서리와 이슬에 꽃은 지고 피어나기도 하는 것.
사람이 가장 영적이며 지혜롭다 말하면서도
유독 더 이상 이만 못하니,
방금까지만 해도 세상에 살아 있었건만
홀연히 사라지면 되돌아 올 수 없는 것.

天地長不沒, 山川無改時.
草木得常理, 霜露榮悴之.
謂人最靈智, 獨復不如茲.
適見在世中, 奄去靡歸期.

사라진 한 사람을 누가 알아채겠으며
오로지 친척과 친구만이 그리워할 뿐.
단지 평소에 사용하던 물건만 남아,
눈에 띄어 바라보면 처연히 눈물 흘릴 뿐.
나 이 육신으로서는 신선이 되는 술법도 없으니,
틀림없이 그렇게 죽게 될 것임에는 더 이상 의심도 없다오.

원하건대 그대 그림자는 내 말을 들으시고,
술이 생기거든 굳이 사양하지 마시기를.

奚覺無一人, 親識豈相思?
但餘平生物, 擧目情悽洏.
我無騰化術, 必爾不復疑.
願君取吾言, 得酒莫苟辭.

【人最靈智】《尙書》周書 泰逝(上)에 "惟人萬物之靈"이라 함.
【適】 방금, 이제 금방.
【奄去】 갑자기 사라지다. 죽음을 가리킴.
【靡】 '無'와 같음.
【奚覺】 누가 느낄 수 있겠는가의 뜻.
【無一人】 한 사람이 적어지다의 뜻.
【親識】 친척이나 친우. 서로 알고 지내던 사이.
【豈】 '其'와 같음. 여기서는 '豈不'의 뜻으로 '어찌 ……지 않겠는가'를 뜻함.
【洏】 눈물 흘리는 모양.
【我】 形(육체)을 일인칭으로 부른 것. 뒤의 '吾'도 같음.
【騰化術】 날아 올라 신선이 되는 방법.
【君】 그림자(影)를 이인칭으로 부른 것.
【苟辭】 구차스럽게 사양함.

010-2 〈影答形〉

『그림자가 육신에게 답함』

생명을 오래도록 보존한다는 것은 말도 안되며,
생명을 보위하는 것도 매번 괴롭고 서툴다오.
진실로 곤륜산과 화산에서 노닐고 싶지만
아득히 멀고 길도 끊어져 있는 곳.
그대 육체와 이렇게 만난 이래로
한번도 그대의 슬픔과 즐거움에 달리 한 적 없다오.
그늘에 쉴 때만 잠시 서로 떨어진 것처럼 보이지만
햇빛 아래라면 끝내 헤어질 수가 없지요.

存生不可言, 衛生每苦拙.
誠願游崑華, 邈然茲道絶.
與子相遇來, 未嘗異悲悅.
憩蔭若暫乖, 止日終不別.

이처럼 항상 함께 하기란 이미 어려운 것,
슬프지만 함께 사라지고 말게 될 날이 올 것이외다.
육신이 죽으면 그 이름 또한 사라지고 마는 법,
이를 생각하니 모든 감정이 뜨거워진다오.
선과 덕을 세우면 후세에 사랑의 고마움을 남기는 법,
어찌 스스로 제 힘을 다하지 않을 수 있겠소?

술은 능히 근심을 풀어줄 수 있다고 말하지만
이런 선행과 비교하면 어찌 졸렬한 짓이 아니겠소?

此同旣難常, 黯爾俱時滅.
身沒名亦盡, 念之五情熱.
立善有遺愛, 胡可不自竭?
酒云能消憂, 方此詎不劣?

【存生】 생명을 보존함. 불로장생함.《莊子》達生篇에 "世之人以爲養形足以
　　存生, 而養形果不足以存生, 則世奚足爲哉!"라 함.
【衛生】 생명을 보위하고자 養生에 힘을 씀.《莊子》庚桑楚에 "願聞衛生之
　　經而已矣"라 하여 南榮趎가 老子에 衛生에 대하여 질문한 내용이 있음.
【游崑華】 곤륜산과 화산을 유람함. 신선술을 구함을 뜻함.《列仙傳》에
　　赤松子가 곤륜산의 石室에서 炎帝의 소녀를 만나 선인이 되었으며, 華山에
　　올라 禹餘糧을 얻고 蒼梧와 湘江을 돌아다니며 팔았다는 기록이 있음.
【子】 그대. 여기서는 形(육체)을 이인칭으로 부른 것.
【止日】 햇빛 아래에 머물러 있음. '해가 난 곳이라면 그 어디에라도'의 뜻.
【五情】 喜怒哀樂怨의 다섯 가지 기본적인 감정. 정서.
【立善】 옛사람들은 立德·立功·立言을 영원히 변치 않는 세 가지라 하였고,
　　이를 일컬어 立善이라 불렀음.
【遺愛】 뒷사람에게 남기는 은혜와 사랑.《左傳》昭公 20년에 "及子産卒, 仲尼
　　聞之, 出涕曰: 古之遺愛也"라 함.
【此】 '立善'을 지칭함.

010-3 〈神釋〉

『정신의 해석』

대자연은 사사롭게 힘을 쓰지 않으며,
만물은 스스로 이치를 드러내는 법.
사람이 삼재三才 중 하나가 됨이
어찌 나로 인해 그렇게 된 것이 아니랴?
그대神·影와 서로 다른 물건이지만
태어나면서 서로 붙어 있게 되었다네.
서로 의지하여 좋고 싫음을 함께 여겼으니
어찌 말을 나누어 보지 않으랴?

大鈞無私力, 萬物自森著.
人爲三才中, 豈不以我故?
與君雖異物, 生而相依附.
結託旣喜同, 安得不相語?

삼황은 큰 성인이지만
지금 그들이 어디에 있겠으며,
팽조는 영생을 바랐지만
머물러 있고자 해도 그렇게 될 수 없는 것.
노소를 막론하고 결국은 죽기는 마찬가지,
똑똑함과 어리석음도 달리할 운명이 없다네.

날마다 취해 있으면 혹 잊을 수도 있겠지만
그것이 어찌 명을 재촉하는 물건이 아니리오!

三皇大聖人, 今復在何處?
彭祖愛永年, 欲留不得住.
老少同一死, 賢愚無復數.
日醉或能忘, 將非促齡具!

선행을 하여 기쁨을 누리고자 해도
누가 그대를 훌륭하다 칭찬하리오?
너무 생각하다가는 나의 삶을 상하게 하나니
의당 운세에 맡겨 놓게나.
물결 같은 변화 속에 나를 풀어 놓고
즐거움도 두려움도 지워 버리소서.
사라질 때면 모름지기 사라져야 하는 것,
다시는 제 혼자 너무 많은 염려도 없이 하소서.

立善常所欣, 誰當爲汝譽?
甚念傷吾生, 正宜委運去.
縱浪大化中, 不喜亦不懼.
應盡便須盡, 無復獨多慮.

【大鈞】 대자연. 하늘. '鈞'은 원래 陶器를 만드는 轉輪. 대자연이 끊임없이
만물을 생성시킴을 뜻함.
【三才】 天·地·人.
【以我】 '나로 인하여, 나 때문에.' 여기서의 아는 神을 가리킴.

【君】形과 影을 가리킴.

【異物】形과 影, 그리고 神은 각기 다른 형태임.

【依附】사람이 태어나면 즉시 형태와 정신이 함께 따라다니며 죽은 뒤에는 이들이 모두 소멸됨.

【結託】교제하여 의탁하다. 서로 의지하여 함께 생존하다의 뜻.

【三皇】중국 고대의 성왕들. 흔히 天皇氏, 地皇氏, 人皇氏를 들기도 하며 혹은 伏羲氏, 神農氏, 黃帝 軒轅氏를 말하는 것이라고도 함.

【彭祖】고대 長壽로 이름이 알려진 신선. 夏나라 때 태어나 周나라 때까지 800세 살았다 함.《列仙傳》에 "彭祖者, 殷大夫也,姓錢, 名鏗, 帝顓頊之孫陸宗氏之中子, 歷夏至殷末八百餘歲"라 함.

【復數】'復'는 '再'의 뜻. '數'는 '운수'즉 '운명'이라는 뜻.

【將非促齡具】'將'은 '豈'와 같음. '促齡'은 수명을 재촉함. '具'는 물건. 여기서는 술을 뜻함.

【委運】운명에 맡김.

【縱浪】마구 유랑함. 방랑함. 구속됨이 없이 자연을 따름.

【大化】사람이 태어나 겪게 되는 네 가지 큰 변화.《列子》天瑞篇에 "人自生至終, 大化有四: 嬰孩也, 少壯也, 老耄也, 死亡也"라 함

참고 및 관련 자료

1. 대체로 진 안제 의희 9년(413), 도연명이 49세 때 쓴 것으로 보고 있다.

2. 이 세 수의 시는 육신과 그를 따라 다니는 그림자, 그리고 육신 속에 담겨 있는 정신을 서로 의인화하여 셋의 관계와 삶의 의미를 읊은 哲理詩로서 '形盡神不滅論'에 반대 의견을 가지고 쓴 것이다.

3.〈形贈影〉은 사람은 천지나 산천, 초목처럼 영원히 세상에 존재할 수 없는 것이니 때를 만나면 술로 즐기느니만 못함을 말한 것이다.

4.〈影答形〉은 사람이란 불로장생할 수도 없으며 승천하여 신선이 될 수도 없으니 선행을 하여 후세에 이름을 남기는 것이 술로 시름을 달래는 것보다는 낫다는 것을 강조한 것이다.

5.〈神釋〉은 성인이나 장수한 사람도 결국은 죽고 마는 것이니 자연에 모든 것을 맡기고 죽고 사는 것은 그 밖의 일로 치부하느니만 못하다는 것을 강조한 것이다.

011 〈九日閑居〉(并序)
『9월 9일의 한가로운 삶』

"나의 이 한가로운 삶에서 특히 중구(重九, 9월 9일 중양절)라는 명절을
좋아한다. 가을 국화가 정원에 가득하나 술을 마시고자 해도 술이 없어
그저 구월 국화만 따 먹으며 시어로 회포를 기탁하고 있다."

「余閒居, 愛重九之名. 秋菊盈園, 而持醪靡由. 空服九華,
寄懷於言」

【九日】 九月九日 重陽節.
【重九】 양의 수인 구가 겹침. 曹丕의 〈與鍾繇書〉에 "歲往月來, 忽九月九日.
　九爲陽數, 而日月並應, 俗嘉其名, 以爲宜以長久"라 함.
【靡由】 어찌할 수 없음. 여기서는 술이 없어 마실 수 없다는 뜻.
【空服】 원래 국화주를 만들어 마셔야 하나 술이 없어 그저 꽃잎만 먹고
　있음을 표현한 것.
【九華】 구월구일의 국화. '華'는 '花'와 같음.

삶은 짧은데 생각은 항상 이리도 많을까.
이렇게 사람들은 오래 살고 싶어하는구나.
해와 달은 날짜에 따라 이르러 오니
모든 사람들이 세속의 명절을 좋아하는구나.
이슬이 차니 따뜻한 바람 식어 들고,
공기가 청철하니 하늘은 더욱 밝구나.
가버린 제비는 그림자조차 남기지 않았는데,
오는 기러기는 그 울음소리 여운까지 남기네.
술은 능히 온갖 근심을 없애 주고
국화는 늙음을 막아 준다지.
어찌 쑥대 얽은 초가집 선비는
한갓 세월의 흐름만 지켜보고 있는고?
술잔에 낀 먼지는 빈 술독을 부끄럽다 하고,
가을 국화는 제 홀로 화려할 뿐,
옷깃 여미며 홀로 한가롭게 노래를 읊조리니
깊은 생각에 잠겨 아득하구나.
한가로운 삶에도 진실로 많은 즐거움이 있으리니
오래 머문다고 어찌 이룸이 없으랴!

世短意常多, 斯人樂久生.
日月依辰至, 擧俗愛其名.
露凄暄風息, 氣澈天象明.
往燕無遺影, 來雁有餘聲.
酒能祛百慮, 菊爲制頹齡.

如何蓬廬士, 空視時運傾?
塵爵恥虛罍, 寒花徒自榮.
斂襟獨閒謠, 緬焉起深情.
棲遲固多娛, 淹留豈無成!

【世短】 사람의 일생이 짧음을 말함. 〈古詩十九首〉에 "生年不滿百, 常懷千歲憂. 晝短苦夜長, 何不秉燭游?"라 함.

【露淒】 가을 서리가 처량하다는 뜻.

【暄風】 따뜻한 바람. 여름철 바람을 뜻함.

【菊爲制頹齡】 '制'는 '止'의 뜻. 頹齡은 늘그막을 가리킴. 국화를 먹으면 장수함을 말함. 傅玄의 〈菊花賦〉에 "服之者長壽, 食之者通神"이라 함.

【塵爵】 술잔에 술을 부어 본 적이 없어 먼지가 앉음.

【恥虛罍】《詩經》 小雅 蓼莪에 "缾之罄矣, 維罍之恥"라 하고, 鄭箋에 "缾小而盡, 罍大而盈, 言爲罍恥者, 刺王不使富分貧, 衆恤寡"라 함.

【寒華】 가을 국화를 가리킴.

【緬焉】 깊이 생각하는 모습.

【栖遲】 집에 한가로이 있다의 뜻.《詩經》陳風 衡門에 "衡門之下, 可以栖遲"라 함.

【淹留豈無成】 '淹留'는 오래 머물러 있음, 은거를 뜻함.《楚辭》九辯에 "時亹亹而過中兮, 蹇淹留而無成"이라 함.

이 시는 晉 恭帝 元熙 元年(419), 도연명의 나이 55세에 쓴 것으로 추정하고 있다.

012 〈歸園田居〉(五首)
『전원으로 돌아와 살며』

012-1 〈歸園田居〉
첫째 수

젊어서는 세속의 운치에 맞는 것이 없었고,
천성은 본래 자연에 대한 사랑뿐.
어쩌다 그만 세상 속의 그물 속으로 떨어져,
이렇게 훌쩍 30년이 흘렀네.
새장에 묶인 새 옛 숲을 그리워하고,
연못의 물고기 옛 큰물을 생각하는 법.
저 남쪽 끝자락 황무지를 개간하여
졸렬함이나 지키고자 전원으로 돌아왔네.
네모 집 둘러 열 떼기 남짓한 농지에,
초옥은 그저 여덟 아홉 칸.
느릅나무 버드나무는 뒤 처마에 그늘을 이루고,
복사꽃 오얏꽃은 집 앞에 늘어섰네.
가물가물 멀리 사람 사는 촌락,
모락모락 피어오르는 밥 짓는 연기.
개는 깊은 골목에서 컹컹 짖고,
닭은 뽕나무 꼭대기에서 우는구나.
뜰에는 먼지도 잡풀도 없이 깨끗하고,

내 마음엔 한가로움이 넘치고 있네.
오랫동안 새장에 갇혀 있던 새,
다시 자연으로 돌아왔구나.

(其一)

少無適俗韻, 性本愛丘山.
誤落塵網中, 一去三十年.
羈鳥戀舊林, 池魚思故淵.
開荒南野際, 守拙歸田園.
方宅十餘畝, 草屋八九間.
楡柳蔭後簷, 桃李羅堂前.
曖曖遠人村, 依依墟里煙.
狗吠深巷中, 鷄鳴桑樹顚.
戶庭無塵雜, 虛室有餘閑.
久在樊籠裏, 復得返自然.

【塵網】세속의 그물. 벼슬 세계를 말함.

【三十年】吳仁傑의 《靖節先生年譜》에는 "十三年"이어야 한다고 여겼음.
도연명은 晉 孝武帝 太元 18년(393)에 江州祭酒라는 벼슬을 시작으로 晉
安帝 義熙 원년(405) 彭澤令을 사직하기까지 12년이었으며 이 시는 그 2년
뒤이므로 모두 13년이 된다고 하였음.

【羈鳥】새장 안에 갇힌 새.

【守拙】졸박하고 우직한 본성을 지키다는 뜻. 자신이 아첨할 줄 몰라 벼슬
하기에 알맞지 않음을 가리킴.

【墟里】터를 잡고 사는 이웃집들. 농촌 동네.

【虛室】'室'은 마음을 뜻함. 마음이 순수하고 명예와 이익에 대한 욕심이
없음을 가리킴. 《莊子》 人間世 "虛室生白"의 司馬彪 주에 "室, 比喩心, 心能
空虛, 則純白獨生也"라 함.

012-2 〈歸園田居〉
둘째 수

시골이라 사람 사귈 일도 아주 드물고,
궁벽한 골목길 찾아 오는 수레바퀴도 적지.
대낮에도 사립문은 닫혀 있기 일쑤,
마음속에는 세속 생각 끊어 버렸네.
때때로 시골 마을 길 걷노라면,
초의를 걸친 사람 함께 오가다
서로 만나도 잡스런 말이란 없고,
그저 뽕나무 삼대 자란 것이 화젯거리.
뽕나무 삼대는 날마다 자라고
내 농토도 날로 이렇게 넓어지누나.
늘 두려운 것이란 서리와 싸락눈,
곡식이 시들어 잡초처럼 되면 어쩌나 하는 것뿐.

(其二)
野外罕人事, 窮巷寡輪鞅.
白日掩荊扉, 虛室絶塵想.
時復墟曲中, 披草共來往.
相見無雜言, 但道桑麻長.
桑麻日已長, 我土日已廣.
常恐霜霰至, 零落同草莽.

【人事】 벼슬길에서의 사람과 사람 사이. 인간관계와 응수, 대응의 일들.

【寡輪鞅】 궁벽한 마을이라 수레바퀴의 소리가 적음. 수레바퀴는 고관 귀인의 찾아옴이 적다는 뜻으로 매우 한적함을 말함.

【塵想】 세속적인 욕망이나 생각.

【墟曲】 墟里와 같음. 편벽한 시골 마을.

【披草】 풀을 헤치고 나감. 그러나 草를 '草衣'로 보아 '초의를 걸쳐 입고'의 뜻으로도 봄.《晉書》袁宏傳에 周瑜를 칭찬하여 "公瑾明達, 朗心獨見. 披草求君, 定交一面"이라 함. 여기서는 草衣로 해석하였음.

【霰】 싸라기 눈.

【零落】 조락하여 떨어짐. 쌍성연면어.

【莽】 풀더미. 빽빽하게 난 풀숲. 일반 莽草. 잡초를 말함.

012-3 〈歸園田居〉

셋째 수

저 남산 아래 콩밭을 일궜더니
풀만 무성하고 콩 싹은 드무네.
새벽에 일어나 거친 잡초 뽑아 내고
호미 메고 오는 길에 달님이 따라오네.
길은 좁고 초목은 쑥쑥 자라
저녁 이슬이 내 옷을 적시누나.
옷 젖는 것 애석하랴,
그저 농사나 잘 되기를.

(其三)

種豆南山下, 草盛豆苗稀.
晨興理荒穢, 帶月荷鋤歸.
道狹草木長, 夕露霑我衣.
衣霑不足惜, 但使願無違.

【南山】 앞산. 여기서는 구체적으로 廬山을 가리킴.
【荒穢】 荒草와 잡풀.
【帶月】 달을 띠고 돌아옴. 저녁 늦게 귀가함. '帶'는 '戴'와 같음.
【荷鋤】 '호미를 어깨에 메다'의 뜻.
【但使願無違】 '다만 원하는 바로 하여금 어긋남이 없기만을 바란다'는 뜻으로
 농사가 잘돼기를 뜻하는 표현.

012-4 〈歸園田居〉

넷째 수

산택에 노닐어 본 지가 꽤 되었더니
이제 숲과 들판을 마구 돌아다니는 즐거움.
잠시 아들과 조카들 손잡고
개암나무 헤치며 폐허가 된 마을을 걸어 본다.
무덤 가를 배회하노라니
옛사람이 살던 곳임을 아스라이 알겠도다.
우물과 부뚜막 흔적 그대로 남아 있고,
뽕나무 대나무 썩은 그루 남아 있네.
묻노라 나무꾼이여,
옛날 살던 사람 모두 어디로 갔소?
나무꾼 나를 향해 하는 말이
모두 죽어 남은 자가 없다고.
한 세대만 지나도 조정과 저자가 달라진다 했으니
이 말 정말 헛된 것이 아니로다.
사람의 삶이란 환상과도 같은 것,
종당엔 텅빈 무無로 돌아가는구나.

(其四)

久去山澤游, 浪莽林野娛.
試携子姪輩, 披榛步荒墟.
徘徊丘壟間, 依依昔人居.

井竈有遺處, 桑竹殘朽株.
借問採薪者, 此人皆焉如?
薪者向我言, 死沒無復餘.
一世異朝市, 此語眞不虛.
人生似幻化, 終當歸空無.

【浪莽】마구 돌아다님. 疊韻連綿語.

【試】'試'는 잠시, 우선의 뜻.

【披榛】'榛'은 개암나무, 여기서는 수풀을 말함. 개암나무를 헤치고 돌아다님.

【丘壟】무덤. 분묘.

【焉如】'어디로 가나'의 뜻. '焉'은 의문사, '如'는 '之'의 뜻. 초사 구장 애영에 "淼南渡之焉如?"라 함.

【一世異朝市】'一世'는 30년, '異朝市'는 세상이 바뀌어 조정과 시장이 전혀 다른 모습이 되고 만다는 뜻.

【幻化】세상살이이의 변화무상을 말함. 세상은 진실한 그대로가 아니며 환상과 허깨비라는 뜻.

012-5 〈歸園田居〉

다섯 번째 수

슬프고 안타까워 홀로 지팡이 짚고 돌아오는 길,
울퉁불퉁 개암나무 덤불 굽은 길.
골짜기 석간수는 맑고도 얕아,
그런대로 내 발을 씻을만 하네.
새롭게 익은 술 걸러 놓고
닭 한 마리 잡아서 이웃을 불렀네.
해가 지고 방안이 어두워져
가시나무 장작으로 촛불을 삼았네.
즐거우나 짧은 밤이 너무 아쉽게
어느덧 다시 날이 밝아 오도다.

(其五)
悵恨獨策還, 崎嶇歷榛曲.
山澗淸且淺, 可以濯吾足.
漉我新熟酒, 隻鷄招近局.
日入室中闇, 荊薪代明燭.
歡來苦夕短, 已復至天旭.

【策】 지팡이를 짚다.
【榛曲】 개암나무 등 관목이나 가시가 가득하며 굽은 산길.

【淸且淺】맑으면서 게다가 얕음.〈古詩十九首〉에 "河漢淸且淺"이라 함.

【濯吾足】《孟子》離婁章(上)과 《楚辭》漁父에 "滄浪之水濁兮, 可以濯我足;
 滄浪之水淸兮, 可以濯我纓"이라 함.

【近局】가까운 이웃.

【荊薪】가시나무의 장작. 땔감.

〈雪岸雙鴻〉明 呂紀(그림)

012-6 〈歸園田居〉
여섯째 수

본책 부기附記 1 참고할 것.

(其六)
種苗在東皐, 苗生滿阡陌.
雖有荷鋤倦, 濁酒聊自適.
日暮巾柴車, 路闇光已夕.
歸人望煙火, 稚子候簷隙.
問君亦何爲, 百年會有役.
但願桑麻成, 蠶月得紡績.
素心正如此, 開徑望三益.

1. 〈歸園田居〉 5수는 가장 널리 알려진 작품 중의 하나이다. 대체로 晉 安帝 義熙 2년(406), 도연명 42세 때 쓴 것으로 보고 있다.

2. 원래 5수이나 李公煥본의 〈歸園田居六首〉에서 여섯 번 째 시로 들어 있는 〈種苗在東皐〉는 도연명의 시가 아니다. 이는 南朝 梁나라 江淹((江淹: 444~504, 혹은 505. 자는 文通)의 〈雜體詩三十首〉 중 〈陶徵君潛田居〉시이다. 이 시는 蕭統의 《文選》(31)에도 수록되어 있다. 이에 대하여는 附記(도연명 작품으로 잘못 전해진 시 3수)를 참고하기 바란다.

013 〈遊斜川〉(并序)
『사천에서 노닐다』

서序

"신축년(401) 정월 초닷새, 날씨가 맑고 온화하며 풍경은 조용하고 아름답다. 두 세 사람의 이웃들과 더불어 함께 사천斜川으로 나들이를 하였다. 길게 흐르는 강물 가에 임하여 증성산曾城山을 바라보았다. 방어와 잉어가 저물어 가는 어스름녘에 뛰어올라 비늘을 자랑하고 강 갈매기는 부드러운 바람을 타고 날개를 젓고 있었다. 저 남쪽 여산廬山의 명성과 아름다운 경치를 나는 오래전부터 익히 알고 있어, 그를 위해 부시賦詩를 지어낼 수가 없다. 저 증성산 같은 경우는 곁에 기대거나 연접된 것이 없이 홀로 우뚝 솟아 산을 이루고 있었다. 멀리 영산靈山에도 증성이란 이름이 있음을 산을 생각하니 좋은 이름 때문에 더욱 사랑하게 되도다. 기쁜 마음에 마주 대하고 있음에도 부족하여 즉흥으로 부시賦詩를 지어 본 것이다. 세월이 이미 흘러감을 안타깝게 여기며 내 나이도 머물 수 없음을 슬퍼하도다. 각자의 나이를 적고 어느 마을 출신인지를 적고 그 날짜를 기록한다."

「辛丑正月五日, 天氣澄和, 風物閒美. 與二三隣曲, 同遊斜川. 臨長流, 望曾城. 魴鯉躍鱗於將夕, 水鷗乘和以翻飛. 彼南阜者, 名實舊矣, 不得乃爲嗟歎. 若夫曾城, 傍無依接, 獨秀中阜. 遙想靈山, 有愛嘉名. 欣對不足, 率爾賦詩. 悲日月之旣往, 悼吾年之不留. 各疏年紀鄕里, 以記其時日.」

【斜川】 냇물 이름. 도연명의 栗里와 멀지 않으며 지금의 江西 星子縣에 있다고 함.

【辛丑】 晉 安帝 隆安 5년(401)에 해당하며 도연명 37세 때임. '辛酉'로 되어 있는 본도 있음.

【曾城】 지명, 혹은 산 이름. 또는 절 이름. 駱庭芝의 〈斜川辨〉에 "稱曾城者, 落星寺也. 曾城之名, 殆是晉所稱者"라 하였고 逯欽立의 주에는 "山在廬山北, 彭蠡澤西, 一名江南嶺, 又名天子鄣"이라 함. 그러나 〈遊石門詩〉序에는 "石門 在精舍南十餘里, 一名鄣山, 基連大嶺, 體絶衆阜, ……此雖廬山之一隅, 實斯 地之奇觀"이라 하고 〈遊石門詩〉에는 "褰裳思雲駕, 望崖想曾城"이라 함.

【南阜】 廬山을 가리킴. 駱庭芝의 〈斜川辨〉에 "其稱南阜者, 卽廬阜也. 山有南北, 故稱南阜. 飮酒詩所謂'悠然見南山'是也"라 함.

【靈山】 神山. 여기서는 崑崙山의 曾城을 가리킴. 도연명이 본 曾城과 곤륜산의 曾城이 이름이 같아 연상한 것.《楚辭》天問에 "崑崙縣圃, 其尻安在? 曾城 九重, 其高幾里?"라 하였고,《淮南子》地形訓에 "曾城高萬一千百一十四步 三尺六寸"이라 함.

【率爾】 본의는 '마구, 경솔하게'인데, 여기서는 '즉흥'으로 해석함.

【鄕里】 본적, 고향. 원래는 마을 조직 단위.《周禮》地官 遂人에 "五家爲隣, 五隣爲鄕"이라 함.

시詩

새해가 시작된 지 훌쩍 초닷새,
내 삶도 머지않아 멈추겠지.
이렇게 생각하니 마음이 격동하여,
좋은 날에 맞춰 친구와 놀러 나왔네.
날씨는 온화하고 하늘도 맑아,
차례대로 앉아 멀리 흐르는 물가에 기대었네.
잔잔한 여울에는 무늬 아름다운 방어가 내닫고,
빈 골짜기에 갈매기 높이 날며 우네.
아스라이 연못을 둘러보다가

증성산을 훑어보며 사색에 잠겼네.
비록 곤륜의 증성 아홉 겹만큼 빼어나진 않겠지만,
바라보니 짝을 이룰 만한 것이 없네.
술병 들고 짝을 이뤄 함께 온 친구들
잔에 가득 술을 부어 주고받노라.
알 수 없도다. 지금 이날이 가면,
다시 이 같은 즐거움을 누릴 수 있을지.
반쯤 비우고 속세를 벗어난 생각을 풀어 놓으니
저 천 년 근심도 잊을 수 있어라.
게다가 오늘 아침 이 즐거움만 다하면 그뿐,
내일이 어떻다 할 바는 나의 바람이 아니어라.

開歲倏五日, 吾生行歸休.
念之動中懷, 及辰爲玆遊.
氣和天惟澄, 班坐依遠流.
弱湍馳文魴, 閒谷矯鳴鷗.
迥澤散游目, 緬然睇曾丘.
雖微九重秀, 顧瞻無匹儔.
提壺接賓侶, 引滿更獻酬.
未知從今去, 當復如此不.
中觴縱遙情, 忘彼千載憂.
且極今朝樂, 明日非所求.

【行】 머지 않아, 곧.
【休】 생명이 멈추다, 죽음.
【及長】 제때에, 좋은 날에 맞추어의 뜻.

【玆遊】 이번 여행, 즉 사천행을 가리킴.

【依遠流】 여전히 멀리 흐르고 있음. 駱庭芝의 〈斜川辨〉에 "栗里之南有小溪, 名吳陂港, 貫穿落星湖, 入大江, 其水冬夏不絶"이라 함.

【文魴】 무늬가 있는 방어.

【閒谷】 빈 골짜기.

【矯】 날개를 펴고 날아감. 《廣雅》 釋詁에 "矯, 飛也"라 함.

【散游目】 멀리 바라보다. 마음대로 감상하다의 뜻.

【緬然】 깊이 생각하는 모양.

【曾丘】 曾城을 가리킴.

【千載憂】 천년의 근심. 생사의 근심을 가리킴. 〈古詩十九首〉에 "人生不滿百, 常懷千歲憂. 晝短苦夜長, 何不秉燭游?"라 하였으며, 吳淇는 "憂及千歲者, 爲子孫作馬牛耳"라 함.

【今朝樂】 역시 古詩의 "爲樂當及時, 何能待來玆"의 구절을 인용한 것.

1. 辛丑년은 晉 安帝 隆安 5년(401)에 해당하며 도연명 37세 때이다. 일부 판본에 '辛酉'로 되어 있으며 이 경우 도연명 57세에 해당한다. 시의 내용상 도연명의 만년작으로 보는 것이 더 합당하다.

〈舞樂紋〉 四川 德陽 黃滸鎭 출토

014 〈示周續之祖企謝景夷三郞〉
『주속지, 조기, 사경이 세 사람에게 보여줌』

병든 몸 짊어지고 퇴락한 처마에서,
하루가 다 가도록 즐거운 일 하나 없네.
약과 침도 때로는 끊어지고
내 마음 속 그리운 이를 생각한다오.
서로 떨어진 거리라야 그리 멀지 않지만
길은 무슨 이유로 멀다 느껴질까.
주속지는 평생 공자의 학문을 전수하고
조기와 사경이는 그에 호응하여 모여들었네.
공자의 도가 상실된 지 거의 천여 년,
오늘 아침 다시 그 학문 듣게 됐구려.
마구간은 강의할 곳은 아니지만
그래도 책을 교정하기에 역시 부지런하였구려.
이 늙은이가 좋아하는 바가 있으니
생각하기는 그대들과 이웃이 되어,
그대들에게 진심으로 권고하건대
나를 따라 영수 가에서 허유처럼 살았으면.

負痾頹簷下, 終日無一欣.
藥石有時閒, 念我意中人.
相去不尋常, 道路邈無因.

周生述孔業, 祖謝響然臻.
道喪向千載, 今朝復斯聞.
馬隊非講肆, 校書亦已勤.
老夫有所愛, 思與爾爲隣.
願言誨諸子, 從我潁水濱.

【周續之】 자는 道祖. 雁門 廣武人. 그 선대에 장강을 건너 남하하여 豫章 建昌縣에 이주하였음. 주속지는 이에 豫章太守 范甯에게 학문을 배워 五經에 통하였으며 뒤에 《老子》와 《周易》을 읽고 盧山에 들어가 명승 慧遠에게 배워 당시 劉遺民과 陶淵明을 포함하여 「潯陽三隱」이라 불렸음. 江州 刺史 檀韶가 그를 부르자 거리낌 없이 함께 교유하였으며 祖企, 謝景夷와 함께 城北에서 《禮》를 강의하고 교정하기도 하였음. 宋 高祖 劉裕가 그에게 《禮記》에 대하여 물은 적이 있음. 47세에 죽음.《宋書》(93)에 傳이 있음.
【祖企·謝景夷】 인명. 모두 당시 이름난 학사.
【負痾】 병을 짊어지고 살아감.
【藥石】 병을 치료하는 약물과 폄석(砭石).
【孔業】 공자가 남긴 업적. 여기서는 《禮記》를 가리킴.
【響然臻】 소리가 나면 메아리가 응답하듯 다가옴. '響臻'은 서로 호응이 잘 된다는 뜻의 당시 유행하던 어휘.
【道喪】 공자의 도가 사라진 지가 이미 천년이 되었음을 말함.《公羊傳》哀公 14년에 “西守獲麟, 孔子曰: ‘吾道窮矣!’”라 함.
【復斯聞】 이는 ‘復聞斯’의 도치임. ‘斯’는 이것, 즉 ‘도’를 가리킴.
【馬隊】 마구간, 말을 기르는 곳을 가리킴. 蕭統의 〈陶淵明傳〉에 주속지가 조기, 사경이와 城北에서 《예기》를 강의할 때 “所住公廨, 近於馬隊”라 함. 이는 주속지가 다시 벼슬에 나간 것을 못마땅히 여겨 도연명이 이렇게 쓴 것이라 함. 馬隊는 《唐書》儀衛志에 “左右衛率府各六十四人, 分前後居, 步隊外, 馬隊內”라 하였음.
【老夫】 도연명이 자신을 지칭하는 말.
【從我】 나를 따라 은거할 것을 권유하는 말. 皇甫謐《高士傳》許由와 巢父의 고사를 원용한 것임. 참고란을 볼 것.

1. 이 시는 晉 安帝 義熙 12년(416) 도연명 52세 때나 혹은 조금 뒤에 쓰여진 것으로 보고 있다.

2.《高士傳》(上卷) 許由 (皇甫謐)

許由, 字武仲, 陽城槐里人也, 爲人據義履方, 邪席不坐, 邪膳不食. 後隱於沛澤之中. 堯讓天下於許由曰:「日月出矣, 而爝火不息, 其於光也, 不亦難乎? 時雨降矣, 而猶浸灌, 其於澤也, 不亦勞乎? 夫子立而天下治, 而我猶尸之. 吾自視缺然, 請致天下」許由曰:「子治天下, 天下旣已治矣. 而我猶代子, 吾將爲名乎? 名者, 實之賓也. 吾將爲賓乎? 鷦鷯巢於深林, 不過一枝; 偃鼠飲河, 不過滿腹. 歸休乎君, 予無所用天下爲. 庖人雖不治庖, 尸祝不越樽俎而代之矣.」不受而逃去. 齧缺遇許由曰:「子將奚之?」曰:「將逃堯.」曰:「奚謂邪?」曰:「夫堯知賢人之利天下也, 而不知其賊天下也. 夫唯外乎賢者知之矣.」由於是遁耕於中岳潁水之陽箕山之下, 終身無經天下色. 堯又召爲九州長, 由不欲聞之, 洗耳於潁水濱. 時其友巢父牽犢欲飲之, 見由洗耳, 問其故. 對曰:「堯欲召我爲九州長, 惡聞其聲, 是故洗耳.」巢父曰:「子若處高岸深谷, 人道不通, 誰能見子? 子故浮游欲聞, 求其名譽, 汚吾犢口.」牽犢上流飲之. 許由沒, 葬箕山之巓, 亦名許由山, 在陽城之南十餘里. 堯因就其墓, 號曰箕山公神, 以配食五嶽, 世世奉祀, 至今不絶也. 武仲潔脩, 毫邪不處. 黃屋將歸, 紫芳高擧. 潁汲箕田, 羞頹汚鄙, 俎豆公神, 綿綿無已.

015 〈乞食〉
『구걸』

굶주림이 나를 몰아 밖으로 내보냈지만
어디로 가야 할지 막막하구나.
걷고 걷다 이른 이 마을에서
문은 두드렸으나 말문을 못 여네.
주인이 내 뜻을 알아차리고
먹을 것을 내주니 어찌 헛된 걸음이랴!
즐거운 이야기 벌써 해가 기울고
술잔이 돌아오니 훌쩍 비웠네.
새 친구 사귐을 즐거워하여
읊조리다 즉석에서 시를 지었네.
고맙소, 그대여. 빨래하던 아낙과도 같은 은혜로다.
단지 내 재주 한신만 못함이 부끄럽소이다.
가슴 가득 감격함을 어찌 말로 하랴,
저승에 가서라도 꼭 갚겠소이다.

飢來驅我去, 不知竟何之.
行行至斯里, 叩門拙言辭.
主人解余意, 遺贈豈虛來!
談諧終日夕, 觴至輒傾杯.
情欣新知歡, 言詠遂賦詩.

感子漂母惠, 愧我非韓才.

銜戢知何謝, 冥報以相貽.

【驅我去】나를 집에서 떠나 걸식을 하도록 내몲.

【里】마을. 고대에는 "五家爲隣, 五隣爲里"라 함.

【遺】주다, 드리다.

【新知】새롭게 알게 됨. 새롭게 사귀게 된 친구를 말함.

【言詠】노래를 뜻함.《尙書》舜典에 "詩言志, 歌永言"이라 함.

【漂母】빨래하는 여인. 韓信이 어려서 배가 고파 헤맬 때 빨래하던 여인이 그에게 밥을 주자 "뒤에 틀림없이 크게 보답하겠다"고 하였음. 뒤에 한신이 성공하여 그 여인을 찾아 천금을 주어 밥을 얻어먹은 은혜를 갚음.《史記》 淮陰侯列傳에 실려 있음.《史記》淮陰侯列傳에 "信釣於城下, 諸母漂, 有一 母見信飢, 飯信, 竟漂數十日. 信喜, 謂漂母曰:「吾必有以重報母.」母怒曰: 「大丈夫不能自食, 吾哀日孫而進食, 豈望報乎!」"라 함.

【銜戢】'銜'은 감격함을 뜻하며 '戢'은 '藏'과 같음. 마음 속에 깊이 간직함. 《管子》形勢解에 "法立而民樂之, 令出而民銜之"라 함.

【冥報】죽어 저승에 가서도 갚음.

　　이는 도연명 만년의 작품으로 보고 있다.

〈董永侍父〉畫像石 四川 渠縣 출토

016 〈諸人共遊周家墓柏下〉
『여럿이 주씨 집 묘지
잣나무 아래에서 노닐며』

오늘 날씨는 좋기가 그만,
맑은 피리에 거문고 연주까지.
이 잣나무 아래 누운 자를 생각하면
어찌 즐기지 않을 수 있겠는가?
맑은 노래 이어 새로운 노래 퍼져가고
푸른 술은 내 얼굴을 꽃 표정으로 펴 주누나.
내일 일이 어찌 될지 알 수 없는 것,
내 흉금은 이미 하고픈 바 다하였다네.

今日天氣佳, 淸吹與鳴彈.

感彼柏下人, 安得不爲歡?

淸歌散新聲, 綠酒開芳顔.

未知明日事, 余襟良已殫.

【周家墓】《晉書》(58) 周訪傳에 의하면 陶侃이 일찍이 산 하나를 周訪에게
주어 자신의 부친을 묻을 수 있도록 해 주었다 하여 그 곳의 묘를 뜻하는
것이 아닌가 함.(陶澍)
【柏】고대 무덤 앞에 잣나무를 심었었음.

【栢下人】묻혀 있는 사자를 말함.
【祿酒】푸른 색 거품이 나타나는 술.
【殫】'盡'과 같음. 회포를 실컷 다함.

참고 및 관련 자료

이 시의 저작 시기는 구체적으로 알 수 없다.

017 〈怨詩楚調示龐主簿鄧治中〉
『원시 초조를
   방주부와 등치중에게 보여 주며』

하늘의 도는 아득하고 멀며,
귀신의 일도 망망하고 어둡기는 마찬가지.
열다섯에 좋은 일 하기로 마음먹었는데
쉰 넷이 되었어도 부지런하기는 여전히.
스무 살에 세상의 험난함을 만났고,
서른 살에 내 반쪽 아내를 잃었다오.
가물었던 여름 타는 듯이 더웠고,
벼멸구는 제멋대로 농사를 망쳤지.
비바람 종횡으로 불어제쳐
가을걷이는 세금 내기도 부족하다오.
여름엔 긴 낮을 주린 배 움켜쥐었고,
찬 밤엔 덮고 잘 이불도 없었다오.
저녁이 되면 닭 울기를 기다려야 했고,
아침이면 해지기만을 바랐었다오.
내 운명인 걸 어찌 하늘을 탓하리오만
근심을 만나니 눈앞이 서럽소.
아! 몸이 죽은 뒤의 명성이란 것은,
나에게 있어서는 떠서 흩어지는 연기와 같은 것.
슬픔에 젖어서 홀로 부르는 노래,
종자기라면 진실로 알아줄 텐데.

天道幽且遠, 鬼神茫昧然.

結髮念善事, 僶俛六九年.

弱冠逢世阻, 始室喪其偏.

炎火屢焚如, 螟蜮恣中田.

風雨縱橫至, 收斂不盈廛.

夏日長抱飢, 寒夜無被眠.

造夕思鷄鳴, 及晨願烏遷.

在己何怨天, 離憂悽目前.

吁嗟身後名, 於我若浮煙.

慷慨獨悲歌, 鍾期信爲賢.

【怨詩楚調】《樂府詩集》(41)의 相和歌辭에 〈楚調曲〉이 있으며 〈초조곡〉 중에 다시 〈怨詩行〉이 있어 도연명이 이와 같은 주제로 시를 지었음을 말함. 〈怨詩行〉은 楚나라 卞和가 璞玉을 바치고도 四肢가 잘린 것을 슬퍼한 〈怨歌〉와 漢나라 班婕妤가 황제의 사랑이 식어가자 지은 〈紈扇詩〉가 있음.

【龐主簿】龐遵, 자는 通之이다. 도연명의 친구로 主簿는 관직 이름이다. 《宋書》裴松之傳에 "太祖元嘉三年, 誅司徒徐羨之等, 分遣大使巡行天下"라 하였고 또한 "司徒主簿龐遵使南兗州"라 보이며, 한편 같은 《송서》隱逸傳 에는 "潛故人龐通之"라 하여 같은 이름이 두 사람이 보임.

【天道】하늘의 도가 과연 옳은 것인지에 대한 회의를 뜻함.《老子》(79)에 "天道無親, 常與善人"이라 하였고, 司馬遷은 《史記》伯夷列傳에 "或曰: 「天道無親, 常與善人.」 若伯夷·叔齊, 可謂善人者非邪? 積仁絜行如此而餓死! ……余甚惑焉, 儻所謂天道, 是邪非邪?"라 함.

【結髮】겨우 머리를 묶을 나이. 어린 나이, 흔히 15세를 말함.《史記》에 "廣結 髮與匈奴大小七十餘戰"이라 함.

【六九】54의 다른 표기.

【弱冠】남자가 관례를 치르는 20세를 가리킴.《禮記》內則에 "二十而冠"이라 함.

【世阻】 연이은 전란을 뜻함. 도연명 19세에 苻堅과의 淝水之戰(383)이 있었고, 20세에는 謝玄의 北伐이 있었으며 江西 일대에 기근이 들었음.
【始室】 비로소 아내를 얻어 가정을 이룸. 남자 30세를 가리킴. 《禮記》 內則에 "三十而有室, 始理男事"라 하였고 鄭注에 "室, 猶妻也"라 함.
【喪其偏】 偏喪과 같음. 아내를 잃음을 말함. 《左傳》 襄公 27년 杜預 주에 "偏喪曰寡"라 하였고, 《小爾雅》 廣義에는 "凡無妻無夫通謂之寡"라 함.
【螟蜮】 농작물을 싹을 갉아먹는 해충. 벼멸구의 일종.
【廛】 다발. 묶음(束). 혹은 그 단위. '纏'의 가차자. 혹은 옛날 농지의 세금을 가리키는 말이라고도 함.
【烏遷】 해가 옮겨감. 烏는 태양의 다른 말. 《五經通義》에 "日中有三足烏"라 함.
【離憂】 근심을 만남. '離'는 '罹'와 같음. 일생을 힘들게 살아감을 말함.
【鍾期】 鍾子期를 가리킴. '伯牙絶絃'의 고사를 남긴 인물. 《說苑》(尊賢), 《列子》(湯問), 《韓詩外傳》(9), 《呂氏春秋》(本味) 등에 널리 실려 있음. 참고란을 볼 것.

참고 및 관련 자료

1. 이는 본문의 "僶俛六九年"으로 보아 54세(즉 晉 安帝 義熙 14년, 418년)의 작품으로 보고 있다.

2. 《呂氏春秋》 本味篇

伯牙鼓琴, 鍾子期聽之. 方鼓琴而志在太山. 鍾子期曰: 「善哉乎鼓琴! 巍巍乎若太山.」 少選之間, 而志在流水. 鍾子期又曰: 「善哉乎鼓琴! 湯湯乎若流水.」 鍾子期死, 伯牙破琴絶絃, 終身不復鼓琴, 以爲世無足復爲鼓琴者. 非獨鼓琴若此也, 賢者亦然. 雖有賢者, 而無禮以接之, 賢奚由盡忠, 猶御之不善, 驥不自至千里也.

018 〈答龐參軍〉(幷序)
『방참군에게 답함』

"세 번을 거듭 그대 주신 글을 읽으면서 답을 하지 않고자 하였으나 그만둘 수 없었습니다. 그대와 이웃이 된 이래로 겨울과 봄이 두 번이나 바뀌었군요. 우리는 진지하고 즐겁게 이야기하는 사이, 홀연히 오랜 친구가 되었지요. 속담에도 '자주 만나면 친구가 된다'라 하였는데 하물며 그 정이 이보다 깊은 사이임에야 어떠하리오! 사람의 일이란 때때로 뜻대로 되지 않는 경우도 있어 문득 그 말대로 헤어지고 말았군요. 양주楊朱가 탄식했던 바가 어찌 그저 평범한 슬픔이었겠습니까? 나는 병을 안고 산 지가 꽤 몇 년이 되어 더 이상 글을 짓지 못하고 있습니다. 본시 이미 강한 몸도 아닌 데다가 이러한 병까지 이어지고 있습니다. 문득 주나라 예기에 있는 것처럼 오는 정이 있으면 가는 정이 있어야 한다기에 이 시를 지어 장차 이별한 뒤에 그리워함의 위로로 삼으려 합니다."

「三復來貺, 欲罷不能. 自爾隣曲, 冬春再交. 款然良對, 忽成舊游. 俗諺云: '數面成親舊', 況其情過此者乎! 人事好乖, 便當語離. 楊公所歎, 豈惟常悲? 吾抱疾多年, 不復爲文. 本旣不豐, 兼玆病繼之. 輒依周禮往復之義, 且爲別後相思之資.」

【龐參軍】앞의 006과 같은 사람임. 당시 荊州刺史 劉義隆의 鎭軍參軍을 가리킴. 구체적으로 누구를 지칭하는 지 알 수 없음. 혹 '龐主簿'(017)와 동일인이 아닌가 하나 參軍과 主簿는 동시에 겸직할 수 없는 관직이며, 아울러 방주부는 이미 알고 지내던 친구로써 여기에서처럼 새롭게 사귄다는 말을 할 수 없다고 여겨 동일인이 아닌 것으로 보기도 함.

【鄰曲】이웃이 됨.

【款然】진실하고 간절함.

【良對】즐겁게 이야기하다.

【好乖】쉽게 갈라지다. 여기서는 일이 뜻대로 되지 않다의 뜻.

【楊公所歎】戰國 초기의 철학가 楊朱를 가리킴. 양주가 사통팔달의 거리에서 사람들이 서로 이별하면서 헤어지는 모습을 보고 이별을 슬퍼하였을 뿐 아니라 그 동서남북으로 갈린 세상의 岐路가 많음을 두고 탄식하고 슬퍼 하였다는 고사를 말함.《淮南子》說林訓에 "楊子見逵路而哭之, 爲其可以南可 以北"이라 하였고, 高誘 주에 "道九達曰逵, 閔其別也"라 함.

【周禮往復之義】周나라 禮에 오는 것이 있으면 갚아야 하는 도리.《禮記》 曲禮에 "禮尙往來. 往而不來, 非禮也; 來而不往, 亦非禮也"라 함. 일부본에는 '周孔往復之義'로 되어 있으나 이는 오기임.

시詩

서로 알게 된 것이 어찌 오래되어야만 하리오.
수레 비껴 놓고 사귄 옛말은 틀림이 없구려.
그대가 내 취향을 좋다 여겨,
매번 나의 시골 동산을 찾아 주었지.
서로 담소를 나눔에도 속된 구석 없었고,
화제는 성인들의 책 내용이었다오.
혹 몇 말 술이라도 생겨,
한가로이 마시노라면 저절로 즐거워졌지요.
나는 실제로 숨어사는 선비,
다시는 더 동서로 분주할 인연도 없다오.

물건은 새것이 좋다지만 사람은 오직 옛 사람,
붓 들어 서로 자주 연락합시다.
정이란 만 리 밖까지 통하는 것
몸은 이 강산에 막혀 있건만.
그대는 옥체를 아끼고 사랑하소.
어느 해건 만날 날이 있으리로다.

相知何必舊, 傾蓋定前言.
有客賞我趣, 每每顧林園.
談諧無俗調, 所說聖人篇.
或有數斗酒, 閒飮自歡然.
我實幽居士, 無復東西緣.
物新人唯舊, 弱毫多所宣.
情通萬里外, 形跡滯江山.
君其愛體素, 來會在何年.

【傾蓋】 반가운 사람을 만나 타고 가던 수레를 멈추고 내려 시간 가는 줄
모르고 정담을 나눔. 곁에 세워둔 수레의 지붕이 기울어 있음을 말함.《說苑》
(尊賢篇),《韓詩外傳》(卷2),《孔子家語》(致思篇),《子華子》,《孔子集語》(事譜上)
《初學記》(17),《冊府元龜》(791),《太平御覽》(818) 등에 널리 전하며《史記》와
《漢書》의 鄒陽傳과《文選》鄒陽의〈獄中上書自明〉, 그리고《新序》(雜事三)
등에 "諺曰: '有白頭如新, 傾蓋如故.'"라 함.
【前言】 옛사람의 훌륭한 말.《周易》大畜 象傳에 "君子以多識前言往行以畜
其德"이라 함.
【新物】 기물의 새 것.《尙書》盤庚(上)에 "人惟求舊; 器非求舊, 惟新"이라 함.
〈古艷歌〉에 "衣不如新, 人不如故"라 함.
【弱毫】 붓을 말함.

【多所宣】 자주 통신을 함. 宣은 표현하다, 즉 통신을 뜻함. 《廣韻》에 “宣, 通也”라 함.

【體素】 타고 난 본디 바탕대로의 신체. 《莊子》 刻意에 “能體純素謂之眞人” 이라 함. 여기서는 옥체, 상대의 몸 건강을 비는 말로 쓰였음.

1. 陶注의 〈靖節先生年譜攷異〉에 이는 〈答龐參軍〉과 함께 景平 원년(423)에 쓰여진 것이라 하였다.

2. 《說苑》 尊賢篇

孔子之郯, 遭程子於塗, 傾蓋而語, 終日. 有間, 顧子路曰:「取束帛一以贈先生.」 子路不對. 有間, 又顧曰:「取束帛一以贈先生.」 子路屑然對曰:「由聞之也, 士不中而見, 女無媒而嫁, 君子不行也.」 孔子曰:「由, 詩不云乎:『野有蔓草, 零露溥兮, 有美一人, 淸揚婉兮, 邂逅相遇, 適我願兮.』 今程子天下之賢士也, 於是不贈, 終身不見. 大德毋踰閑, 小德出入可也.」

3. 《韓詩外傳》(卷2), 《孔子家語》(致思篇), 《子華子》등의 기록도 《說苑》과 대체로 같음.

〈牛耕〉 畫像石 1952 江蘇 睢寧縣 東漢墓 출토

019 〈五月旦作和戴主簿〉
『오월 초하루 글을 써서
대주부에게 화답함』

빈 배에 노가 풀려 흘러가는 배처럼
자연의 오고감은 끝이 없어라.
새해가 열리더니 잠깐 사이에
이 계축년도 반이 갔구려.
여름이 되니 때 만난 만물이 무성하고,
뒷 숲에는 꽃이 피고 풍성하구려.
신연神淵에는 여름비가 쏟아져 들어가고,
새벽이면 경풍景風이 불어오겠지요.
이미 세상에 태어난 이상 누군들 떠나지 않으리오.
인생살이는 결국 끝나는 날이 있는 법.
이치대로 살면서 다할 날을 기다리니
팔베개를 한들 어찌 무위에 손상이 가리오?
세상 변화란 혹 평안하기도 하고 힘들기도 한 법.
내 뜻대로 살면서 부귀에 흔들리지 않으면 그뿐.
일에 임하여 이런 높은 뜻 가졌다면
어찌 저 화산이나 숭산에 올라야만 되는 것이리오?

虛舟縱逸棹, 回復遂無窮.
發歲始俛仰, 星紀奄將中.

明兩萃時物, 北林榮且豐.

神淵寫時雨, 晨色奏景風.

旣來孰不去? 人理固有終.

居常待其盡, 曲肱豈傷沖?

遷化或夷險, 肆志無窊隆.

卽事如以高, 何必升華嵩?

【旦】 초하룻날.

【戴主簿】 시인의 친구. 대씨 성을 가진 주부 벼슬의 인물. 주부는 문서와
장부를 맡아보는 관직 이름. 구체적인 사적은 알 수 없음.

【發歲】 한해가 시작됨.

【星紀】 별의 차례를 정하는 이름. 고대 기년(일년 주기의 기원을 삼는 것)을
정하는 기준으로 歲星紀年法과 太歲紀年法이 있었음. 세성기년법은 木星의
일주기 12년을 기년으로 하는 것을 말하며 이를 '歲在星紀'라 함. 그리고
태세기년법은 하늘을 12등분하여 십이지(子丑寅卯辰巳午未申酉戌亥)로 나누어
별의 운행에 맞춘 것임. 따라서 "太歲在丑"은 태세기년법으로 보아 丑年에
해당하며 도연명의 49세인 晉 安帝 義熙 9년 癸丑年(413)에 해당함.

【明兩萃時物】 명량은 여름을 말함. 吳注에 "明兩, 易: 明兩作, 離. 李鼎祚曰:
夏火之候也"라 하였음. 여름에 온갖 식물이 때를 만나 무성함을 말함. 그러나
다른 본에는 "南窓罕悴物"(남쪽 창 아래는 초췌한 식물이란 드물다)로 되어 있음.

【神淵】 天淵, 즉 天河. 하늘에 있는 강물. 혹은 神滂으로 보기도 하며 雨師의
이름.《楚辭》天問에 "滂號起雨"라 하고 王逸 주에 "滂, 滂翳, 雨師名也"라 함.

【晨色】 새벽 빛. 曉色. 혹은 神風의 이름이 아닌가 여기기도 함.

【景風】 청명일로부터 45일, 즉 하지 때부터 불어 오는 바람.《淮南子》天文
訓에 "淸明風至四十五日, 景風至"라 하였고, 高誘 주에 "離卦之風也"라 함.
《易通》卦驗에 "夏至, 則景風至"라 함.

【旣來】 이미 세상에 태어났음.《莊子》養生主에 "適來, 夫子時也; 適去, 夫子
順也"라 하여 '來'는 이 세상에 났음을 뜻하며 '去'는 세상을 떠남을 말함.

【人理】 사람은 천하의 이치에 따라 결국 삶을 마치는 날이 있음. 《列子》
天瑞篇에 "生者, 理之必終者也. 終者不得不終, 亦如生者之不得不生"이라 함.

【居常】 常理에 따라 처함. 皇甫謐《高士傳》榮啓期에 "貧者, 士之常也; 死者,
民之終也. 居常以待終, 何不樂也?"라 함. 한편 《列子》天瑞篇에도 "孔子遊
於太山, 見榮啓期行乎郕之野, 鹿裘帶索, 鼓琴而歌. 孔子問曰: '先生所以樂,
何也?' 對曰: '吾樂甚多: 天生萬物, 唯人爲貴. 而吾得爲人, 是一樂也. 男女
之別, 男尊女卑, 故以男爲貴. 吾旣得爲男矣, 是二樂也. 人生有不見日月·不免
襁褓者, 吾旣已行年九十矣, 是三樂也. 貧者士之常也, 死者人之終也, 處常得終,
當何憂哉?'孔子曰: '善乎! 能自寬者也.'"라 함.

【曲肱】 팔을 굽혀 베개로 삼음. 《論語》述而篇에 "飯疏食飮水, 曲肱而枕之,
樂亦在其中矣. 不義而富且貴, 於我如浮雲"이라 함.

【冲】 無爲. 淡白함. 《老子》에 "道冲而用之, 淵乎若萬物之宗"이라 하였으며
《玉篇》에 "冲, 虛也"라 함. 여기서는 도가의 無爲自然의 경지를 뜻함.

【夷險】 평안함과 흉험함.

【窊隆】 오르내림. 窊는 下, 隆은 上의 뜻. 여기서는 부귀나 귀천, 길흉 따위에
뜻이 흔들리지 않음을 말함.

【華嵩】 華山과 嵩山. 흔히 仙道나 神仙術을 구하기 위해 오르는 산으로 거론됨.

참고 및 관련 자료

1. 이 시는 晉義熙 9년, 도연명 49세 때의 작품이다.

2. 《高士傳》(卷上) 榮啓期 (皇甫謐)

榮啓期者, 不知何許人也. 鹿裘帶索, 鼓琴而歌. 孔子遊于泰山, 見而問之曰:
「先生何樂也?」對曰:「吾樂甚多. 天生萬物, 唯人爲貴, 吾得爲人矣, 是一樂也.
男女之別, 男尊女卑, 故以男爲貴, 吾旣得爲男矣, 是二樂也. 人生有不見日月,
不免襁褓者, 吾旣已行年九十矣, 是三樂也. 貧者士之常也, 死者民之終也, 居常
以待終, 何不樂也?」榮公何族, 弗美身隅. 揚歌郕野, 撫絃而嬉. 淸言自寬, 披吐
宣尼. 契天符命, 孤引東墟.

3. 《列子》 天瑞篇

孔子遊於太山, 見榮啓期行乎郕之野, 鹿裘帶索, 鼓琴而歌. 孔子問曰:「先生所
以樂, 何也?」對曰:「吾樂甚多: 天生萬物, 唯人爲貴. 而吾得爲人, 是一樂也.

男女之別, 男尊女卑, 故以男爲貴. 吾旣得爲男矣, 是二樂也. 人生有不見日月·
不免襁褓者, 吾旣已行年九十矣, 是三樂也. 貧者士之常也, 死者人之終也, 處常
得終, 當何憂哉?」孔子曰:「善乎! 能自寬者也.」

020 〈連雨獨飮〉
『연이은 비에 홀로 술 마시며』

세상에 태어났다 죽는 것은 자연의 이치,
영원을 두고 그렇다고 말하네.
세간에 적송자와 왕자교가 있었다지만
지금 그들은 어디로 갔는가?
오랜 친구가 나에게 술을 보내며
이를 마시면 신선이 된다하네.
시험삼아 마셔 보니 온갖 근심 멀어지고
거듭 마시니 홀연 내 몸 하늘에 맡겼다는 것도 잊혀지네.
자연인들 어찌 여기에서 떠나리오!
자연에 맡기는 것보다 앞선 것도 없어라.
구름 속 학은 기이한 날개가 있어
세상 끝을 순식간에 갔다 오네.
내 이처럼 홀로됨을 껴안은 채
힘써 닦아온 지 벌써 40년.
몸은 오래 전에 이미 늙어왔지만
마음만은 그대론데 무슨 말을 하겠는가?

運生會歸盡, 終古謂之然.
世間有松喬, 於今定何閒?
故老贈余酒, 乃言飮得仙.

試酌百情遠, 重觴忽忘天.

天豈去此哉! 任眞無所先.

雲鶴有奇翼, 八表須臾還.

自我抱茲獨, 僶俛四十年.

形骸久已化, 心在復何言?

【運生會歸盡】 '運'은 천운으로서 자연이 발전변화하는 법칙. '生'은 생명을
　가리킴. '歸盡'은 죽음을 뜻함. 태어나고 죽음은 자연의 법칙이라는 뜻.
【終古】 恒古, 영원함.
【松喬】 赤松子와 王子喬. 모두가 선인으로 이름난 인물. 《列仙傳》 및 《搜神記》
　등에 두 인물의 사적이 실려 있음.
【定何間】 '어디에 있는가'의 뜻. 이미 죽어 사라짐.
【故老】 오랜 친구.
【試酌】 시험삼아 마시다.
【忘天】 하늘의 존재를 잊어 버리다.
【任眞】 자연에 맡기다.
【無所先】 이것보다 중요한 것이 없다.
【雲鶴】 구름 속의 학.
【獨】 '任眞'을 가리킴.
【心在】 '任眞'의 마음이 여전하다.

<table><tr><td>참고 및 관련 자료</td></tr></table>

1. 이 시는 본문의 "僶俛四十年"로 보아 도연명 40세, 즉 晉 安帝 元興 3년
(404)의 작품이다.

2. 《列仙傳》 卷上 赤松子

赤松子者, 神農時雨師也. 服水玉以敎神農. 能入火自燒. 往往至崑崙山上. 常止
西王母石室中, 隨風雨上下. 炎帝少女追之, 亦得仙俱去. 至高辛時, 復爲雨師,

今之雨師本是焉. 眇眇赤松, 飄飄少女. 接手翻飛. 冷然雙擧. 縱身長風, 俄翼
玄圃. 妙達巽坎, 作範司雨.

3.《列仙傳》卷上 王子喬

王子喬者, 周靈王太子晉也. 好吹笙, 作鳳凰鳴, 遊伊洛之間. 道士浮丘公, 接以
上嵩山. 三十餘年後, 求之於山上, 見栢良曰:「告我家:『七月七日, 待我於緱氏
山巓.』」至時, 果乘白鶴, 駐山頭. 望之不得到, 擧手辭時人, 數日而去. 亦立祠
於緱氏山下及嵩高首焉. 妙哉王子, 神遊氣爽. 笙歌伊洛, 擬音鳳響. 浮丘感應,
接手俱上. 揮策青崖, 假翰獨往.

021 〈移居〉(二首)
『이사』

021-1 〈移居〉
첫째 수

일찍이 남촌으로 가서 살겠다고 한 것은
집터가 좋아서가 아니었다오.
소문에 본디 인심 좋은 사람 많다기에
아침저녁 자주 만나 즐기기 위한 것.
이런 꿈을 자못 몇 년을 품었다가
오늘에야 이삿짐 부리는 일을 하네.
낡은 오두막이면 됐지 하필 넓어야 할까?
침상 자리 놓고 덮으면 그 뿐.
이웃집 때때로 찾아와서는
큰소리치면서 옛이야기 떠들썩.
기이한 글은 함께 감상하면서
의심나는 부분은 함께 풀어도 보고.

(其一)

昔欲居南村, 非爲卜其宅.

聞多素心人, 樂與數晨夕.

懷此頗有年, 今日從茲役.
弊廬何必廣, 取足蔽牀席.
隣曲時時來, 抗言談在昔.
奇文共欣賞, 疑義相與析.

【移居】李公煥의《箋注陶淵明集》의 ‘戊申歲六月中遇火’에 의하면 “靖節舊宅
　居于柴桑縣之柴桑里, 至是(408)屬回祿之變(火災), 越後年(410), 徙居於南里之
　南村”이라 하였음.
【南村】潯陽(九江市) 부근으로 栗里를 가리킴. 李公煥의 주에 “卽栗里也”라 함.
【卜其宅】卜居와 같음. 좋은 집터를 정함을 말함.《左傳》昭公 3년에 “諺曰:
　非宅是卜, 唯鄰是卜”이라 함.
【茲役】‘이 일’, 즉 이사하는 일.
【隣曲】이웃.
【抗言】꺼리지 않고 솔직히 말하다. 高言. 高談. 비판하여 자신의 높은 의견을
　내놓는 것.
【在昔】옛날에 있었던 일.《國語》魯語에 “古曰在昔”이라 함.
【奇文】훌륭한 문장.

021-2 〈移居〉

둘째 수

봄가을에 좋은 날도 많으니
산에 올라 새로운 시도 짓고,
문 앞을 지날 때면 서로 불러 안부 묻고,
술이라도 있으면 주거니 받거니,
농사일에 바쁠 때면 각기 제집으로 돌아가되
한가한 날이면 문득 그리운 이웃들.
그리워 못 견디면 옷을 걸치고 나서서,
언제라도 담소에는 싫은 때란 없었다오.
이러한 즐거움보다 나은 것이 어디 있소?
훌쩍 이곳을 떠나지는 마소서.
그러나 입고 먹는 것은 의당 스스로 해결해야 하나니,
힘써 농사지어 헛수고하는 일만 없기를.

(其二)
春秋多佳日, 登高賦新詩.
過門更相呼, 有酒斟酌之.
農務各自歸, 閒暇輒相思.
相思則披衣, 言笑無厭時.
此理將不勝, 無爲忽去玆.
衣食當須紀, 力耕不吾欺.

【登高賦新詩】봄가을로 산에 올라 바람을 쐬며 시도 짓는 일. 특히 重陽節
 에는 일찍부터 산에 오르는 풍습이 있었음. 丁注에 "漢書藝文志: 登高能賦,
 可以爲大夫"라 함.
【斟酌】술을 따라 부어 마시며 주고 받음. 쌍성연면어.
【厭】副詞로 '실컷, 만족'의 뜻.
【紀】'경영하다'의 뜻.
【不吾欺】'不欺吾'의 뜻. 부지런히 일해 헛수고하지 않음을 가리킴.

　　戊申년(408, 安帝 義熙 4년)에 화재를 만나 집이 불에 타 버리자 그로부터
3년 뒤, 당시 46세의 나이로 南村으로 이사하면서 감회를 읊은 것이다.

022 〈和劉柴桑〉
『유시상에게 화답함』

자연으로 돌아오라는 부름 받은 지 오래,
무슨 일로 이토록 주저했던고?
바로 친구와 친척 때문에
차마 흩어져 살겠다고 말을 꺼내지 못했을 뿐.
좋은 아침 아름다운 회포가 가슴을 파고들며
지팡이 짚고 서쪽 초가집으로 돌아오네.
황폐한 길이라 인적이 없고,
때때로 허물진 옛터만 눈에 띄오.
이엉은 이미 새로 이었고,
새로 일군 밭은 이미 삼년 째 되었다오.
동풍은 차가운 바람으로 바뀌었고
봄 술은 배고픔과 피로를 풀어 주오.
탁주이기에 좋은 술은 아니지만
위로 받기에는 이보다 나은 것이 없다오.
바쁘고 불안한 세상살이,
나는 이와 멀어진지 오래되었소.
농사일과 베 짜는 일 그 쓸 만큼이면 되나니
이보다 많이 해서 무엇하겠소?
흐르고 흘러 백년 뒤에는
몸도 이름도 함께 사라지고 말 것을.

山澤久見招, 胡事乃躊躇?

直爲親舊故, 未忍言索居.

良辰入奇懷, 挈杖還西廬.

荒塗無歸人, 時時見廢墟.

茅茨已就治, 新疇復應畬.

谷風轉凄薄, 春醪解飢劬.

弱女雖非男, 慰情良勝無.

栖栖世中事, 歲月共相疎.

耕織稱其用, 過此奚所須?

去去百年外, 身名同翳如.

【劉柴桑】柴桑縣의 현령을 지냈던 劉程之를 가리킴. 유정지는 자는 仲思. 廬山의 西林에서 승려 慧遠을 모셨으며 宋나라를 세운 劉裕는 그의 기질을 높이 사서 호를 '遺民'이라 하였음. 일찍이 시상현의 현령을 지낸 적이 있으며 周續之, 도연명과 더불어 '潯陽三隱'으로 불림. 柴桑은 현 이름으로 지금의 江西 九江市 서남쪽.

【見招】부름을 받음.

【索居】서로 흩어져 살아감.《禮記》檀弓(上)에 "吾離群而索居, 亦已久矣"라 하고 注에 "索, 猶散也"라 함.

【奇懷】기묘한 회포나 생각.

【西廬】廬山의 西林. 여기에서는 시인이 거주하던 柴桑의 옛집을 가리킴. 李公煥의 주에 "時遺民約靖節隱山, 結白蓮社, 靖節雅不欲豫其社列, 但時復往還於廬阜間"이라 함.

【畬】이미 3년을 경작한 농토.《爾雅》釋地에 "田, 一歲曰菑, 二歲曰新田, 三歲曰畬"라 함. 여기서는 잡초를 태우고 그 재를 거름으로 삼아 흙을 갈아 농사를 지음을 뜻함.

【谷風】동풍을 말함.

【弱女】薄酒를 비유함. 李公煥의《箋注陶淵明集》에 趙泉山의 말을 인용하여
“以弱女喩酒之醨薄”이라 하였고, 沈德潛은《古詩源》(8)에서 “弱女非男, 喩酒
之薄也”라 함.
【男】醇酒, 순주를 뜻함.
【栖栖】바쁘고 불안한 모습.《論語》憲問篇의 구절. 참고란을 볼 것.
【去去】세월이 점점 흘러가다. 曹植의 雜詩〈轉蓬離本根〉에 “去去莫復道,
沉憂令人老”라 함.
【翳然】어둡게 감추어져 드러나지 않음. 사라져 없어짐.

참고 및 관련 자료

1. 이 시는 도연명 50세(414년)에 씌여진 것으로 보고 있다.
2.《論語》憲問篇
微生畝謂孔子曰:「丘何爲是栖栖者與? 無乃爲佞乎?」孔子曰:「非敢爲佞也,
疾固也.」

023 〈酬劉柴桑〉
『유시상에게 수답함』

사는 곳이 궁벽하니 사람 대할 일도 적어,
때때로 사시의 운행조차 잊고 산다오.
문 앞뜰에 떨어진 나뭇잎 많음을 보고
어느 새 가을이 왔음을 문득 알겠소.
새롭게 자란 아욱은 북쪽 창 아래 우거졌고
탐스러운 벼이삭은 남쪽 밭에서 자라고 있소.
지금 내가 즐거움을 누리지 않는다면
내년도 또 이러리라 어찌 믿겠소?
아내에게 아이들 데리고 오라 하여
이 좋은 날 멀리 나들이나 가려 하오.

窮居寡人用, 時忘四運周.

門庭多落葉, 慨然知已秋.

新葵鬱北牖, 嘉穟養南疇.

今我不爲樂, 知有來歲不?

命室携童弱, 良日登遠遊.

【酬】酬和. 和答. 시로써 답을 함을 뜻함.
【四運周】四時가 운행하여 계속 주기적으로 돎.

【門庭】 다른 본에는 '欄庭'으로 되어 있음.
【嘉穟】 '穟'는 '穗'와 같음. 잘 패어난 이삭.
【室】 아내를 가리킴.

이 시 역시 앞장의 〈和劉柴桑〉과 같은 시기의 작품이다. 시의 내용으로
보면 〈和劉紫桑〉은 겨울에서 봄으로 바뀌는 때에 쓴 것이고, 이 시는 가을에
쓴 시로 보인다.

024 〈和郭主簿〉(二首)
『곽주부에게 화답함』

024-1 〈和郭主簿〉
첫째 수

아른아른 집 앞에 우거진 숲,
한 여름 시원한 그늘이 그만이오.
남쪽에서 부는 바람 때맞추어 불어 오더니,
돌개바람은 내 옷을 열어 젖히오.
교제를 끊고 한가한 내 일이나 놀며 즐기고,
누웠다 일어나 책과 거문고나 만지작거린다오.
텃밭의 채소는 자랄만큼 자랐고,
지난 해 묵은 식량 아직도 남아 있다오.
내 몸 하나 꾸려감에 진실로 한계가 있으니
지나치게 풍족함도 내 좋아함이 아니라오.
고량 찧어 누룩 섞어 좋은 술 만들어,
술이 익으면 내 스스로 따라 마신다오.
어린 것은 내 옆에서 놀이에 빠졌으나
말을 배우기는 했어도 아직 발음이 제대로 안되고 있소.
이런 일이 꾸밈없고 또한 즐거우니
애오라지 부귀영화란 잊고 산다오.
아득히 흰 구름 바라보노라면
옛날 성인 생각 어찌 이리 한결같이 깊은지.

(其一)

藹藹堂前林, 中夏貯清陰.

凱風因時來, 廻飇開我襟.

息交遊閒業, 臥起弄書琴.

園蔬有餘滋, 舊穀猶儲今.

營己良有極, 過足非所欽.

春秫作美酒, 酒熟吾自斟.

弱子戲我側, 學語未成音.

此事眞復樂, 聊用忘華簪.

遙遙望白雲, 懷古一何深?

【郭主簿】성이 곽씨인 主簿 벼슬의 인물. 구체적으로 도연명과 어떤 관계인지 알 수 없음.

【藹藹】무성한 모습.

【中夏】음력 5월. 李隆基의 〈端午〉에 "端午臨中夏, 時淸日復長"이라 함.

【凱風】남쪽에서 부는 바람.《詩經》邶風 凱風에 "凱風自南"이라 함.

【廻飇】회오리바람. 돌개바람.

【息交遊閒業, 臥起弄書琴】'息交'는 관리들과 교왕을 끊음을 뜻함. 이 구절은 다른 판본에는 "息交逝閑臥, 坐起弄書琴"으로 되어 있으며, '逝'는 '誓'로 다시 '坐起'는 '起坐'로 된 것도 있음.

【餘滋】남은 재미. 白居易의 〈效陶潛體詩十六首〉(4)에 "開甁寫尊中, 玉液黃金脂. 持玩已可悅, 歡賞有餘滋"라 함.

【春秫】고량이나 밀을 껍질을 벗겨 누룩을 만들기 위하여 방아질을 함.

【眞復樂】'眞'순진하다, 꾸밈없다, 단순하고도 즐겁다는 뜻.

【華簪】화려한 비녀. 화려한 관(冠)에 비유하여 벼슬하다를 뜻함. 부귀와 영화를 비유함.

【白雲】옛날의 성인을 가리킴.《莊子》天地篇에 "華封人曰:「……夫聖人, 鶉居而鷇食, 鳥行而无彰, 天下有道, 則與物皆昌; 天下无道, 則修德就閒; 千歲厭世, 去而上僊; 乘彼白雲, 至於帝鄉; 三患莫至, 身常无殃; 則何辱之有?」"라 함.

【一何】얼마나, 한결같이 이토록.

024-2 〈和郭主簿〉

둘째 수

화창하고 윤택함이 봄 석 달이라면,
맑고 서늘하긴 가을의 계절.
이슬은 맺혀 떠다니는 구름 한 점 없고,
하늘은 높아 풍경은 청철淸澈하지요.
높은 산엔 빼어난 봉우리 솟아올랐고,
멀리 바라보면 모두가 기묘한 절경.
향기로운 국화는 숲에서 빛을 내고,
푸른 소나무는 바위 꼭대기에 줄을 섰소.
이토록 빼어난 자태를 품고 있으니,
우뚝하게 서리 아래 뽐내는 영웅들.
술잔을 머금고 고대의 은자를 생각하니,
천년을 두고 그대들의 절조를 지켰겠지요.
돌이켜보니 소망을 펴지 못해
맥이 빠져 가을 10월을 헛되게 보냈겠지요.

(其二)

和澤周三春, 淸涼素秋節.

露凝無游氛, 天高風景澈.

陵岑聳逸峯, 遙瞻皆奇絶.

芳菊開林耀, 靑松冠巖列.

懷此貞秀姿, 卓爲霜下傑.
銜觴念幽人, 千載撫爾訣.
檢素不獲展, 厭厭竟良月.

【三春】 봄 석 달. 1–3월. 孟春, 仲春, 季春.
【素秋】 가을을 뜻함. 가을은 五行으로 金이며 색으로는 白. 이를 같은 뜻의
　素로 표현한 것.
【開林耀】 녹흠립의 주에 '耀林開'여야 '冠巖列'과 대문이 된다고 하였음.
【霜下傑】 소나무와 국화가 꿋꿋하여 추위를 두려워하지 않는다는 뜻.
【撫爾訣】 그대들의 절조를 굳게 지키다의 뜻. '撫'는 지키다, 보존하다. '爾'는
　너희, 그대들. '訣'은 원칙으로 여기서는 절개, 절조를 비유함.
【檢素不獲展】 '檢素'는 소망을 돌이켜보다. 소망을 돌이켜보니 펼쳐보지
　못했다는 뜻. 陶澍의 주에 "自檢平素, 有懷莫展, 厭厭寡緖, 其誰知之乎?"
　라 함.
【厭厭】 활력을 잃은 모습. 《詩經》 小雅 湛露 "厭厭夜飮"의 毛傳에 "厭厭,
　安也"라 함.
【良月】 10월을 가리킴. 고대 기수의 달을 기피하고 우수의 달을 좋은 것으로
　여겼음. 《左傳》 莊公 16년에 "以十月入, 曰: 良月也, 就盈數焉"이라 함.
　여기서는 세월을 뜻함.

　이 시는 대체로 도연명 38세 때로 보고 있으나 일부는 44세 때의 작품
으로 여기기도 한다. 첫 시는 한여름에 지은 시이고, 둘째 시는 가을에 지은
시이다.

025 〈於王撫軍座送客〉
『왕무군의 연회에서 손님을 보냄』

가을이라 날씨는 차고 맵구려.
온갖 풀들이 모두 이미 시들었소.
이토록 서리를 밟는 계절에
멀리 떠나는 이를 전별해 드립니다.
찬 기운이 산과 못을 덮는데
뜬구름은 갑자기 의지할 곳이 없구려.
모래톱 사방으로 아득히 펼쳐졌고,
바람과 물은 서로 어긋난 방향으로 불고 흐르오.
저녁 모습 바라보며 좋은 잔치 열렸으나
이별의 인사라 슬픔이 솟는구려.
새벽에 떠난 새 날 저물어 돌아오고,
서쪽으로 기우는 해 남은 빛을 거두오.
가는 사람 남은 사람 갈 길이 다르니,
수레 올라 슬픈 마음 느릿느릿 되돌리오.
눈은 멀리 떠가는 배를 따라 쫓아가고,
정은 만물의 변화를 따라 스스르 잊혀지리.

秋日凄且厲, 百卉具已腓.
爰以履霜節, 登高餞將歸.
寒氣冒山澤, 游雲倏無依.

洲渚四緬邈, 風水互乖違.
瞻夕欣良讌, 離言聿云悲.
晨鳥暮來還, 懸車斂餘暉.
逝止判殊路, 旋駕悵遲遲.
目送回舟遠, 情隨萬化遺.

【王撫軍】 王弘을 가리킴. 당시 왕홍은 撫軍將軍과 江州刺史였으며 龐通之를
통하여 도연명과 교유하고 있었음.

【座】 다른 본에는 '坐'로 되어 있음. 座席. 宴會를 뜻함.

【客】 庾登之와 謝瞻을 가리킴. 庾登之는 자는 元龍이며 潁川 鄢陵人으로
鎭蠻將軍, 西陽太守를 거쳐 太子庶子, 尙書左丞 등을 역임함《宋書》에 전이
있음. 謝瞻은 자는 宣遠, 陳郡 夏陽 사람으로 高祖 劉裕가 "以瞻爲吳興郡,
又自陳請, 乃爲豫章太守"라 하였으며,《文選》(20)에 사첨의 〈王撫軍庾西陽
集別時爲豫章太守庾被徵還東〉이라는 시가 실려 있음.

【百卉具已腓】 온갖 식물이 가을이 되면 시들어 버림.《詩經》小雅 四月에
"秋日凄凄, 百卉俱腓"라 함.

【履霜節】 가을 9월을 말함.《周易》坤卦 初六에 "履霜見氷至"라 함.

【餞】 祖餞. 음식과 술을 차려 손님을 보냄. '祖餞'은 '餞行'과 같으며 길을
떠나보낼 때 여는 잔치. 고대 黃帝의 아들 유조(纍祖)가 먼길을 떠나 도중에
죽자 사람들이 그를 '路神'으로 여겨 길 떠나는 자를 보호해 달라는 뜻으로
제를 올리기 시작한 것에서 유래되었다 함.(《四民月令》)

【緬邈】 아득함. 쌍성연면어.

【乖違】 이별하여 헤어짐.

【聿云】 모두 의미가 없는 조사.

【懸車】 落日. '縣車'라고도 하며 해질 무렵, 황혼을 말함.《淮南子》天文訓에
"(太陽)至于悲泉, 爰止其女, 爰息其馬, 是謂縣(懸)車"라 함.

【逝止】 떠나는 사람과 남아 있는 사람.

【萬化】 만물의 변화.

【遺】 遺忘. 결국 잊혀지게 마련임.

이는 宋 永初 2년(421, 도연명 57세) 때 王弘의 송별회에 참석하고 지은 것이다.

〈沁園圖〉 宋 文天祥

026 〈與殷晉安別〉(并序)
『은진안과 작별하며』

"은군殷君은 먼저 진안 남부장사의 연掾 벼슬을 하였는데 그 때문에 심양에 살게 되었다. 뒤에는 태위의 참군이 되어 동쪽으로 이사를 하게 되었다. 이 시를 지어 증정한다."

「殷先作晉安南府長史掾, 因居潯陽. 後作太尉參軍, 移家東下, 作此以贈.」

【殷晉安】 흔히 《宋書》(63)의 殷景仁傳의 '殷景仁'으로 보았으나 근래 鄧安生 등은 《蓮社高賢傳》慧遠法師에 실려 있는 晉安太守 '殷隱'으로 보고 있음.
【潯陽】 지금의 江西 九江. 潯陽은 江州의 치소가 있었음.
【後作太尉參軍】 太尉는 뒤에 宋나라를 세운 劉裕를 가리킴. 《宋書》武帝紀에 義熙 5년(409) 9월 "進公(劉裕)太尉"라 하였고, 義熙 7년 2월에 유유가 "改授太尉"라 하였음. 한편 《資治通鑑》晉紀에 義熙 5년 "加劉裕太尉"라 하였고 의희 7년 3월에 "劉裕始受太尉"라 함. 參軍은 관직 이름.

서로 사귄 지 오래 됨이 아니었건만,
처음 만나면서 은근한 정을 다하였지.
이틀 밤 묵는 동안 좋은 이야기 주고받으며
더욱 친하게 되어감을 느꼈다네.
작년에는 남촌에 집을 정하여
아주 잠깐 한 동네 이웃이었지.
지팡이 짚고 마음대로 같이 노닐고,
오래 머물 땐 밤이 가고 날이 새는 줄도 몰랐지.
벼슬하고 은거하는 길 서로 다른 처지이니
제갈 길로 갈 것임을 알고는 있었지만,
생각지도 못하게 헤어질 그 날이 이렇게 와서
이 봄에 떠나게 되고 말았네.
하늘하늘 서쪽 바람 불어 오는데
아득히 동쪽 구름 흘러가누나.
산천이 막힌 천리 밖의 길,
이야기하며 웃을 기회 찾기 힘들겠지만
훌륭한 인재는 세상에 숨어서는 안 되지,
강호에 묻히는 건 빈천한 자들.
만약 심부름 꾼 이곳을 지나가게 할 기회 있으면
옛 친구 생각하여 안부나 물어 주게.

遊好非久長, 一遇盡殷勤.
信宿酬淸話, 益復知爲親.
去歲家南里, 薄作少時隣.
負杖肆游從, 淹留忘宵晨.

語黙自殊勢, 亦知當乖分.

未謂事已及, 興言在茲春.

飄飄西來風, 悠悠東去雲.

山川千里外, 言笑難爲因.

良才不隱世, 江湖多賤貧.

脫有經過便, 念來存故人.

【信宿】 연이어 이틀 저녁을 묵다. 고대 하루 저녁을 '信', 이틀 저녁을 '宿'이라 하였음.이는 雙聲連綿語로 여겨짐.

【南里】 남촌. 여기서는 栗里를 가리킴. 도연명이 이곳으로 이사한 것은 410년임.

【淹留】 오래 머물음.

【語黙】 출사와 은퇴.《周易》繫辭에 "君子之道, 或出或處, 或黙或語"라 함.

【乖分】 각자 흩어짐. 제갈 길로 감.

【未謂】 '생각지도 못하게'(不料)의 뜻.

【興言】 '興'은 일어나다, 출발하다. 言은 조사. 뜻이 없음.《詩經》小雅 小明에 "念彼共人, 興言出宿"이라 함.

【良才】 殷隱을 지칭함.

【賤貧】 시인 자신을 가리킴.

【脫】 '만약, 가령, 설사'등의 뜻.

참고 및 관련 자료

이 시는 義熙 7년(411) 도연명 47세에 쓰여진 것으로 보고 있다.

027 〈贈羊長史〉(并序)
『양장사에게 드림』

"좌군의 속관 양장사가 심부름의 일을 맡아 진천(중원)으로 가기에
이 시를 지어 준다."

「左軍羊長史, 銜使秦川, 作此與之.」

나는 삼대 말기에 태어나
개연히 황제와 우순을 생각하도다.
천년 전의 그 일들을 알 수 있는 건,
바로 옛사람이 남겨준 책의 덕분.
성인과 현자들이 남긴 자취는
일마다 모두가 중원에 있으니,
어찌 나도 직접 보고픈 마음 없었겠소만
관문과 물이 막혀 넘을 수 없었지.
천하가 이제 통일되었으니,

장차 가보리라 배와 수레를 준비하였지.
그런데 그대가 먼저 달려간다고 들었으나
이 몸은 병중이라 함께 갈 수 없구려.
가는 길 만약 상산을 지나거든
나를 위해 잠시 발길을 머뭇거려,
기리계, 녹리선생에게 인사나 올리셔서
혼백이나마 어떠신 지 여쭈어 주오.
"보랏빛 영지는 누가 다시 캘 것이며
 깊은 골짜기는 오랫동안 묵었으리.
'부귀한 자도 환난을 면하기 어려우며,
 빈천한 자라도 즐거움은 끊이지 않을 수 있다'고
 그렇게 읊은 노래 내 마음에 맞으나
 사람은 만날 수 없고 시운 또한 멀어,
 많은 세월 뒤에 이런 감회 품은 채,
 말을 다했으나 그래도 아직 속뜻 다 펴지 못했다고."

愚生三季後, 慨然念黃虞.
得知千載外, 正賴古人書.
聖賢留餘迹, 事事在中都.
豈忘游心目, 關河不可踰.
九域甫已一, 逝將理舟輿.
聞君當先邁, 負痾不獲與.
路若經商山, 爲我少躊躇.
多謝綺與甪, 精爽今何如.
紫芝誰復採, 深谷久應蕪.
駟馬無貰患, 貧賤有交娛.

淸謠結心曲, 人乖運見疎.
擁懷累代下, 言盡意不舒.

【左軍羊長史】左軍은 左將軍 朱齡石을 가리키며 羊長史는 그 좌장군의 장사
벼슬이었던 羊松齡을 가리킴.《晉書》陶潛傳에 도연명을 술로 초청하여
함께 마신 사람으로 기록하고 있음.
【左軍】左將軍. 당시 좌장군은 朱齡石이었음.《宋書》武帝紀와 朱齡石傳에
劉裕가 북벌할 때 주석령을 좌장군으로 삼아 병력을 나누어 殿省을 守衛
하도록 하였음. 그러나 일부 주장은 檀韶가 江州刺史이며 左將軍으로써
羊松齡의 상관이었다고 여기기도 함.
【銜使】사신의 임무를 띰.
【秦川】關中 平原을 가리키며 秦나라 옛 땅이라는 뜻.
【愚】자신을 겸손하게 이르는 말.
【三季】夏·殷·周 삼대의 말기. 그 교체기에 모두 훌륭한 성인들이 태어났
음을 말함.
【黃虞】黃帝와 虞舜. 고대 태평성대를 가리킴.
【中都】경도. 서울. 李公煥 주에 “洛陽西晉之故都, 長安乃秦漢所都”라 함.
【關河】關塞와 河防. 국경.《史記》蘇秦列傳에 “秦, 四塞之國, 被山帶渭, 東有
關河”라 함. 당시 남북이 통일되지 않아 넘을 수 없음을 말함.
【九域】중국 전체. 九州와 같음.
【商山】‘商山四皓’를 가리킴. 진나라 때 세상에 굽히지 아니하고 은거하였던
네 사람의 은사. 東園公, 甪里先生, 綺里季, 夏黃公이었음. 商山은 지금의
陝西 商縣 동남에 있는 산. 漢 高祖(劉邦) 때 呂后와 태자가 그들을 초청
하여 태자를 폐하려던 뜻을 바꾼 고사로도 유명함. 참고란을 볼 것.
【精爽】정신. 정신과 영혼.《左傳》昭公 25년에 “心之精爽, 是謂魂魄”이라 함.
【紫芝】버섯 이름. 식용으로 쓰며 약재로도 활용하는 靈芝의 일종.《高士傳》
에 “曄曄紫芝, 可以療饑”의 내용을 떠올리며 하나씩 화제로 삼은 것.
【駟馬無貰患】駟馬는 부귀한 자. 貰는 ‘막다’, ‘피하다’의 뜻. 부귀한 자라도
자신에게 닥친 화를 피할 수는 없음.《고사전》에 四皓가 읊은 “駟馬蓋高,
其憂甚大. 富貴之畏人, 不如貧賤之肆志”를 뜻함.
【淸謠】맑은 노래. 商山四皓가 불렀던 노래를 가리킴.

【人乖】다른 본에 흔히 '人乘'으로 되어 있으나 이는 오기임. 옛사람과 나 사이에 괴리가 생김을 뜻함. 方東樹의 《昭昧詹言》(4)의 陶公에 "言四皓淸謠, 久結我之心曲, 但運乖不得一見其人"이라 하였고, 陶澍 주에 "各本作乖, 焦本·何本作乘, 非"라 함.

【運見疎】'運'은 시대를 말함. 시대가 멀리 떨어져 소원해지다의 뜻.

1. 이 시는 晉 安帝 義熙 13년(417), 도연명 53세 때의 작품이다.

2. 《高士傳》(中) 四皓

四皓者, 皆河內軹人也. 或在汲, 一曰東園公, 二曰角里先生, 三曰綺里季, 四曰夏黃公, 皆修道潔己, 非義不動. 秦始皇時, 見秦政虐, 乃退入藍田山, 而作歌曰: "莫莫高山, 深谷逶迤. 曄曄紫芝, 可以療饑. 唐虞世遠, 吾將何歸? 駟馬高蓋, 其憂甚大. 富貴之畏人, 不如貧賤之肆志."乃共入商雒, 隱地肺山, 以待天下定. 及秦敗, 漢高聞而徵之, 不至. 深自匿終南山, 不能屈己. 皇皇四老, 同襟齊志. 遠虞藍田, 芝糧蘿被. 不鑿天眞, 重歸地肺. 隆準膺圖, 空勞聘幣.

3. 《漢書》(72) 王貢兩龔鮑傳

漢興有園公·綺里季·夏黃公·角里先生, 此四人者, 當秦之世, 避而入商雒深山, 以待天下之定也. 自高祖聞而召之, 不至. 其後呂后用留侯計, 使皇太子卑辭束帛致禮, 安車迎而致之. 四人旣至, 從太子見, 高祖客而敬焉, 太子得以爲重, 遂用自安. 語在留侯傳.

4. 기타 참고자료

《史記》留侯世家. 《新序》(善謀下), 《十八史略》(1), 《初學記》(5), 《太平御覽》(507), 《類說》(2) 등.

028 〈歲暮和張常侍〉
『세모에 장상시에게 화답함』

세상 변화에 옛사람을 떠올리니 슬픈 마음,
빠른 세월에 세밑이 되니 서러운 심정 샘솟는구려.
내일 아침이면 오늘이 아닐 테니,
저무는 이 해에 무슨 말을 하리오!
얼굴이 창백하여 윤기는 사라지고,
백발은 한결같이 이미 무성하도다.
우활하다, 진 목공이 한 말이여,
근력이라는 것이 어찌 약해지는 것이 아니랴?
날이 저물면서 큰 바람 일어나고,
찬 구름은 서산을 뒤덮었네.
매섭게 추운 기운 드디어 심한 추위 몰고 오고,
분분히 나는 새는 더불어 돌아오네.
사람의 생명이란 항상 그대로 일 수 없는 것.
하물며 근심과 고통에 묶여 있음에랴!
맑은 술 그나마 없을 때가 더 잦아,
마땅히 즐길 이 해에 즐길 수도 없구려.
궁함과 풍족함은 염려하지 않으며,
몸의 초췌함도 자연대로 둔다오.
자신을 쓰다듬으며 깊은 감회에 젖어
이 해를 넘기노니 슬픔만 더해가오.

市朝悽舊人, 驟驥感悲泉.
明旦非今日, 歲暮余何言!
素顔斂光潤, 白髮一已繁.
闊哉秦穆談, 旅力豈未愆?
向夕長風起, 寒雲沒西山.
冽冽氣遂嚴, 紛紛飛鳥還.
民生鮮常在, 矧伊愁苦纏!
屢闕清酤至, 無以樂當年.
窮通靡攸慮, 顦顇由化遷.
撫己有深懷, 履運增慨然.

【張常侍】 張野를 가리킴. 도연명의 고향 친구로 白蓮社의 주요 인물. 《蓮社高賢傳》의 張野傳에 의하면 자는 萊民으로 潯陽 柴桑에 살았으며 문장에 뛰어났고 효성이 깊었다 함. 그는 전택을 모두 아우에게 주고 빈한하게 살았으며 뒤에 散騎常侍로 발탁되었으나 나가지 않고 廬山으로 들어가 慧遠法師에 의탁하여 그의 문인이 되었음. 義熙 10년(418)에 69세로 생을 마침.

【市朝】 사람들이 모인 곳, 여기서는 조정과 관청을 가리킴. 《華陽國志》에 "京師, 天下之市朝也"라 함.

【舊人】 安帝 司馬德祖를 가리킴. 《晉書》安帝紀에 의하면 義熙 14년 12월 劉裕가 王韶之를 비밀리에 파견하여 安帝를 목졸라 죽이고 恭帝를 세웠음.

【驟驥】 매우 빨리 달리는 말. 세월이 빠름을 비유함. 《莊子》知北遊에 "人生天地之間, 若白駒之過隙, 忽然而已"라 함.

【悲泉】 태양이 지나는 곳. 저물어 감을 말함. 《淮南子》天文訓에 "(太陽)至于悲泉, 爰止其女, 爰息其馬, 是謂縣車. 至于虞淵, 是謂黃昏"이라 함.

【素顔】 흰 얼굴. 얼굴이 창백함을 뜻함.

【斂光潤】 광채를 잃고 마르고 거칢을 뜻함.

【秦穆談】진나라 목공의 말.《尚書》周書 秦誓에 秦 穆公이 말한 “番番良士,
　　旅力旣愆, 我尙有之”를 두고 이른 말.
【旅力】‘旅’는 ‘膂’의 가차자. 여력은 體力, 筋力을 말함.
【冽冽】추운 모양. 다른 본에는 ‘厲厲’로 되어 있음.
【氣遂嚴】공기가 드디어 심한 추위를 몰고 옴. ‘嚴’은 楊勇 주에 “嚴, 寒氣
　　凜冽也, 如嚴霜, 嚴冬”이라 함.
【矧】‘하물며’의 뜻.
【淸酤】맑은 술.《詩經》商頌 烈祖에 “旣載淸酤”라 함.
【當年】古注에 “列子楊朱篇: 徒失當年之至樂, 不能自肆於一時”라 함.
【靡攸慮】염려할 바가 없음. ‘靡’는 ‘未’와 같으며 ‘攸’는 ‘所’와 같음.
【顑頷】憔悴와 같음. 쌍성연면어.
【化遷】자연의 변화. 태어나고 죽는 자연스러운 변화를 가리킴.《列子》
　　天瑞篇의 내용을 말함. 참고란을 볼 것.
【履運】설이나 명절이 올 때마다.

1. 이 시는 晉 安帝 義熙 14년(418) 도연명 54세에 씌여진 작품이다.
2.《列子》天瑞篇
人生至終, 大化有四: 嬰孩也, 少壯也, 老耄也, 死亡也.

029 〈和胡西曹示顧賊曹〉
『호서조에게 화답하는 시를
고적조에게 보여줌』

유빈蕤賓의 오월 한 여름,
맑은 아침 남쪽에서 시원한 바람 불어오네.
빠르지도 느리지도 않게
하늘하늘 내 옷깃을 흔드네.
층층 겹친 구름이 해를 가리더니
한가롭게 흩뿌리며 가늘게 내리는 비.
눈 가는 대로 서쪽 정원을 바라보니
찬란하게 꽃이 핀 붉은 아욱들.
지금은 심히 아름답지만
시들고 나면 다시 어쩔거나?
물건에 감흥을 일으킴도 그 때에 맞추는 것,
매번 흩뿌릴 술 없어 안타깝소.
아득한 가을 추수 기다리지만,
이리도 드물어 헛수고 하였네.
엉뚱한 그 생각 지울 수 없어
미친 듯이 혼자서 장탄식하네.

蕤賓五月中, 清朝起南颸.
不駛亦不遲, 飄飄吹我衣.

重雲蔽白日, 閑雨紛微微.

流目視西園, 曄曄榮紫葵.

於今甚可愛, 奈何當復衰?

感物願及時, 每恨靡所揮.

悠悠待秋稼, 廖落將賒遲.

逸想不可淹, 猖狂獨長悲.

【胡西曹】 성이 胡씨인 西曹官. 구체적으로는 알 수 없음. 西曹는 관직 이름으로 《宋書》 百官志(下)에 의하면 州郡의 관직으로 官吏와 選擧 사무를 담당하며 功曹의 佐書라 함.

【顧賊書】 성이 顧씨인 賊曹官. 賊曹는 역시 州郡의 관직으로 도적을 잡고 처리하는 일을 담당하였다 함.

【蕤賓】 5월의 별칭. 원래 고대 음악에서의 12律의 하나. 《呂氏春秋》音律에 黃鐘, 大呂, 太簇, 夾鐘, 姑洗, 仲呂, 蕤賓, 林鐘, 夷則, 南呂, 無射, 應鐘이 있으며 이를 1년 12월에 배합하여 月稱으로도 불렀음. 이에 따라 "仲冬日短至, 則生黃鐘; 季冬生大呂, 孟春生太簇, 仲春生夾鐘, 孟夏生仲呂, 仲夏日長至, 則生蕤賓, 季夏生林鐘, 孟秋生夷則, 仲秋生南呂, 季秋生無射, 孟冬生應鐘"이라 함. 한편 《禮記》月令에 "仲夏之月, 律中蕤賓"이라 하여 5월에 해당하는 것으로 봄.

【蔽白日】 구름이 해를 가림. 〈古詩十九首〉에 "浮雲蔽白日"이라 함.

【閑雨】 細雨와 같음.

【流目】 마음대로 구경함.

【紫葵】 보랏빛이 나는 아욱.

【當】 '將'과 같음. 첩운호훈.

【揮】 술잔을 들어 술을 마심.

【秋稼】 가을에 곡식이 익음. 가을의 추수를 말함. 가을에 추수하여 곡식이 생기면 술을 담가 마시리라 기대함을 뜻함. 《詩經》豳風 七月에 "十月納禾稼"라 하고 朱熹 集傳에 "禾之秀實而在野者曰稼"라 함.

【廖落】 드물다, 성기다. 쓸쓸하다. 쌍성연면어.

【賖遲】느리고 더딤. 여기서는 수확이 없음을 가리킴.

【逸想】일반 사람과 다른 생각이나 逸趣. 여기서는 아직도 먼 가을이 오면 술을 실컷 먹으리라는 엉뚱한 기대와 생각을 말함.

참고 및 관련 자료

이 시는 대체로 晉 安帝 義熙 14년(418)의 작품으로 보고 있다.

030 〈悲從弟仲德〉
『종제 중덕의 죽음을 슬퍼함』

슬픔을 머금고 옛 집을 찾아 오니,
비통한 눈물에 가슴이 저며오네.
묻노라, 누구 때문에 이렇게 슬퍼하나?
그리운 그 사람 저승에 있네.
친족으로 명의로는 여러 종제 중 하나이지만
은애는 친형제 같았는데,
문 앞에서 손잡고 헤어질 때,
어찌 알았으랴, 네가 먼저 저승길로 나설 줄을.
타고난 운수 끝내 벗어나지 못하여,
이생에서 이룰 일을 성취하지 못하였구나.
자모慈母는 비통함에 잠겨 있고,
남은 두 아들 겨우 몇 살인가 물을 정도.
두 부부 위패만 텅 빈 집에 덩그러니,
조석으로 곡하는 소리도 없구나.
떠도는 먼지는 빈자리에 쌓이는데
해 묵은 풀들만 뜰 앞에 절로 났네.
섬돌은 비어 사람 흔적 거의 없고
정원에는 그리움만 고여 있구나.
말없이 만물의 변화를 따라 사라져 버리니
끝내 하늘 아래 네 모습 다시 볼 수 없구나.

느리고 느린 걸음 되돌리려니,
측은함과 비통함이 가슴을 메우누나.

衒哀過舊宅, 悲淚應心零.
借問爲誰悲? 懷人在九冥.
禮服名群從, 恩愛若同生.
門前執手時, 何意爾先傾.
在數竟不免, 爲山不及成.
慈母沈哀疚, 二胤繞數齡.
雙位委空館, 朝夕無哭聲.
流塵集虛坐, 宿草旅前庭.
階除曠遊迹, 園林獨餘情.
翳然乘化去, 終天不復形.
遲遲將回步, 惻惻悲襟盈.

【從弟】 사촌동생.
【仲德】 다른 본에는 ‘敬德’으로 되어 있음. 자세한 사적은 알 수 없음.
【舊宅】 시상에 있는 중덕이 살던 옛집.
【懷人】 그리워 하는 사람.
【九冥】 九泉과 같음. 지하 세계. 저승을 가리킴.
【禮服】 喪服을 뜻함. 종족관계임을 말한 것임.
【先傾】 먼저 죽음.
【爲山不及成】 산을 만들면서 끝내 이루지 못함.《論語》子罕篇에 “子曰:
「譬如爲山, 未成一簣, 止, 吾止也. 譬如平地, 雖覆一簣, 進, 吾往也.」”라 함.
여기서는 살아서 이루어야 할 일들을 다 이루지 못하고 죽었음을 말함.
【二胤】 남겨진 두 아들. 윤의 집안을 이어가는 嗣子를 말함.

【雙位】중덕 부부의 靈位.

【宿草】한 해 묵은 풀. 격년으로 살아나는 풀.《禮記》檀弓(上)에 "朋友之墓, 有宿草而不哭"이라 함. 여기서는 그러한 뜻은 아닌 것으로 봄.

【旅】野生. 사람이 심지 않았으나 절로 나는 채소나 곡식.

【階除】누대나 집의 계단. 臺階.

【翳然】어두움. 묵묵히 아무 말이 없는 모습.

【惻惻】비통한 모습.

【襟盈】흉금에 가득함.

이 시는 晉 安帝 義熙 13년(417) 도연명 53세에 쓴 것으로 보고 있다.

卷三 『시오언詩五言』

(031 – 047)

〈溪山漁隱圖〉 明 唐寅(그림) 臺北故宮博物館 소장

031 〈庚子歲五月中從都還阻風於規林〉(二首)

『경자년 오월 서울에서 돌아오는 길 규림에서 바람이 불어 길이 막히다』

031-1 〈庚子歲五月中從都還阻風於規林〉

첫째 수

가고 또 가며 돌아오는 길,
날짜 세어 보며 고향 바라보노라.
우선 즐거운 건 부모 얼굴 펴드리는 것,
그리고 다음으론 고향 형제 만나는 것.
노를 저어 험한 구비 물길 헤치니,
해 그림자 서쪽 산 귀퉁이에 멈추었구나.
물길 산길이니 어찌 험하지 않으랴,
돌아가는 이 몸이여 어서 가자꾸나.
남풍은 이 마음도 몰라주는 듯,
할 수없이 노 거두고 호숫가에 머물렀네.
키 자란 풀들은 아득하여 끝이 없고,
여름철 나무는 곧고도 우거졌네.
누가 말했던가, 뱃길은 멀다고.
가까이 보이는 백 리 길 남짓인데.
눈으로 훑어보니 남쪽 고개 알겠는데,
이 물을 어찌 건널꼬 공탄식만 하는구나.

(其一)

行行循歸路, 計日望舊居.

一欣侍溫顔, 再喜見友于.

鼓棹路崎曲, 指景限西隅.

江山豈不險, 歸子念前塗.

凱風負我心, 戢枻守窮湖.

高莽眇無界, 夏木獨森疎.

誰言客舟遠, 近瞻百里餘.

延目識南嶺, 空歎將焉如.

【庚子】晉 安帝 隆安 4년(400)에 해당함. 당시 도연명의 나이 36세 때임.

【規林】옛 지명. 龔斌의 《陶淵明集校箋》에 “古地名, 在今安徽宿松縣境內.
宿松縣志卷末補遺: 規林, 後爲規林司, 今歸林灘, 廢司, 故址縣南一百里外,
屬歸林莊, 晉彭澤宰陶潛遺跡在”라 함.

【溫顔】온화하고 자상한 얼굴. 여기에서는 어머니를 가리킴.

【友于】형제를 말함.《尙書》周書 君陳篇에 “惟孝友于兄弟”라 함.

【指景】그림자를 가리킴. 해가 넘어감. ‘景’은 ‘影’의 본자.

【凱風負我心】급히 집으로 돌아가 어머니를 뵙고자 하는 마음을 남풍이
맞바람으로 불어와 늦어진다는 뜻. 凱風은 南風을 뜻함.

【窮湖】제일 남쪽에 치우친 호수. 規林이 安徽 宿松縣 남쪽에 있음을 말함.

【夏木獨森疎】‘獨’은 특별히, 여기서는 곧고 굳세다는 뜻. ‘森疎’는 가지와
잎이 무성하다는 뜻. 여름나무가 굳세고 가지와 잎이 무성하다.

【南嶺】도연명의 집이 廬山의 남쪽 山麓에 있어 이렇게 부른 것.

【焉如】“어찌 건널꼬?”의 뜻.《楚辭》九章 哀郢에 “森南渡之焉如!”라 함.

031-2 〈庚子歲五月中從都還阻風於規林〉

둘째 수

자고로 행역行役이란 괴로운 일이라 하였는데,
나는 지금 비로소 알게 되었네.
산천은 어찌 이토록 한결같이 넓고 넓으며,
바람과 물길은 기약하기 어렵도다.
큰 파도는 하늘까지 들리고,
거센 바람은 그칠 때가 없구나.
오랫동안 떠돌던 몸 고향이 코앞인데
어찌 이곳에 이렇게 붙들렸나!
조용히 생각하니 자연이 좋아,
벼슬길 세상살이 진실로 사양하리라.
한창 젊은 날이 그 얼마나 되랴,
마음대로 하면 되지 무엇을 의심하랴!

(其二)

自古歎行役, 我今始知之.
山川一何曠, 巽坎難與期.
崩浪聒天響, 長風無息時.
久游戀所生, 如何淹在茲!
靜念園林好, 人間良可辭.
當年詎有幾, 縱心復何疑.

【歎行役】멀리 노역을 감을 괴로워 함. 《詩經》魏風 陟岵에 "嗟, 予子行役, 夙夜無已"라 함.

【巽坎】《周易》의 두 괘 이름. 각각 風과 水를 상징함. 여기서는 풍랑을 비유함. 說卦에 "巽爲風, 坎爲水"라 함.

【難與期】기약하기 어렵다.

【崩浪】큰 파도.

【久游】오랫동안 밖에서 벼슬길을 헤매며 살아왔음을 말함.

【縱心】구속받지 않고 마음 가는 대로 내버려두어 자연에 따름.

> 참고 및 관련 자료

1. 다른 본에는 이 시가 대체로 제 3권의 둘째 번에 순서를 잡고 있다.

2. 이 시는 庚子年, 晉 安帝 隆安 4년(400) 도연명이 서울 建康(지금의 南京)으로 갔다가 돌아오는 길에 쓴 規林에 갇혀 쓴 것으로 보고 있다. 도연명 당시 36세 때이다.

032 〈始作鎭軍參軍經曲阿作〉
『처음으로 진군장군의 참군이 되어
곡아를 지나며 지음』

젊은 나이에 세상사 아닌 것에 정을 붙이고
거문고와 책에 마음 맡겨,
거친 베옷 입고도 즐거움을 느꼈으며
뒤주 자주 비어도 마음만은 편했었네.
그러나 우연히 숨은 기회 찾아 와서
벼슬길로 고삐를 굽혀 멈추게 되었네.
지팡이는 던져 두고 새벽에 길 떠날 채비,
잠시 전원과 멀어지고 말았네.
아득히 외로운 배 한 척 가물가물,
되돌아오고 싶은 생각 얽히고 설켜.
내 갈 길이 어찌 먼길이 아니랴!
산을 오르내리며 천여 리 길.
눈은 물길이 달라질 때마다 실컷 보았으나,
마음은 산을 볼 때마다 옛집 생각 뿐.
구름을 바라보니 높이 나는 새에게 부끄럽고,
물가에 임해 보니 자유로이 노니는 물고기에게 미안하네.
소박한 생각 처음부터 흉금에 품은 채로,
육신이 묶인 때문이라 누가 그렇게 말했던가?
애오라지 자연의 변화에 맡기면 될 일,
끝내는 반고처럼 오두막으로 돌아가리라.

弱齡寄事外, 委懷在琴書.

被褐欣自得, 屢空常晏如.

時來苟冥會, 宛轡憩通衢.

投策命晨裝, 暫與園田疎.

眇眇孤舟遊, 綿綿歸思紆.

我行豈不遙, 登陟千里餘.

目倦川塗異, 心念山澤居.

望雲慙高鳥, 臨水愧游魚.

眞想初在襟, 誰謂形迹拘.

聊且憑化遷, 終返班生廬.

【始作】 처음 벼슬길에 나섬. 도연명이 鎭軍參軍에 출임한 이듬해 다시 建威將軍參軍으로 임명을 받았으며 이를 두고 처음 벼슬다운 벼슬에 나선 것으로 여긴 것임.

【鎭軍】 진군장군을 뜻함. 즉 남조 宋나라를 세운 劉裕를 가리킴. 《晉書》安帝紀 元興 3년(404) 3월에 王戌이 "司徒王謐推劉裕行鎭軍將軍, 徐州刺史, 都督揚徐兗豫靑冀幽幷八州諸軍事"라 함.

【阿曲】 지명. 현 이름으로 지금의 江蘇省 丹陽. 雲陽이라고도 하며 晉 武帝 太康 2년에 다시 阿曲으로 이름을 바꾸었음.

【弱齡】 약관의 나이. 20세를 가리킴. 《禮記》曲禮(上)에 "二十曰弱, 冠"이라 함.

【被褐】 거친 布衣를 걸침. 《老子》70장에 "是以聖人被褐懷玉"이라 함.

【屢空】 먹을 것이 자주 떨어져 굶음. 《論語》先進篇에 "子曰:「回也其庶乎, 屢空. 賜不受命, 而貨殖焉, 億則屢中.」"이라 하였고, 도연명 자신의 〈五柳先生傳〉에 "簞褐穿結, 簞瓢屢空, 晏如也"라 함.

【冥會】 그렇게 되기를 원하지 않아도 서로 뜻이 통함. 晉 王胡之의 〈贈庾翼〉의 문장에 "友以淡合, 理隨道泰, 余與夫子, 自然冥會"라 하였으며, 梁나라 王均의 〈與東陽盛法師書〉에 "庶心期冥會, 咫尺江山"이라 함.

【宛轡憩通衢】젊고 예쁜 모습.《詩經》齊風 甫田에 "婉兮孿兮, 總角丱兮"라 함. 그러나 당시 도연명은 이미 40이 넘어 스스로를 이렇게 표현하지 않았을 것이라 여겨 흔히 완비(婉轡)의 오기일 것으로 여김.《文選》(26)에는 '婉轡'로 되어 있으며 이는 '말고삐를 굽혀 행렬을 틀다'의 뜻임.《文選》의 李善 주에 "宛, 屈也. 言屈長往之駕, 息于通衢之中. 通衢, 喩仕路也"라 하여 '通衢'는 사통 팔달의 거리. 십자로. 벼슬길을 비유한 것임. 여기서는 후자의 풀이를 따름.

【登陟】《文選》(26)에는 '登降'으로 되어 있음. 산을 오르내리듯이 수로로, 육로로 다녔음을 말함.

【山澤居】전원 속에 있는 옛집, 은거를 뜻함. 仲長統의《昌言》에 "聞上古之 隱士, 或夫負妻戴, 以入山澤"이라 함.

【眞想】소박하고 순진한 생각, 자연 그대로의 생각.《莊子》漁父에 "眞者. 所以受於天也, 自然而不可易也"라 함.

【憑化遷】자연의 변화에 순응하여 따름.

【班生廬】班固가 말한 오두막집. 어진 자가 은거하는 거처를 가리킴.《文選》 (14) 班固의〈幽通賦〉에 자신의 아버지를 두고 "終保己而貽則兮, 里上仁之 所廬"라 하여 오두막일지언정 좋은 이웃을 택하여 살면 된다고 말한 것을 원용한 것.

참고 및 관련 자료

1. 다른 판본에는 이 작품의 순서가 3권 첫머리에 실려 있다.

2. 이 시는 진안제 원흥 3년(404), 도연명 나이 40세 때 쓴 것으로 보고 있다. 당시 도연명이 徐州刺史 劉裕의 參軍으로 부임되어, 부임하러 가는 도중에서 지은 것이다. 혹 庚子年, 晉 安帝 隆安 4년(400), 도연명 나이 36세 때 쓴 것 으로 보기도 한다. 도연명이 서울 建康(지금의 南京)으로 갔다가 돌아오는 길에 規林에 갇혀 쓴 것으로 보고 있다.

033 〈辛丑歲七月赴假還江陵夜行塗口〉
『신축년 7월 휴가를 얻어
강릉으로 돌아오던 길에 도구를 지나면서』

한가롭게 살아온 지 어언 삼십 년,
드디어 티끌세상과는 아득히 멀어졌네.
시서詩書는 옛날보다 더욱 마음에 와 닿고,
전원에는 세속의 정이 없다네.
어쩌다가 이런 곳을 내버려 둔 채,
아득히 서쪽 형주까지 가게 되었던가?
초가을 달빛 아래 뱃전을 두드리며,
강가에 이르러 친구와 이별하네.
서늘한 바람 저녁 무렵 불어 오고,
달밤은 아련히 텅 빈 밝음 자랑하네.
밝고 환한 넓은 우주 한없이 광활한데,
반짝반짝 강물 잔잔하기 그지없네.
행역 일을 짊어지고 잠 잘 틈도 없어,
한 밤중에 외롭게 갈길 나서네.
영척의 상가는 나의 바람이 아니요,
장저, 걸닉 밭가는 일 여전히 내 가슴에.
벼슬 모자 내던지고 옛집으로 돌아가리.
높은 작위 좋다한들 내 할 일 아니로다.
초가집 처마 아래 본성대로 살아가면
벼슬보다 좋은 명분 그 속에 있을 테지.

閒居三十載, 遂與塵事冥.

詩書敦宿好, 林園無俗情.

如何舍此去, 遙遙至西荊.

叩枻新秋月, 臨流別友生.

涼風起將夕, 夜景湛虛明.

昭昭天宇闊, 晶晶川上平.

懷役不遑寐, 中宵尚孤征.

商歌非吾事, 依依在耦耕.

投冠旋舊墟, 不爲好爵縈.

養眞衡茅下, 庶以善自名.

【辛丑】 晉 安帝 隆安 5년(401)년 도연명 37세에 해당함.

【赴假】 휴가를 얻어 집으로 돌아옴. 당시 도연명은 강릉에 근무하다가 휴가를 얻어 고향을 다녀갔음.

【江陵】 진나라 때 荊州의 鎭地. 지금의 湖北省 江陵市.

【塗口】 각본에 모두 '塗中'로 되어 있으나 이는 오기이며 도구는 지명으로 《輿地紀勝》(66) 鄂州 塗口의 주에 "在江夏南, 水路五十里, 一名金口, 陶潛有 塗口詩"라 함.

【宿好】 옛날부터 아주 좋아함.

【詩書敦】 '敦詩書'와 같음. '敦'은 두텁다. 여기서는 동사로 쓰여 '두텁게 하다', '증가하다'의 뜻. 《左傳》 僖公 27년 郤縠의 말에 "說禮樂而敦詩書. 詩書, 義之 府也; 禮樂, 德之則也"라 함.

【南荊】 江陵을 가리킴. 진나라 때 江陵을 南荊이라 불렀음. 그러나 《文選》 에는 '西荊'이라 하였고 李善 주에 "西荊州也. 時京師在東, 故謂荊州爲西也" 라 함.

【叩枻】 뱃전을 두드리다.

【友生】 친구를 뜻함. 《詩經》 小雅 常棣에 "雖有兄弟, 不如友生"이라 함.

【皛皛】'효효'로 읽으며 빛나고 깨끗한 모습.

【懷役】노역을 짊어짐.

【不遑寐】편히 잠을 잘 여가가 없음.

【孤征】홀로 먼길을 나섬.

【商歌】스스로 자신을 추천하여 벼슬길에 오르고자 하는 노래.《呂氏春秋》
　　擧難과《淮南子》道應訓,《說苑》등에 실려 있는 고사로 춘추시대 寗戚이
　　소를 끌며 스스로를 齊 桓公에게 노래를 한 사실을 가리킴. 영척은 '甯戚',
　　'寗戚'등으로도 표기되며 소몰이를 하다가 환공에게 발탁되어 제나라를
　　도운 대부.

【耦耕】소 대신 사람이 앞에서 쟁기를 끌며 밭을 가는 노동.《論語》微子篇
　　'長沮桀溺'의 고사 참조.

【投冠】모자를 벗어 던져 버림. 관직을 포기함을 뜻함.

【好爵】훌륭한 작위.《周易》中孚 九二 爻辭에 "我有好爵, 吾與爾靡之"라 함.

【養眞】자신의 진실한 자연 본성을 수양함.《莊子》漁父에 "眞者, 所以受於
　　天也, 自然不可易也. 故聖人法天貴眞, 不拘於俗. 愚者反此, 不能法天而恤於人,
　　不知貴眞, 祿祿而受變於俗"이라 함.

【自名】스스로 명예롭게 여기는 일. 자신의 명분에 맞음을 말함.

　　이 시는 辛丑년(401) 도연명이 潯陽에서 江陵으로 부임하면서 쓴 것으로
당시 37세였다.

034 〈癸卯歲始春懷古田舍〉(二首)
『계묘년 봄이 시작되어
전원 집에서 옛일을 회상하며』

034-1 〈癸卯歲始春懷古田舍〉
첫째 수

옛날 남쪽에 좋은 농지 있다고 들었으나
그땐 끝내 실천해 보지 못하였네.
뒤주 자주 비었던 사람 있었다 하였으나
어찌 나라고 봄갈이를 거르랴?
새벽 일찍 일어나서 타고 갈 수레를 준비하고,
길 떠나니 마음은 이미 그 먼 옛 생각에 잠겨 있네.
새들은 새로운 계절 왔다고 좋아서 재잘대고,
온화한 바람은 부드러움을 안겨 주네.
차가운 대나무는 거친 오솔길 덮고 있고,
인적이 드무니 속세와는 먼 길이라.
이 때문에 지팡이 꽂은 그 노인네,
유유자적 살면서 속세를 뿌리친 것이리라.
이러한 일은 이치에 밝은 자에게 부끄럽지만
내 뜻대로 사는 것이 어찌 천박하기만 한 것이랴!

(其一)

在昔聞南畝, 當年竟未踐.

屢空旣有人, 春興豈自免?

夙晨裝吾駕, 啓塗情已緬.

鳥哢歡新節, 泠風送餘善.

寒竹被荒蹊, 地爲罕人遠.

是以植杖翁, 悠然不復返.

卽理愧通識, 所保詎乃淺!

【癸卯】晉 安帝 元興 원년(403)에 해당함.

【南畝】농사일의 다른 말.《詩經》豳風 七月에 "同我婦子, 饁彼南畝"라 함.

【屢空】매우 가난함을 뜻함.《論語》先進篇에 "子曰: 回也其庶乎, 屢空"이라
하였고, 雍也篇에는 "賢哉回也! 一簞食一瓢飮, 在陋巷, 人不堪其憂, 回也不
改其樂"이라 함.

【旣有人】顔回를 가리킴.《論語》先進篇에 "子曰: 回也其庶乎, 屢空"이라 하여
시인은 자신의 가난함을 연회에 비유함.

【春興豈自免】'春興'은 봄 농사의 시작. '豈自免'은 스스로 이를 하지 않고
그냥 지나침. 농사를 짓지 않고 안회처럼 굶고 앉아 있을 수는 없다고
여겨 밭 갈기에 나서자고 다짐하는 것. '免'은 '밭갈이를 면해도 되리라
여기겠는가'의 뜻.

【啓塗】啓途와 같음. 길을 나섬. 출발함.

【緬】深遠함.

【泠風】미풍, 온화한 바람.《莊子》齊物論에 "泠風則小和"라 함.

【植杖翁】荷蓧丈人을 가리킴.《論語》微子篇에 기록되어 있는 공자와 제자
들이 만난 隱者로서의 농부. 참고란을 볼 것.

【卽理】이러한 이치, 여기서는 은거하여 농사짓는 일을 가리킴.

【通識】시세에 밝아 부귀를 취하는 자. 丁福保의 주에 "通識謂與時依違而取
富貴者, 靖節不能, 故愧之也"라 함.

【所保】보전하고 있는 것. 지조를 말함. 구체적으로 '養眞'을 뜻함. 黃文煥은
《陶詩析義》(3)에서 "躬耕之內, 節義身名, 皆可以自全"이라 함.

034-2 〈癸卯歲始春懷古田舍〉

둘째 수

공자의 말씀이 있었지,
도를 근심할 것이지 가난은 걱정하지 말라고.
쳐다보면 아득한 경지라 그에 미치기 어려워,
마음 돌려 부지런히 농사나 지으리라.
쟁기 잡고 때맞춰 일하는 즐거움,
환히 편 얼굴로 농사꾼 권면하네.
평야에는 먼 바람이 교차해 불어 오고,
싱싱하게 자란 모종 새 생기 품고 있네.
아직 가을 수확 헤아릴 수 없지만
일에 매달린 그것만도 넘쳐나는 즐거움.
밭 갈고 씨뿌리며 때로는 쉬기도 하나,
지나가면서 나루터 묻는 이도 없네.
해 지면 함께 더불어 집으로 돌아와서,
술병 들고 이웃 불러 힘들다 위로하네.
흥얼흥얼 읊조리며 사립문을 비껴 닫아,
애오라지 밭두둑의 농부가 되려네.

(其二)

先師有遺訓, 憂道不憂貧.

瞻望邈難逮, 轉欲志長勤.

秉耒歡時務, 解顔勸農人.

平疇交遠風, 良苗亦懷新.

雖未量歲功, 卽事多所欣.

耕種有時息, 行者無問津.

日入相與歸, 壺漿勞近隣.

長吟掩柴門, 聊爲隴畝民.

【先師】 공자를 至聖先師라 함.
【憂道】 《論語》 衛靈公篇의 구절. 참고란을 볼 것.
【瞻望邈難逮】 우러러 볼 뿐 이르기는 어려움. 《詩經》 邶風 燕燕에 "瞻望弗及"
이라 함.
【問津】 길을 가는 자가 나루를 물음. 《論語》 微子篇에 실려 있는 고사임.
【壺漿】 주전자나 병에 담은 국물류의 음식.
【柴門】 荊柴로 대강 얽어 만든 물. 초라한 살림을 뜻함.
【隴畝民】 농민을 뜻함.

참고 및 관련 자료

1. 癸卯年(403)년 도연명 39세에 쓰여진 작품이다. 2년전인 401년 겨울, 도연명은 모친상을 당하여 桓玄 幕府 직을 그만두고 고향에 돌아왔다. 이 두 수의 시는 403년 봄에 지은 것으로 시인은 그때 이미 은거하여 농사를 짓기 시작하였던 때이다.

2. 《論語》 微子篇

子路從而後, 遇丈人, 以杖荷蓧. 子路問曰:「子見夫子乎?」丈人曰:「四體不勤, 五穀不分. 孰爲夫子?」植其杖而芸. 子路拱而立. 止子路宿, 殺雞爲黍而食之, 見其二子焉. 明日, 子路行以告. 子曰:「隱者也.」使子路反見之. 至, 則行矣. 子路曰:「不仕無義. 長幼之節, 不可廢也; 君臣之義, 如之何其廢之? 欲潔其身, 而亂大倫. 君子之仕也, 行其義也. 道之不行, 已知之矣.」

3. 《論語》 衛靈公篇

子曰:「君子謀道不謀食. 耕也, 餒在其中矣; 學也, 祿在其中矣. 君子憂道不憂貧.」

4.《論語》微子篇

長沮·桀溺耦而耕, 孔子過之, 使子路問津焉. 長沮曰:「夫執輿者爲誰?」子路曰:
「爲孔丘.」曰:「是魯孔丘與?」曰:「是也.」曰:「是知津矣.」問於桀溺. 桀溺曰:
「子爲誰?」曰:「爲仲由.」曰:「是魯孔丘之徒與?」對曰:「然.」曰:「滔滔者天下
皆是也, 而誰以易之? 且而與其從辟人之士也, 豈若從辟世之士哉?」耰而不輟.
子路行以告. 夫子憮然曰:「鳥獸不可與同群, 吾非斯人之徒與而誰與? 天下
有道, 丘不與易也.」

〈舞樂紋〉四川 德陽 黃滸鎭 출토

035 〈癸卯歲十二月中作與從弟敬遠〉
『계묘년 12월에 시를 지어
종제 경원에게 주다』

오두막에 은거하여 살아가면서
세상과 아득히 담을 쌓았네.
둘러보아도 아는 사람 그 누군가?
대낮에도 사립문은 항상 닫혔네.
처량하고 쓸쓸한 세밑의 바람,
어둑어둑 하루 종일 눈만 내리네.
귀 기울여 들어도 소리없이 고요하고,
눈앞에 펼쳐진 건 온통 흰 세상.
질긴 날씨 옷소매를 파고들건만
단사표음도 자주 비어 거르기 일쑤.
쓸쓸하고 썰렁한 빈 방안엔
도대체 즐거운 일 하나 없구나.
천년 묵은 옛 기록 훑어보면서
때때로 남긴 업적 볼뿐이로다.
잡고 오를 수도 없는 높은 경지이지만,
어쩌다 잘못하여 가난함을 지키는 절조는 얻었네.
평탄한 벼슬길을 진실로 갈 길이 아니니
은거가 어찌 졸렬한 것이랴!
한 마디 말 그 밖에다 뜻을 붙이나니
이런 생각을 누가 능히 변별해 줄 수 있을까?

寢迹衡門下, 邈與世相絶.

顧眄莫誰知, 荊扉晝常閉.

淒淒歲暮風, 翳翳經日雪.

傾耳無希聲, 在目皓已潔.

勁氣侵襟袖, 簞瓢謝屢設.

蕭索空宇中, 了無一可悅.

歷覽千載書, 時時見遺烈.

高操非所攀, 謬得固窮節.

平津苟不由, 栖遲詎爲拙!

寄意一言外, 茲契誰能別?

【癸卯】晉 安帝 元興 2년(403)에 해당함. 당시 도연명은 모친상을 당하여 집안에서 居喪하고 있었음. 도연명의 35세 때임.

【敬遠】도연명의 堂弟. 사촌 아우. 어렸을 때부터 각별히 친했고 뜻이 맞았음. 이 해 경원의 나이 23세임. 〈除從弟敬遠文〉의 陶澍에 《豫章書》를 인용하여 “孟嘉以二女妻陶侃子茂之二子”라 하였는데 여기서 孟嘉는 도연명의 외조부이며 陶侃은 증조부이고, 子茂는 조부이다. 따라서 도연명의 부친과 경원의 부친은 친형제이며 두 사람의 모친은 역시 친자매였음을 알 수 있다.

【寢迹】隱迹. 隱居와 같은 말.

【衡門】나무막대기를 가로 놓아 문을 삼다. 초라한 집을 가리킴.

【荊扉】가시나무로 대강 엮어 만든 사립문.

【閉】음은 ‘별’. 李公煥 주에 “必結反, 闔也”라 하였으며 일설에는 ‘閉’자의 속자라고도 함.

【淒淒】차고 한랭함.

【傾耳】귀를 기울여 들음.

【希聲】아무 소리가 없음. 希는 未(無)와 같음. 《老子》14장에 “聽之不聞, 名曰希”라 하였고, 41장에는 “大方無隅, 大音希聲, 大器晚成”이라 하였으며 河上公의 주에 “無聲曰希”라 함.

【勁氣】질기고 강한 寒氣.

【簞瓢】‘一簞食一瓢飮’의 줄인 말. 빈한함을 거역하지 아니하고 견뎌내는
顔回를 칭찬한 말.《論語》雍也篇에 “一簞食, 一瓢飮, 在陋巷, 人不堪其憂,
回也不改其樂, 賢哉回也”라 함.

【屢設】늘 마련해 둠. 항상 설치되어 있음.

【蕭索】쓸쓸하고 적막함. 쌍성연면어.

【謝】사절하다. 혹 부끄럽게 여기다의 뜻.

【了無】조금도 없음. 아주 없음을 강조하는 말로 당시 常用語.《晉書》王隱傳
에 “當其同時, 人豈少哉? 而了無聞, 皆由無所述作也”라는 말이 있음.

【遺烈】남겨놓은 훌륭한 업적. 옛날 정직하고 고상한 절조가 있는 현인을
가리킴.

【謬得固窮節】‘謬’는 겸손을 뜻하는 말. 일부 본에는 ‘深’으로 되어 있으며
이에 대해 陶澍 주에 “焦本云: 宋本作謬, 一作深, 非”라 함. 한편 ‘固窮節’은
《論語》衛靈公篇의 “君子固窮, 小人窮斯濫矣”를 두고 이른 말.

【平津】평탄한 큰길, 벼슬길을 비유한 것.

【栖遲】‘棲遲’와 같으며 은거를 뜻함.《詩經》陳風 衡門에 “衡門之下, 可以
栖遲”라 함.

【契】黙契. 말하지 않아도 서로 깊이 알고 정서나 의견이 통함.

(참고 및 관련 자료)

　이는 癸卯年(403) 12월에 당제 陶敬遠에게 준 시이다. 당시 도연명 나이
39세임.

036 〈乙巳歲三月爲建威參軍使都經錢溪〉
『을사년 3월 건위장군의 참군이 되어
서울로 사신 가는 길에 전계를 지나다』

내가 이 곳을 밟지 않은 지
세월이 이미 꽤나 흘렀구나.
아침저녁 보았던 산천,
일마다 모두가 옛날 같도다.
가는 비 높은 숲을 씻어 내리고,
맑은 바람 속에 새 높이 구름 속으로 날아 오르도다.
사랑스런 저 만물들 그대로 있고
부드러운 바람은 어디에도 막힘이 없네
나는 지금 무엇 때문에
이런 일에 종사하여 애를 쓰는가?
이 몸 제약을 받고 있으나
평소에 품은 뜻은 바꿀 수 없지.
날마다 꿈꾸는 전원 생활,
어찌 이처럼 오래도록 고향을 떠날 수 있는가?
끝내 끊임없이 흐르는 세월 속에
마땅히 눈 속의 송백 같은 절개로 살리.

我不踐斯境, 歲月好已積.
晨夕看山川, 事事悉如昔.

微雨洗高林, 清飆矯雲翮.

眷彼品物存, 義風都未隔.

伊余何爲者, 勉勵從茲役?

一形似有制, 素襟不可易.

園田日夢想, 安得久離析.

終懷在壑舟, 諒哉宜霜柏.

【乙巳】晉 安帝 義熙 원년(405).

【建威參軍】《宋書》劉敬宣傳에 元興 3년(404)에 유경선이 建威將軍과 江州 刺史가 되었으며 당시 도연명은 劉裕의 鎭軍參軍이었다가 다시 유경선 막하의 참군 벼슬을 하였음.

【使都】당시 도읍 建康(南京)으로 출사함.

【錢溪】지금의 安徽 貴池縣 梅根港. 당시 이곳에서 구리를 녹여 돈을 주조하여 지명을 ‘錢溪’라 하였다 함.

【矯】‘擧’와 같음.

【雲翮】구름 높이 나는 새. 翮은 깃촉, 여기서는 새를 가리킴.

【眷】돌아보다, 보살피다. 사랑스럽다.

【品物】세상의 모든 만물.《周易》乾卦 象辭에 “雲行雨施, 品物流行”이라 함.

【義風】‘和風’과 같은 뜻으로 부드러운 바람을 가리킴.

【未隔】막힘이 없다.

【素襟】素懷. 평소 품고 있던 정회.

【終懷】《詩經》小雅 正月에 “終其永懷”라 함.

【壑舟】부단히 변화하여 늙어 가는 인생을 뜻함. 그러나 일부 본에는 ‘歸舟’로 되어 있으며 楊勇〈校箋〉에는 “壑, 一作歸. 今依何本”이라 함. ‘壑舟’는《莊子》大宗師에 실려 있는 말. 참고란을 볼 것. 〈雜詩〉(5)를 볼 것.

【霜柏】눈 속의《論語》子罕篇에 “子曰: 歲寒, 然後知松柏之後彫也”라 함.

1. 이 시는 乙巳年(405) 3월 도연명 나이 41세에 쓴 것임.

2.《莊子》大宗師

夫藏舟於壑, 藏山於澤, 謂之固矣. 然而夜半有力者負之而走, 昧者不知也.
成玄英矣 疏: "夫藏舟船於海壑, 正合其宜; 隱山岳於澤中, 謂之得所. 然而
造化之力, 擔負而趨; 變故日新, 驟如逝水. 凡惑之徒, 心靈愚昧, 眞謂山舟
牢固, 不動歸然. 豈知冥中貿遷, 無時暫息? 昨我今我, 其義亦然也."

037 〈還舊居〉

『옛 집을 둘러보며』

옛날 상경에 살 때는,
육 년 동안 오고갔었지.
오늘 다시 와 보니
쓸쓸하여 슬픔만 가득.
들길은 예나 다름이 없건만
마을의 집들은 혹 예와 다르네.
두루두루 집들을 훑어보니
이웃 노인 남은 자 드물고.
걸음걸음 옛 자취 찾아보니
특히 애처롭게 그리운 곳 있네.
정처 없이 떠도는 인생 백 년 중에
추위와 더위는 서로 함께 서로 밀어내누나.
항상 두렵기는 내 목숨 다하는 것,
기력이 쉰도 넘기지 못하면 어쩌나 하는 것.
다 내버려 두고 생각지 말자.
애오라지 술 한 잔 들이키면 그 뿐.

疇昔家上京, 六載去還歸.

今日始復來, 惻愴多所悲.

阡陌不移舊, 邑屋或時非.

履歷周故居, 隣老罕復遺.

步步尋往迹, 有處特依依.
流幻百年中, 寒暑日相推.
常恐大化盡, 氣力不及衰.
撥置且莫念, 一觴聊可揮.

【舊居】 도연명의 紫桑 옛집.

【疇昔】 과거. 지난날. 시간은 義熙元年(405)쯤.

【上京】 지명. 柴桑에서 멀지 않은 동네 이름. 逯欽立의 주에 "蓋柴桑一里名.
   李公煥謂: '《南康志》: 近城五里, 地名上京, 亦淵明故居.'何孟春注謂: 上京,
   卽栗里原. 說法不一"이라 하여 구체적으로는 자세하지 않음.

【六載】 6년, 시인이 上京에서 거주한 시간을 말함.

【始復來】 다시 돌아오다. 시인이 上京에서 南村으로 이사간 뒤 7년쯤 시상의 옛집
   으로 돌아오지 않았따. 때문에 이번에 돌아온 것을 일러 '始復來'라 한 것임.

【阡陌】 농토 사이의 작은 길. 여기서는 농토를 가리킴.

【不移舊】 옛모습이 변하지 않음.

【遺】 아직도 세상에 살아 있음.

【流幻】 유동과 변화. 정처 없이 떠도는 인생을 뜻함.

【百年】 사람의 일생을 뜻함.

【寒暑日相推】 추위가 가면 더위가 오고, 해와 달이 교체되는 것, 세월이 빨리
   흐름을 말함.《周易》繫辭(下)에 "日往則月來, 月往則日來, 日月相推而明生焉.
   寒往則暑來, 暑往則寒來, 寒暑相推而歲成焉"이라 함.

【大化盡】 사람이 태어나 여러 단계의 큰 변화를 거친 다음 죽음.《列子》
   天瑞篇에 "人自生至終, 大化有四: 嬰孩也, 少壯也, 老耄也, 死亡也"라 함.
   뒤에 '大化'는 생명을 뜻하는 말로 쓰임.

【不及衰】 아직 50에 이르지 않음.《禮記》王制에 "五十始衰"이라 함.

【撥置】 내 버려 둠. 개의치 않음.

참고 및 관련 자료

이 시는 晉安帝 義熙 13년(417) 도연명 53세쯤 쓴 것으로 보고 있다.

038 〈戊申歲六月中遇火〉
『무신년 6월 화재를 만나다』

궁벽한 외진 골목 초가집이지만
그대로 달게 여겨 부귀영화 사양했네.
그런데 한여름 센 바람에
숲 속 내 집이 훌쩍 불탔네.
온 집에 남은 건물 하나도 없어
문 앞에 배 두 척 묶고서 그늘로 삼았네.
가물가물 새 가을 달 솟아오르더니
높고 높이 그 달은 둥글어지네.
과일과 채소는 싹이 다시 나건만,
놀라 달아났던 새 아직 돌아오지 않네.
한밤에 우두커니 깊은 이 생각 저 생각,
눈을 들어 높은 하늘 쳐다보았네.
어릴 때 품었던 고고한 기개,
이렇게 훌쩍 40년이 흘렀구나.
몸은 자연 변화 따라 늙어가지만
마음은 그래도 담담하여 한가롭구나.
곧고 굳센 기질 본래 가지고 있으니
옥석도 이보다 굳지 못하리.
우러러 고대 동호 시대 생각해 보니,
그땐 그래도 남은 곡식 밭에다 놓아 두었고,
배를 두드리며 걱정 없이 살았으며,

아침이면 일어나 일하고 저물면 돌아와서 잠잤다지.
이미 지난 세상 만날 수도 없으니
그저 내 정원에 물이나 주는 삶을 살리라.

草廬寄窮巷, 甘以辭華軒.
正夏長風急, 林室頓燒燔.
一宅無遺宇, 舫舟蔭門前.
迢迢新秋月, 亭亭月將圓.
果菜始復生, 驚鳥尚未還.
中宵竚遙念, 一盼周九天.
總髮抱孤介, 奄出四十年.
形迹憑化往, 靈府長獨閑.
貞剛自有質, 玉石乃非堅.
仰想東戶時, 餘糧宿中田.
鼓腹無所思, 朝起暮歸眠.
旣已不遇茲, 且遂灌我園.

【戊申】 晉 安帝 義熙 4년(408)에 해당함.
【華軒】 화려한 수레. 고관대작의 수레를 말함.
【正夏】 季夏. 음력 6월.
【頓】 즉시.
【舫舟】 두 척을 맞대어 함께 운행하는 배.
【新秋】 初秋. 孟秋. 음력 7월.
【竚】 한참 서 있음.
【九天】 높은 하늘. 아홉 개의 하늘. 《楚辭》 離騷에 "指九天以爲正兮"라 하고
   王逸의 주에 "九天, 謂中央八方也"라 하였으며, 《呂氏春秋》 有始에 "中央曰

釣天, 東方曰蒼天, 東北曰變天, 北方曰玄天, 西北曰幽天, 西方曰顥天, 西南曰朱天, 南方曰炎天, 東南曰陽天”이라 함.

【總髮】 ‘總角’, ‘束髮’과 같음. 남자 15세 이상 20세 이하의 나이. 동년시절을 가리킴.

【孤介】 ‘孤念’으로 된 판본도 있음. 陶澍의 주에 “何校宣和本作介, 焦本云: 宋本作介. 一作念, 非”라 함. ‘孤介’는 고고하고 절개가 있어 시속에 휩쓸리지 않음을 뜻함.

【形迹憑化往】 몸의 변화에 맡겨 살아가고 또한 자연스럽게 죽어감.《莊子》大宗師에 “且方將化, 惡知不化哉? 將方不化, 惡知已化哉?”라 함.

【靈府】 심령. 정신.《莊子》德充符에 “不可入於靈府”라 하고 成玄英의 疏에 “靈府者, 精神之宅, 所謂心也”라 함.

【東戶】 東戶季子. 고대 태평시대를 다스리던 군주.《淮南子》繆稱訓에 “昔東戶季子之世, 道路不拾遺, 耒耜餘糧, 宿諸畝首”라 하고 高誘 주에 “東戶季子, 古之人君”이라 함.

【鼓腹】 含哺鼓腹을 말함. 배를 두드리며 태평성대를 노래함.《莊子》馬蹄에 “赫胥氏之時, 民居不知所爲, 行不知所之, 含哺而熙, 鼓腹而游”라 하였고, 《十八史略》(1)에 “(堯)治天下五十年, 不知天下治歟, 不治歟? 億兆願戴己歟, 不願戴己歟? 問左右不知, 問外朝不知, 問在野不知. 乃微服游於康衢, 聞童謠, 曰:『立我烝民, 莫匪爾極. 不識不知, 順帝之則』有老人, 含哺鼓腹, 擊壤而歌曰: 『日出而作, 日入而息. 鑿井而飮, 畊田而食, 帝力何有於我哉!』”라 함.

【無所思】 근심 걱정이 없음.

【灌我園】 일부본에 ‘灌西園’으로 되어 있으나 이는 오기임. 陶澍 주에 “各本作西園, 從湯本·焦本·何校宣和本作我園”이라 함. 이는 皇甫謐《高士傳》의 陳仲子 고사를 빗대어 말한 것임.

참고 및 관련 자료

1. 이 시는 戊申年(408) 6월에 쓴 것이다. 당시 도연명의 나이 44세이다.

2.《高士傳》(中卷) 陳仲子 (皇甫謐)

陳仲子者, 齊人也. 其兄戴爲齊卿, 食祿萬鍾, 仲子以爲不義, 將妻子適楚, 居於陵. 自謂於陵仲子. 窮不苟求不義之食. 不食遭歲饑乏糧, 三日乃匍匐而

食井上李實之蟲者, 三咽而能視. 身自織屨, 妻辟纑以易衣食. 楚王聞其賢,
欲以爲相. 遣使持金百鎰至於陵聘仲子. 仲子入謂妻曰:「楚王欲以我爲相.
今日爲相, 明日結駟連騎, 食方丈於前, 意可乎?」妻曰:「夫子左琴右書, 樂在
其中矣. 結駟連騎, 所安不過容膝; 食方丈於前, 所甘不過一肉. 今以容膝之安·
一肉之味, 而懷楚國之憂, 亂世多害, 恐先生不保命也.」於是出謝使者, 遂相與
逃去, 爲人灌園.

3.《列女傳》과《蒙求》에도 같은 내용이 실려 있음.

〈堯舜禪位圖〉

039 〈己酉歲九月九日〉
　　『기유년 9월 9일』

그럭저럭 어느덧 가을도 저물어,
찬바람 찬이슬 엇갈려 오네.
덩굴 뻗은 풀들은 다신 꽃 없고
뜰의 나무는 제 홀로 낙엽이 졌네.
청숙한 공기는 남은 찌꺼기 씻어 내자
아득한 하늘 높아만 가네.
슬피 울던 매미는 여음조차 없고,
무리 지은 기러기는 구름 속을 날며 우네.
만물의 변화란 서로 교체하는 것이니
사람의 일생도 어찌 고되지 아니하랴!
예로부터 모든 것은 죽고 없어지는 것,
이를 생각하니 가슴이 타네.
무엇으로 내 심정을 달랠 것인가?
탁한 술로 스스로의 즐거움을 삼고 있다네.
천년 뒤의 일이란 알 바가 없고
애오라지 오늘처럼 이 세상 길었으면.

靡靡秋已夕, 凄凄風露交.
蔓草不復榮, 園林空自凋.
淸氣澄餘滓, 杳然天界高.

哀蟬無留響, 叢雁鳴雲霄.

萬化相尋繹, 人生豈不勞!

從古皆有沒, 念之中心焦.

何以稱我情? 濁酒且自陶.

千載非所知, 聊以永今朝.

【己酉】晉 安帝 義熙 5년(409년)

【九月九日】重陽節.《周易》에 陽爻를 九로 보아 두 개의 양이 겹친 날로 여겨 명절로 삼았음.

【靡靡】느리고 더딘 모습. 영락한 모습.《詩經》王風 黍離 "行邁靡靡"의 毛傳에 "靡靡, 猶遲遲也"라 하였으며, 陸機《嘆逝賦》에 "親落落爾稀, 友靡靡愈索"라 함.

【凄凄】찬바람을 가리킴.《詩經》小雅 四月 "秋日凄凄"의 毛傳에 "凄凄, 凉風也"라 함.

【澄餘滓】공기 중의 찌꺼기를 완전히 씻어 깨끗하게 함.

【留響】歸響으로 된 판본이 많으며 陶澍의 주에 "焦本云: 宋本作留, 一作歸, 非"라 함. 한편 淸 溫汝能의《陶詩彙評》(3)에 "留響有作歸響者, 究不及留字之妙也"라 함. '留響'은 그 남겨진 은은한 여음.

【叢鴈】叢雁과 같음. 무리를 지어 날아가는 기러기.

【尋繹】끊임없이 이어짐. 絡繹不絶과 같음. 여기서는 교체하다, 변화하다의 뜻.

【稱我情】나의 정회에 맞음. 稱은 부합함을 뜻함.

【自陶】스스로 즐거워함. 陶는 樂(喜)과 같음.

【千載】천년. 여기서는 죽은 뒤 아득한 뒷날.

【永今朝】현재가 영원하기를 바람.《詩經》小雅 白駒 "以永今朝"의 鄭箋에 "永, 久也. 絆之繫之, 以永今朝, 愛之欲留之"라 함.

이 시는 晉 安帝 義熙 5년 己酉年(409년) 9월 9일 重陽節에 쓴 것이다. 당시 도연명의 나이 45세이다.

040 〈庚戌歲九月穫於西田穫早稻〉
『경술 9월 서쪽 밭에서 올벼를 수확함』

사람의 삶이란 상도에 의지하는 것,
옷과 먹을 것이 바로 그 시작.
누가 능히 이런 것에 힘쓰지 않으면서
스스로 편안함을 얻을 수 있겠는가?
봄이 시작되어 농사일에 매달리면
한 해의 수확이 틀림없이 볼 만 하리.
새벽이면 나가서 가벼운 농사일을 하고
해지면 쟁기 메고 돌아오네.
산 속이라 서리와 이슬이 많고
바람과 공기는 역시 먼저 추워지네.
농사꾼이 어찌 노고롭지 않으랴만
이런 어려움도 싫다할 수 없네.
사지가 진실로 피로에 지치지만
바라건대 뜻밖의 재난이 없기를.
세수하고 손발 씻고 처마 아래 쉴 때면
술로써 가슴 풀고 기분 좋은 표정.
아득히 먼 옛날의 장저와 걸닉,
그 마음 천년 뒤의 나와 서로 같으리.
다만 원하노니 길이 이와 같기를.
몸소 농사짓는 일 탄식함이 아니라네.

人生歸有道, 衣食固其端.

孰是都不營, 而以求自安?

開春理常業, 歲功聊可觀.

晨出肆微動, 日入負耒還.

山中饒霜露, 風氣亦先寒.

田家豈不苦, 弗獲辭此難.

四體誠乃疲, 庶無異患干.

盥濯息簷下, 斗酒散襟顔.

遙遙沮溺心, 千載乃相關.

但願長如此, 躬耕非所歎.

【庚戌】晉 安帝 義熙 6년(410)에 해당함.

【人生歸有道】인생은 상도에 맡겨야 한다는 뜻. '歸'는 의지하다. 맡기다.
'道'는 상도, 당연한 이치.

【常業】늘 때맞추어 하는 일. 일생의 생업. 여기서는 농사를 가리킴.

【肆微動】가벼운 일을 하다. '肆'는 종사하다, 일하다. '微動'은 가벼운 노동

【風氣】날씨, 기후를 가리킴.

【庶無】대체로 없을 것임. 아마 없을 것이라 여김.《詩經》大雅 生民에 "庶無
罪悔, 以迄於今"이라 함.

【異患】생각지 않았던 화환. 사람의 일을 가리킴.

【盥濯】세수하고 몸을 씻는 일.

【斗酒】한 말의 술이라기 보다 마실 양만큼의 술. '斗'는 고대 술을 퍼 따르는
기구.

【散襟顔】마음이 상쾌하여 짓는 얼굴 표정.

【沮溺】長沮와 桀溺. 춘추시대 은자로 함께 밭을 갈며 유유자적하고 살았음.
《論語》微子篇에 고사가 실려 있음.

【心】은거하여 농사짓는 의지.

【乃相關】드디어 서로 통하다.

1. 이 시는 晉 安帝 義熙 6년 庚戌(410) 도연명 나이 46세에 쓴 것임.

2.《論語》微子篇

長沮·桀溺耦而耕, 孔子過之, 使子路問津焉. 長沮曰:「夫執輿者爲誰?」子路曰: 「爲孔丘.」曰:「是魯孔丘與?」曰:「是也.」曰:「是知津矣.」問於桀溺. 桀溺曰: 「子爲誰?」曰:「爲仲由.」曰:「是魯孔丘之徒與?」對曰:「然.」曰:「滔滔者天下 皆是也, 而誰以易之? 且而與其從辟人之士也, 豈若從辟世之士哉?」耰而不輟. 子路行以告. 夫子憮然曰:「鳥獸不可與同群, 吾非斯人之徒與而誰與? 天下 有道, 丘不與易也.」

3.《高士傳》(上卷) 長沮桀溺

長沮·桀溺者, 不知何許人也. 耦而經. 孔子過之, 使子路問津焉. 長沮曰:"夫執 輿者爲誰?"子路曰:"是孔丘."曰:"是魯孔丘歟?"曰:"是也.""是知津矣."問於 桀溺, 曰:"子爲誰?"曰:"爲仲由."曰:"是魯孔丘之徒與?"對曰:"然."曰: "滔滔者, 天下皆是也. 而誰與易之? 且而與其從避人之士, 豈若從避世之士 哉?"耰而不輟. 子路以告孔子. 孔子憮然曰:"鳥獸不可與同群, 吾非斯人之徒 而誰與? 天下有道, 丘不與易也."

〈燙鷄圖〉 1972 甘肅 嘉峪關 戈壁灘 魏晉墓 출토

041 〈丙辰歲八月中於下潠田舍穫〉
『병진년 8월 무논의 농막에서 추수를 하며』

가난한 살림에 기댈 것은 농사뿐,
온 힘을 다하여 동림 모퉁이를 일구었네.
봄 농사 괴롭다 말하지 않을 테니
항상 두렵기는 기대에 어긋나지나 않았으면.
농사 담당 관리는 추수에만 관심을 두어
말 전하며 나에게 따뜻하게 대하네.
주리던 배 첫 추수로 배불리 먹으리라 들떠,
허리띠 매며 닭 울기를 기다렸네.
노를 저어 넓은 호수를 건너
맑은 골짜기를 돌아 배 띄워 가네.
울창하고 인적 드문 산 속에
원숭이 우는 소리 한가롭고도 애절하네.
슬픈 바람에 조용하던 밤이 그립더니
숲속 새들은 아침이 열린다고 좋아하는구나.
내 이 농사일에 매달린 이래
열 두 해의 세월이 훌쩍 갔구나.
좋은 세월 이미 늙어 노년이 되었으나
그래도 이 농사 버린 적 없었네.
아주 먼 날 하조옹에게 감사하나니
애오라지 그대 같은 삶을 얻었소.

貧居依稼穡, 勠力東林隈.
不言春作苦, 常恐負所懷.
司田眷有秋, 寄聲與我諧.
飢者歡初飽, 束帶候鳴鷄.
揚楫越平湖, 汎隨清壑廻.
鬱鬱荒山裏, 猿聲閑且哀.
悲風愛靜夜, 林鳥喜晨開.
曰余作此來, 三四星火頹.
姿年逝已老, 其事未云乖.
遙謝荷蓧翁, 聊得從君栖.

【丙辰】晉 安帝 義熙 12년(416), 도연명 나이 52세에 해당함.

【下潠】낮은 무논. 물이 넘쳐흐르는 낮은 논을 말함. 이 시에는 東林隈를
가리킴.《一切經音義》(5)에《通俗文》을 인용하여 "水溢曰潠"이라 함. 그러나
楊勇〈校箋〉에는 "下潠, 疑是地名. 淵明丙辰歲已移居南村, 詩云: '勠力東林隈',
則下潠又當在廬山之南. 故題云是年八月中於下潠田舍中穫稻後作也"라 하여
지명이 아닌가 하였음.

【田舍】농토 옆에 임시로 지어 놓은 집. 農幕을 뜻함.

【稼穡】농사 일을 말함. 丁注에 "鍾穀曰稼, 斂穀曰穡, 沿用爲農事之總稱.
書無逸: 先知稼穡之艱難"이라 함.《詩經》魏風 伐檀에 "不稼不穡"이라 함.

【東林】지역 이름. 廬山의 동쪽에 있으며 東林寺라는 절이 있음. 鄭穆衡의
《陶詩程傳》에 "廬山在江州南三十里, 東林又在廬山之南五里"라 함.

【司田】농토를 감독하고 관리하는 관원.

【有秋】가을 수확을 말함.《尙書》商書 盤庚(上)에 "若農服田力穡, 乃亦有秋"
라 함.

【寄聲】전해오는 말. 남을 통해 전달해온 소식.

【與我諧】나의 생각과 같음. '諧'는 화합하다는 뜻. 내 뜻을 알아줌.

【揚檝】배를 저어 나섬.

【三四】12년을 말함. 도연명은 을사년(405)에 전원으로 돌아와 이미 12년이 되었음을 말한 것임.

【星火】火星을 말함. 매년 夏曆 5월이면 화성이 정남방 가장 높은 위치에 나타나며 이렇게 하기를 열두 번을 하였음을 말함. '頹'는 '(화성이) 하강하다'의 뜻.

【妻年】좋은 세월, 청장년 시기를 가리킴.

【荷蓧翁】삼태기를 메고 가는 늙은 이.《論語》微子篇에 보이는 고사를 인용한 것.

1. 이 시는 丙辰년, 晉 安帝 義熙 12년(416), 도연명 나이 52세 때에 쓴 것이다.

2.《論語》微子篇

子路從而後, 遇丈人, 以杖荷蓧. 子路問曰:「子見夫子乎?」丈人曰:「四體不勤, 五穀不分. 孰爲夫子?」植其杖而芸. 子路拱而立. 止子路宿, 殺雞爲黍而食之, 見其二子焉. 明日, 子路行以告. 子曰:「隱者也.」使子路反見之. 至, 則行矣. 子路曰:「不仕無義. 長幼之節, 不可廢也; 君臣之義, 如之何其廢之? 欲潔其身, 而亂大倫. 君子之仕也, 行其義也. 道之不行, 已知之矣.」

〈揚場圖〉 1972 甘肅 嘉峪關 戈壁灘 魏晉墓 출토

042 〈飮酒〉(二十首, 幷序)

『음주』

"내 삶은 한가롭고 기쁨도 적은데 아울러 가을밤마저 이미 길어졌다.
우연히 좋은 술이 있어 매일 저녁 마시지 않는 때가 없다. 그림자만을
돌아 보며 홀로 다 마셔 홀연히 다시 취한다. 이윽고 취한 뒤에는 문득
몇 구절의 시를 지어 스스로의 즐거움으로 삼고 있다. 그렇게 하여 모인
글이 드디어 많아졌으나 글을 선택하거나 편집하지 못한 채 두고 있다.
그저 옛친구에게 이를 받아 적도록 하여 즐거운 웃음거리로 여길 뿐이다."

「余閑居寡歡, 兼秋夜已長. 偶有名酒, 無夕不飮. 顧影獨盡,
忽焉復醉. 旣醉之後, 輒題數句自娛. 紙墨遂多, 辭無詮次.
聊命故人書之, 以爲歡笑爾.」

【秋夜已長】〈三民本〉에는 '比夜已長'으로 되어 있음. 楊勇〈校箋本〉에 "秋,
　一作比, 又作此. 今依曾本. 王叔岷箋證: 作秋較勝. 魏文帝雜詩: 漫漫秋夜長"
　이라 함.
【顧影】자기 자신의 그림자를 봄. 자신 혼자 뿐임을 말한 것임.
【忽焉】매우 빨리.
【詮次】선택하고 편집함.

042-1 〈飲酒〉
첫째 수

쇠락과 영화란 정해진 것이 없으니
서로가 번갈아 함께 하는 것.
소평이 외 밭에서 참외 심던 일,
어찌 동릉후 시절과 같으랴마는,
추위 더위 차례로 이어오는 것,
인생의 도리도 이와 같도다.
달인은 그 이치를 깨닫고 있어
흘러감에 조금도 의심 없도다.
홀연히 술 한 잔을 친구로 삼아
날마다 저녁이면 놓아 주지 않네.

(其一)
衰榮無定在, 彼此更共之.
邵生瓜田中, 寧似東陵時.
寒暑有代謝, 人道每如茲.
達人解其會, 逝將不復疑.
忽與一觴酒, 日夕歡相持.

【邵生】《史記》蕭相國列傳에 의하면 邵平(召平)이 秦나라 때 東陵侯라는
벼슬을 지냈으나 진나라가 망하자 布衣의 신분으로 長安 동쪽에서 참외를

심으며 살았는데 그 맛이 너무 좋아 사람들이 이를 '東陵瓜'라 불렀음.
참고란을 볼 것.

【寒暑】陸雲의 〈歲暮賦〉에 "寒與暑其代謝兮, 年冉冉其將老"라 함.

【代謝】교체되고 변화하는 것.

【人道】인생의 도리나 규칙.

【逝】떠나다, 즉 은거하여 혼자 삶.《詩經》魏風 碩鼠에 "逝將去女, 適彼
樂土"라 함.

【相持】서로 붙들고 놓아주지 않음. 서로 친함을 뜻함.

1.《史記》蕭相國列傳

召平者, 故秦東陵侯. 秦破, 爲布衣, 貧, 種瓜於長安城東, 瓜美, 故世俗謂之
「東陵瓜」, 從召平以爲名也. 召平謂相國曰:「禍自此始矣. 上暴露於外而君守
於中, 非被矢石之事而益君封置衛者, 以今者淮陰侯新反於中, 疑君心矣. 夫置
衛衛君, 非以寵君也. 願君讓封勿受, 悉以家私財佐軍, 則上心說.」相國從其計,
高帝乃大喜.

042-2 〈飮酒〉

둘째 수

선을 쌓으면 보답 있다 말하지만
백이와 숙제는 서산에서 죽었지.
선악이 진실로 응하는 것이 아니라면
어찌 그런 빈 말을 하였을까?
나이 아흔에 새끼줄 띠를 맨 옛 노인,
주림과 추위가 장년 때보다 더함에랴.
진실로 궁함이란 그 절조 지키지 않았다면
죽은 뒤 그 이름 어찌 후세에 전해졌으랴!

(其二)

積善云有報, 夷叔在西山.
善惡苟不應, 何事空立言?
九十行帶索, 飢寒況當年.
不賴固窮節, 百世當誰傳!

【積善】《노자》79장에 "天道無親, 常與善人"이라 함.
【夷叔】伯夷와 叔齊. 흔히 줄여서 이제라고도 함.《史記》伯夷列傳에 "或曰:
「天道無親, 常與善人.」 若伯夷·叔齊, 可謂善人者非邪? 積仁絜行如此而
餓死!"라 함.
【西山】首陽山. 지금의 山西 永濟縣 남쪽에 있는 산이라 함. 백이와 숙제가
고사리를 캐 먹으며 살았던 산.

【苟】 만일.

【九十行帶索】《列子》天瑞篇에 실려 있는 榮啓期의 고사를 말함. 019 〈五月
  旦作和戴主簿〉의 주 참조.

【況當年】 장년 때보다 더 심하다. '況'은 더욱더. '當年'은 장년, 즉 중년을
  가리킴.

【固窮節】 곤궁한 절조를 굳게 지키다. 참고란을 볼 것.

1.《論語》衛靈公篇

衛靈公問陳於孔子. 孔子對曰:「俎豆之事, 則嘗聞之矣; 軍旅之事, 未之學也.」
明日遂行. 在陳絶糧, 從者病, 莫能興. 子路慍見曰:「君子亦有窮乎?」子曰:
「君子固窮, 小人窮斯濫矣.」

2.《列子》天瑞篇

孔子遊於太山, 見榮啓期行乎郕之野, 鹿裘帶索, 鼓琴而歌. 孔子問曰:「先生
所以樂, 何也?」對曰:「吾樂甚多: 天生萬物, 唯人爲貴. 而吾得爲人, 是一樂也.
男女之別, 男尊女卑, 故以男爲貴. 吾旣得爲男矣, 是二樂也. 人生有不見日月·
不免襁褓者, 吾旣已行年九十矣, 是三樂也. 貧者士之常也, 死者人之終也, 處
常得終, 當何憂哉?」孔子曰:「善乎! 能自寬者也.」

3.《高士傳》(卷上) 榮啓期 (皇甫謐)

榮啓期者, 不知何許人也. 鹿裘帶索, 鼓琴而歌. 孔子遊于泰山, 見而問之曰:
「先生何樂也?」對曰:「吾樂甚多. 天生萬物, 唯人爲貴, 吾得爲人矣, 是一樂也.
男女之別, 男尊女卑, 故以男爲貴, 吾旣得爲男矣, 是二樂也. 人生有不見日月,
不免襁褓者, 吾旣已行年九十矣, 是三樂也. 貧者士之常也, 死者民之終也, 居
常以待終, 何不樂也?」榮公何族, 弗美身隅. 揚歌郕野, 撫絃而嬉. 清言自寬,
披吐宣尼. 契天符命, 孤引東墟.

042-3 〈飮酒〉

셋째 수

도가 사라진 지 거의 일천 년,
사람마다 본성을 찾기에 인색하구나.
술이 있어도 마시려 하지 않고,
단지 세간에 이름나기만을 살피는구나.
내 몸 귀하다 여기는 것도
어찌 이 일생 살아 있는 동안만이 아니겠는가?
사람의 일생이 능히 얼마나 되는가?
빠르기가 번갯불과 같아 놀랍기만 하네.
헛된 명예 위해 분주한 인생,
이런 것을 잡고서 뭘 이룬다고?

(其三)
道喪向千載, 人人惜其情.
有酒不肯飮, 但顧世間名.
所以貴我身, 豈不在一生?
一生復能幾, 倏如流電驚.
鼎鼎百年內, 持此欲何成?

【道喪】 도덕이 상실됨. 천지 자연의 도리를 상실함. '道'는 사람의 도리를
말함.《莊子》繕性篇에 "世喪道矣, 道喪世矣, 世與道交相喪也"라 함.

【惜其情】 세속의 명리에 얽혀 자신의 자연 뜻대로 하고싶은 바를 하려
 하지 않음. 본성을 찾아 나서는 노력에 대하여 인색히 여기고 그 노력을
 아까워함. 자신의 감정을 아끼다, 즉 사욕만 채우다라는 뜻.

【世間名】 세간의 헛된 명성, 빈 이름.

【鼎鼎】 鼎鼎은 소란스럽다. 바삐 서두르다. 혹은 '게으르고 산만하며 자신
 에게 관대함'을 이름.《禮記》檀弓(上)에 "故騷騷爾則野, 鼎鼎爾則小人,
 君子蓋猶猶爾"라 하였고, 鄭玄의 주에 "鼎, 大舒"라 하였으며, 孔穎達 疏
 에는 "若吉事, 鼎鼎爾, 不自嚴敬, 則如小人然, 形體寬慢也"라 함. 여기서는
 세속의 사람들이 헛되이 세월을 보내면서 명예를 구함을 말함.

【此】 '世間名'을 가리킴.

042-4 〈飮酒〉

넷째 수

불안에 떠는 무리 잃은 새 한 마리,
해지는 어스름에 홀로 나누나.
이리 저리 배회하며 앉을 곳 없어,
밤마다 우는 소리 슬픔이 가득.
처량한 메아리 더욱 먼 곳까지,
갔다가는 다시 오곤 미련을 두네.
이 때문에 홀로 자란 소나무 만나,
날개를 접으려 먼 길 돌아왔네.
춥고 강한 바람에 무성한 나무 없으나
이 나무만은 그래도 낫네.
몸을 맡길 만한 곳 얻었으니
천년이 간다해도 떠나지 않으리.

(其四)

栖栖失群鳥, 日暮猶獨飛.
徘徊無定止, 夜夜聲轉悲.
厲響思淸遠, 去來何所依.
因値孤生松, 斂翮遙來歸.
勁風無榮木, 此蔭獨不衰.
託身已得所, 千載不相違.

【栖栖】 불안한 모습.

【無定止】 서식하는 곳. 머무는 곳. '止'는 머물러 거주하다의 뜻.

【厲響】 새가 처량한 소리로 우는 것을 말함.

【依依】 헤어지기 안타까워 서로 놓지 못하는 모습.

【孤松】 〈歸去來辭〉에 "撫孤松而盤桓"이라 함.

【勁風】 춥고 강한 바람.

042-5 〈飮酒〉

다섯째 수

사람 사는 곳에 오두막을 지었으나
수레와 말 시끄러움 전혀 없도다.
그대에게 묻노니 어찌 그런가.
마음을 멀리 두고 장소조차 외진 때문.
동쪽 울 아래서 국화꽃을 따서 들고
그윽이 앞산을 바라봐라.
산 속의 안개 기운 해질 무렵 아름다운데
나는 새는 무리 지어 돌아오누나.
이러한 정취 속에 참뜻 있으니
말하고자 하다가 잊고 말았네.

(其五)
結廬在人境, 而無車馬喧.
問君何能爾, 心遠地自偏.
採菊東籬下, 悠然見南山.
山氣日夕佳, 飛鳥相與還.
此中有眞意, 欲辯已忘言.

【喧】시끄러움. 왁자지껄함.
【心遠地自偏】내심이 청정하여 세속을 멀리 벗어났다면, 시끄러운 곳에

살아도 외진 곳에 사는 것과 같아진다는 뜻임.

【南山】 도연명이 살고 있던 마을의 앞산. 廬山. 障山이라고도 불렀음.

【山氣】 산 속의 안개.

【眞意】 순진하고 자여스러운 곳. 《莊子》 漁父에 "眞者, 所以受於天也, 自然
不可易也"라 함.

【欲辯已忘言】 인생의 참뜻을 깨달았으나 이미 그 말로 표현할 언어를 잊어
버림. 진의를 알고 이를 뚜렷이 표현하고자 하나 그 언어를 떠올리지 못함.
《莊子》 齊物論에 "分也者, 有不分也; 辯也者, 有不辯也"라 하였으며, 〈外物篇〉
에는 "言者所以在意, 得意而忘言"이라 함.

042-6 〈飮酒〉

여섯째 수

행동거지는 천만 가지니,
누가 알리오, 옳고 그름을.
시비를 서로 비교하면서
부화뇌동하여 추어주다 헐뜯네.
삼대 말엽에는 이런 일도 많았으나
통달한 선비는 그렇지 않은 듯.
쯧쯧, 악행에 걸려든 세속 사람들,
나는 장차 사호四皓를 따르려네.

(其六)
行止千萬端, 誰知非與是.
是非苟相形, 雷同共譽毀.
三季多此事, 達士似不爾.
咄咄俗中惡, 且當從黃綺.

【行止】 행동거지.
【相形】 겉만보고 서로 비교함.《莊子》齊物論에 王倪가 "民濕寢則腰疾偏死,
鰍然乎哉? 木處則惴栗恂懼, 猨猴然乎哉?"라 하여 서로가 시비에 있어서
확정적인 것이 없음을 말한 것임. 形은 '비교하다'의 뜻.
【雷同】 우레가 치면 따라서 울림. 附和雷同과 같음.《禮記》曲禮(上) "毋雷同"
의 鄭玄 주에 "雷之發聲, 物無不同時應者. 人之言當各由己, 不當然也"라 함.

【譽毁】 칭찬과 폄훼. 宋玉의 〈九辯〉에 "世雷同而炫曜兮, 何毀譽之昧昧!"라 함.

【三季】 夏, 殷, 周 삼대의 말기. 조대가 바뀌던 시기.

【咄咄】 갑작스럽게 어려운 일이나 이해할 수 없는 일이 벌어질 때 혀를 차는 소리나 놀라움을 표시하는 말.《後漢書》嚴光傳에 "咄咄子陵, 不可相助爲 理邪?"라 하였으며,《世說新語》排調篇에 "桓南郡與殷荊州語次, 因共作了語. 顧愷之曰:「火燒平原無遺燎.」桓曰:「白布纏棺樹旒旐.」殷曰:「投魚深淵放 飛鳥.」次復作危語. 桓曰:「矛頭淅米劍頭炊.」殷曰:「百歲老翁攀枯枝.」顧曰: 「井上轆轤臥嬰兒.」殷有一參軍在坐, 云:「盲人騎瞎馬, 夜半臨深池.」殷曰: 「咄咄逼人!」仲堪眇目故也"라 함.

【黃綺】 商山四皓 중의 夏黃公과 綺里季.〈贈羊長史〉(027) 참조.

042-7 〈飮酒〉

일곱째 수

가을 국화 그 모습 아름답구나.
이슬 젖은 꽃잎을 따서 들었네.
이 국화로 담근 술만 있으면,
나의 세속 정을 멀리 해 주리.
홀로 한 잔 술 한모금에 비우고
술항아리 들고 또 술잔에 따르네.
해지자 만물은 모두 쉬려고
돌아오는 새들도 숲으로 달려드네.
오만한 휘파람 동쪽 창문 아래
애오라지 소요하며 이 생을 보내리.

(其七)

秋菊有佳色, 裛露掇其英.

汎此忘憂物, 遠我遺世情.

一觴雖獨進, 杯盡壺自傾.

日入群動息, 歸鳥趨林鳴.

嘯傲東軒下, 聊復得此生.

【裛露】浥露와 같음. 이슬에 젖음.
【忘憂物】근심을 잊게 한다는 뜻으로 술을 지칭함. 흔히 菊花酒를 가리킴.

【遺世情】세속을 버린 정, 즉 은거를 뜻함.

【壺自傾】술 항아리의 술을 다시 술잔에 따르는 것을 말함.

【趁林】‘趁’는 ‘趨’와 같음. 달려감.

【嘯傲】언어와 행동이 구애를 받지 않고 자유롭게 삶을 뜻함. ‘오만하게
　휘파람을 불다’의 뜻.《世說新語》言語篇에 “周僕射雍容好儀形, 詣王公,
　初下車, 隱數人. 王公含笑看之. 旣坐, 傲然嘯咏. 王公曰:「卿欲希嵇阮邪?」
　答曰:「何敢近捨明公, 遠希嵇阮?」”라 함.

【東軒】동쪽으로 난 창문. 혹은 동쪽의 건물.

【聊】‘잠시, 애오라지’의 뜻.

【得此生】삶의 참뜻을 얻다, 즉 소요하고 마음 내키는 대로 살아감을 뜻함.

042-8 〈飮酒〉

여덟째 수

푸른 소나무 동쪽 정원에 있고
많은 풀들의 제 자랑에 빠졌더니,
된서리가 풀과 나뭇잎을 떨어뜨리니
우뚝하게 나뭇가지 드러나누나.
연이은 수풀이라 남들은 몰랐으리.
홀로선 나무 그제야 모두들 기이해하네.
술 주전자 들고 가 찬 가지에 걸어 두고,
때때로 멀리 바라보니 마음이 트이는구나.
이 내 삶이 몽환인데
어찌 세속의 멍에에 얽매이랴?

(其八)
青松在東園, 衆草沒其姿.
凝霜殄異類, 卓然見高枝.
連林人不覺, 獨樹衆乃奇.
提壺挂寒柯, 遠望時復爲.
吾生夢幻間, 何事紲塵羈?

【沒】 가리다, 덮다.
【凝霜】 된서리

【殄】다 없애다, 멸절하다.
【異類】靑松과 다른 일체의 풀이나 나무.
【衆乃奇】모두들 그제야 이상히 여겨 놀라다.
【塵羈】塵網과 같음. 티끌 세상의 얽매임.

042-9 〈飮酒〉

아홉째 수

이른 아침 웬 새벽에 문 두드리는 소리 있어
거꾸로 옷을 입고 쫓아나가 문을 연 채,
"그대 누구요"라 물었더니
늙은 농부 하나 격의 없이 찾아왔네.
술병 들고 멀리서 안부를 묻겠다며
시속에 멀리 사는 나를 이상히 여기네.
"남루한 옷차림에 초막에 사는 것
　고상한 삶이 아닌 것이니,
　이 세상 누구나 좋아하는 것을 따라
　그대도 진흙탕에 함께 하시오."
"노인네 말씀이야 진정 고맙소만은
　타고난 기질이 어울릴 줄 모르오.
　벼슬길도 진실로 배울 수 있으나
　내 본성 위배함이 어찌 미혹함이 아니겠소?
　그저 함께 이 술이나 마십시다.
　내 가는 길 되돌릴 순 전혀 없다오."

(其九)

清晨聞叩門, 倒裳往自開.

問子爲誰與, 田父有好懷.

壺漿遠見候, 疑我與時乖.

縕縷茅簷下, 未足爲高栖.

一世皆尙同, 願君汩其泥.

深感父老言, 稟氣寡所諧.

紆轡誠可學, 違己詎非迷.

且共歡此飲, 吾駕不可回.

【倒裳】옷을 거꾸로 입음. 윗사람이 부를 때 경황이 없음을 말함.《詩經》
齊風 東方未明에 "東方未明, 顚倒衣裳. 顚之倒之, 自公召之"라 함.

【好懷】좋은 정, 좋은 마음. 격의 없이 대함.

【壺漿】주전자에 담은 국물.《孟子》梁惠王(下)에 "簞食壺漿以迎王師"라 함.

【候】안부를 물음.

【疑】나무람하다, 탓하다. 이상히 여기다.

【縕縷】'襤褸'와 같음. 옷이 헤지고 떨어진 모습을 나타내는 雙聲連綿語.
《左傳》昭公 12년에는 "篳路藍縷, 以處草莽"이라 하여 '藍縷'로 표기되어
있음.

【高栖】'高棲'와 같음. 고상하게 은거함. 謝靈運〈山居賦〉에 "棟宇居山曰
山居, ……選自然之神麗, 盡高棲之意得"이라 함.

【汩泥】더러운 흙탕물일지라도 그에 따라 흘러감. 세속에 따름.《楚辭》
漁父에 "聖人不凝滯於物, 而能與世推移. 世人皆濁, 何不淈其泥而揚其波?
衆人皆醉, 何不餔其糟而歠其醨?"라 함. '汩'은 '淈'과 같음. 쌍성호훈.

【稟氣】品氣와 같음. 하늘로부터 부여받은 기품.

【紆轡】수레의 고삐와 끈. 벼슬길에 나섬을 비유함.

【駕】수레, 지향해 가는 바를 가리킴.

042-10 〈飮酒〉

열째 수

옛날 일찍이 멀리 헤매며
곧장 동해까지 가 보았다네.
도로는 멀고도 길고
풍파는 가는 길 가로막았지.
이런 길 가라고 누가 시켰나,
마치 굶주림이 내몰았던 듯,
배고픔 면하고자 온 몸 기울여
조금만 움직여도 여유가 있으리니,
아마도 그것은 옳은 계책이 아닐 듯하여
가던 수레 되돌려 와 한가히 사네.

(其十)

在昔曾遠遊, 直至東海隅.
道路迥且長, 風波阻中塗.
此行誰使然, 似爲飢所驅.
傾身營一飽, 少許便有餘.
恐此非名計, 息駕歸閑居.

【東海】鎭軍將軍 劉裕를 위하여 40세 때 동쪽 阿曲 지역까지 다녔음을 말함.

【風波】바람과 물결, 풍파. 전란을 뜻함.

【傾身】자신의 몸을 바침. 어떤 일에 자신의 정성을 기울임.

【名計】명예를 얻기 위한 계책. 계산.

【息駕】수레를 멈춤. 벼슬길에서 물러남. 벼슬을 버림.

열 한째 수

안회는 어질다고 칭찬 받았고,
영계기는 도 있다고 말들 하지만,
뒤주 빈 채 제 생명 다 살지 못하였고
항상 주린 배로 노년을 맞았지.
비록 죽은 뒤에 명예를 남겼어도,
일생은 그렇게 가난하고 힘들었었지.
죽어 떠나가면 무엇을 알겠는가?
마음에 맞게 살면 그것이 좋지.
손님같은 육신을 천금같이 가꾸다가
죽음에 이르면 그 보물도 사라지지.
양왕손의 맨몸 장례 어찌 혐오하리오?
사람이면 의당 그 참뜻을 알 수 있지.

(其十一)

顔生稱爲仁, 榮公言有道.

屢空不獲年, 長飢至于老.

雖留身後名, 一生亦枯槁.

死去何所知? 稱心固爲好.

客養千金軀, 臨化消其寶.

裸葬何必惡, 人當解意表.

【顔生】顔回를 가리킴. 자는 子淵. 공자의 제자로 명석하고 仁을 실천한다고 여겨 공자가 칭찬하였음. 論語 雍也篇에 “回也, 其心三月不違仁”이라 하였고, 《孔子家語》七十二弟子解에는 “回之德行著名, 孔子稱其仁焉”이라 함.

【屢空】매우 가난함을 뜻함.《論語》先進篇에 “子曰: 回也其庶乎, 屢空”이라 하였고, 雍也篇에는 “賢哉回也! 一簞食一瓢飲, 在陋巷, 人不堪其憂, 回也不改 其樂”이라 함.

【榮公】榮啓期를 말함. 019와 본 〈飲酒詩〉(2)를 참조할 것.

【不獲年】장수하지 못함. 안회는 단명하여 일찍 죽음.《論語》雍也篇에 “有顔回者好學, 不遷怒, 不貳過, 不幸短命死矣”라 하였고,《史記》仲尼弟子 列傳에는 “回年二十九, 髮盡白, 蚤死”라 하였으며,《孔子家語》七十二弟子解 에는 “三十一, 早死”라 함.

【枯槁】초목이 시들다. 여기서는 빈곤하고 초췌하다의 뜻.

【稱心】마음에 품은 희망과 같음.

【客養千金軀】‘客’은 인생은 지나가는 길손과도 같다는 뜻으로 짧은 인생을 가리킴. 한나라 武帝 때 楊王孫은 생전에는 몸을 수양하기에 힘쓰면서 죽어 서는 裸葬을 요구했던 일을 말함.《說苑》反質篇과《漢書》楊王孫傳에 그 일화가 자세히 실려 있음. 참고란을 볼 것.

【寶】명예를 뜻함.

【裸葬】양왕손이 죽은 이를 위하여 비싼 수의를 입힐 것이 아니라 아예 옷을 입히지 말고 묻어 주기를 바란 것.

【意表】말 속에 숨은 참뜻. 겉으로 드러난 일 이외의 진실하게 숨은 내용들.

1.《說苑》反質篇

楊王孫病且死, 令其子曰:「吾死欲倮葬, 以返吾眞, 必無易吾意.」祁侯聞之, 往諫曰:「竊聞王孫令葬必倮而入地, 必若所聞, 愚以爲不可. 令死人無知則 已矣, 若死有知也, 是戮尸於地下也, 將何以見先人? 愚以爲不可!」王孫曰: 「吾將以矯世也. 夫厚葬誠無益於死者, 而世競以相高, 靡財殫幣而腐之於地下, 或乃今日入而明日出, 此眞與暴骸於中野何異? 且夫死者終生之化, 而物之歸者; 歸者得至, 而化者得變, 是物各返其眞. 其眞冥冥, 視之無形, 聽之無聲, 乃合道之情. 夫飾外以誇衆, 厚葬以矯眞, 使歸者不得至, 化者不得變, 是使物各失其然也. 且吾聞之, 精神者, 天之有也, 形骸者, 地之有也; 精神離形, 而各歸其眞, 故謂之鬼. 鬼之爲言歸也, 其尸塊然獨處, 豈有知哉? 厚裹之以幣帛, 多送之以財貨, 以奪生者財用. 古聖人緣人情, 不忍其親, 故爲之制禮; 今則越之, 吾是以欲倮葬以矯之也. 昔堯之葬者, 空木爲櫝, 葛藟爲緘; 其穿地也, 下不亂泉, 上不泄臭. 故聖人生易尙, 死易葬, 不加於無用, 不損於無益, 謂今費財而厚葬, 死者不知, 生者不得用, 謬哉! 可謂重惑矣.」祁侯曰:「善.」遂倮葬也.

2.《漢書》(67) 楊胡朱梅云傳의 楊王孫傳

楊王孫者, 孝武時人也. 學黃老之術, 家業千金, 厚自奉養生, 亡所不致. 及病且終, 先令其子, 曰:「吾欲羸葬, 以反吾眞, 必亡易吾意. 死則爲布囊盛尸, 入地七尺, 旣下, 從足引脫其囊, 以身親土.」其子欲黙而不從, 重廢父命, 欲從[之], 心又不忍, 乃往見王孫友人祁侯. 祁侯與王孫書曰:「王孫苦疾, 僕迫從上祠雍, 未得詣前. 願存精藥, 厚自持. 竊[聞]王孫先令羸葬, 令死者亡知則已, 若其有知, 是戮尸地下, 將羸見先人, 竊爲王孫不取也, 且孝經曰『爲之棺槨衣衾』, 是亦聖人之遺制, 何必區區獨守所聞? 願王孫察焉.」王孫報曰:「蓋聞古之聖王, 緣人情不忍其親, 故爲制禮, 今則越之, 吾是以羸葬, 將以矯世也. 夫厚葬誠亡益於死者, 而俗人競以相高, 靡財單幣, 腐之地下. 或乃今日入而明日發, 此眞與暴骸於中野何異! 且夫死者, 終生之化, 而物之歸者也. 歸者得至, 化者得變, 是物各反其眞也. 反眞冥冥, 亡形亡聲, 乃合道情. 夫飾外以華衆, 厚葬以鬲眞, 使歸者不得至, 化者不得變, 是使物各失其所也. 且吾聞之, 精神者天之有也, 形骸者地之有也. 精神離形, 各歸其眞, 故謂之鬼, 鬼之爲言歸也. 其尸塊然獨處, 豈有知哉? 裹以幣帛, 鬲以棺槨, 支體絡束, 口含玉石, 欲化不得, 鬱爲枯腊, 千載之後, 棺槨朽腐, 乃得歸土, 就其眞宅. 繇是言之, 焉用久客! 昔帝堯之葬也, 窾木爲匱, 葛藟爲緘, 其穿下不亂泉, 上不泄殠. 故聖王生易尙, 死易葬也. 不加功於亡用, 不損財於亡謂. 今費財厚葬, 留歸鬲至, 死者不知, 生者不得, 是謂重惑. 於戲! 吾不爲也.」

042-12 〈飲酒〉

열 두째 수

장지는 한때 벼슬해 보고는
비장한 절개에 벼슬할 기회를 잃었네.
문을 걸어 잠그고 다신 나오지 않은 채
종신토록 세상을 등지고 말았지.
양륜이 자연으로 돌아오자
고아한 풍모가 비로소 그 땅을 물들였네.
한 번 벼슬했으면 그걸로 그만
어찌 다시 두리번거리리?
떠나고 말면 그 뿐 더할 말 무엇이랴!
세상 풍속이란 속고 속인지 오래.
허허로운 이야기란 던져버리고
청컨대 내 가는 곳 따라오소서.

(其十二)

長公曾一仕, 壯節忽失時.
杜門不復出, 終身與世辭.
仲理歸大澤, 高風始在玆.
一往便當已, 何爲復狐疑?
去去當奚道! 世俗久相欺.
擺落悠悠談, 請從余所之.

【長公】한나라 때 張釋之의 아들 張摰를 가리킴. 자는 長公. 大夫에 올랐으나 면직되자 세상은 자신을 수용할 수 없다고 여겨 종신토록 벼슬하지 않았음. 〈讀史述九章〉(63) 및 〈扇上畫贊〉(064) 참조.

【壯節】비장한 지조.

【失時】벼슬할 기회를 잃음.

【杜門】문을 걸어 잠그고 외출하지 않음.

【仲理】後漢 때의 楊倫. 자는 仲理. 陳留 東昏 사람으로 郡의 文學掾이었으나 벼슬을 버리고 大澤에서 강학을 하여 제자가 천여 명에 이르렀으며 뒤에 조정에 불려가 세 번 높은 직위에 올랐으나 결국 사직하고 나옴. 참고란을 볼 것.

【往】가다, 벼슬하다.

【已】멈추다, 그만 두다.

【狐疑】망설이다, 우유부단하다. 여우가 의심이 많아 좌고우면함을 말함. 두리번거림.

【悠悠談】근거 없이 떠드는 담론. 謬悠와 같음.《莊子》天下篇에 "謬悠之說, 荒唐之言"이라 함.

참고 및 관련 자료

1.《後漢書》儒林列傳(上) 楊倫

楊倫字仲理, 陳留東昏人也. 少爲諸生, 師事司徒丁鴻, 習古文尙書. 爲郡文學掾. 更歷數將, 志乖於時, 以不能人閒事, 遂去職, 不復應州郡命. 講授於大澤中, 弟子至千餘人. 元初中, 郡禮請, 三府並辟, 公車徵, 皆辭疾不就. 後特徵博士, 爲淸河王傅. 是歲, 安帝崩, 倫輒弃官奔喪, 號泣闕下不絶聲. 閻太后以其專擅去職, 坐抵罪. 順帝卽位, 詔免倫刑, 遂留行喪于恭陵. 服闋, 徵拜侍中. 是時邵陵令任嘉在職貪穢, 因遷武威太守, 後有司奏嘉臧罪千萬, 徵考廷尉, 其所牽染將相大臣百有餘人. 倫乃上書曰:「臣聞春秋誅惡及本, 本誅則惡消; 振裘持領, 領正則毛理. 今任嘉所坐狼藉, 未受辜戮, 猥以垢身, 改典大郡, 自非案坐擧者, 無以禁絶姦萌. 往者湖陸令張疊·蕭令駟賢·徐州刺史劉福等, 釁穢旣章, 咸伏其誅, 而豺狼之吏至今不絶者, 豈非本擧之主不加之罪乎? 昔齊威之霸, 殺姦臣五人, 并及擧者, 以弭謗讟. 當斷不斷, 黃石所戒. 夫聖王所以聽僮夫匹婦之

言者, 猶塵加嵩岱, 霧集淮海, 雖未有益, 不爲損也. 惟陛下留神省察.」奏御,
有司以倫言切直, 辭不遜順, 下之. 尙書奏倫探知密事, 激以求直. 坐不敬,
結鬼薪. 詔書以倫數進忠言, 特原之, 免歸田里. 陽嘉二年, 徵拜太中大夫.
大將軍梁商以爲長史. 諫諍不合, 出補常山王傅, 病不之官. 詔書勑司隷催促
發遣, 倫乃留河內朝歌, 以疾自上, 曰:「有留死一尺, 無北行一寸. 刎頸不易,
九裂不恨. 匹夫所執, 彊於三軍. 固敢有辭」帝內下詔曰:「倫出幽升高, 寵以
藩傅, 稽留王命, 擅止道路, 託疾自從, 苟肆狷志」遂徵詣廷尉, 有詔原罪. 倫前
後三徵, 皆以直諫不合. 旣歸, 閉門講授, 自絶人事. 公車復徵, 遜遁不行, 卒於家.

042-13 〈飮酒〉

열 셋째 수

어떤 손 있어 항상 함께 살지만
취하고 버리는 경지가 너무나 다르구나.
하나는 언제나 저 혼자 취해 있고
한 사나이는 한해 내내 깨어 있구나.
깨어있는 자와 취한 자가 서로 웃으며
말이야 하건만 서로 모르네.
꽉 막힌 고직식함 어찌 그리 어리석고
오똑한 오만함은 그나마 나은 듯.
신나게 취한 객에게 말 전하노니,
낮이 짧아 해지면 촛불 잡고 놀아야지.

(其十三)
有客常同止, 趣舍邈異境.
一士常獨醉, 一夫終年醒.
醒醉還相笑, 發言各不領.
規規一何愚, 兀傲差若穎.
寄言酣中客, 日沒燭可秉.

【趣舍】取捨, 선택과 같음. 취하고 버리는 것의 차이.
【領】領會. 깨달음. 알아차림.

【規規】 식견이 얕고 좁으며 고집하다.《莊子》庚桑楚에 “規規然若喪父母”라
 하고 成玄英의 疏에 “規規, 細碎之謂也”라 하였으며 王先謙의《莊子集解》
 에는 “規規, 小貌”라 함.
【兀傲】 高傲(孤傲)하여 세속을 따르지 않는 모양.
【穎】 총명함. 출중함.
【酣中客】 한창 신나게 취해있는 사람.
【燭當秉】 曹丕의〈與吾質書〉에 “年一過往, 何可攀援! 古人思炳燭夜遊, 良有
 以也”라 함. 한편〈古詩十九首〉에도 “生年不滿百, 常懷千年憂. 晝短苦夜長,
 何不秉燭遊? 爲樂當及時, 何能待來玆?”라 함. ‘秉’은 ‘炳’으로 되어 있는
 판본도 있으며, ‘獨何炳’으로 된 것도 있음.

042-14 〈飮酒〉

열 넷째 수

친구는 나를 아취가 있다고 추켜세우며
술병을 들고서 함께 찾아왔네.
덤불 깔고서 소나무 밑에 자리 잡아
몇 잔 술에 이미 다시 취했네.
동네 노인들 뒤섞여 떠드는 소리,
술잔 돌리는 차례도 놓치고 마네.
내가 있음도 알지 못하는데
몸 밖의 그 무엇이 귀하겠는가?
아득히 미혹한 맘 멈출 곳 있으니
그 것은 바로 술 속의 깊은 맛.

(其十四)
故人賞我趣, 挈壺相與至.
班荊坐松下, 數斟已復醉.
父老雜亂言, 觴酌失行次.
不覺知有我, 安知物爲貴.
悠悠迷所留, 酒中有深味.

【班荊】 가시나무나 검불, 덤불 따위를 자리로 깔고 앉음.《左傳》襄公 26년에
“伍擧奔鄭, 將遂奔晉; 聲子將如晉, 遇之於鄭郊, 班荊相與食, 而言復故”라

하였고, 杜預 주에 "班, 布也, 布荊坐地"라 함. 〈與子儼等疏〉의 주 참조.

【悠悠】 마음이 한적한 모습. 여기서는 술에 취한 후 정신이 흐리멍텅한 모양을 가리킴.

【所留】 아끼며 마음을 떠나지 않는 것. 술을 지칭함.

【深味】 깊은 뜻. 여기서는 취함으로써 세속을 잊고 근심을 잊는다는 것을 가리킴.

042-15 〈飮酒〉

열 다섯째 수

가난한 삶이라 손길도 뜸해
집 둘레 관목들 황량하게 버려졌네.
보이나니 줄지어 날아가는 새,
적적하여 사람 다닌 흔적조차 없구나.
우주는 어찌 이토록 아득한 것일까?
사람 일생 백년 산 자 드물기도 하여라.
세월은 서로 재촉하고 핍박하여
귀밑머리 일찍이 이렇게 희어졌네.
궁함과 영달을 내몰라라 하지 않았다면
일찍부터 품은 뜻 놓쳤다고 안타까워하였으리.

(其十五)
貧居乏人工, 灌木荒余宅.
班班有翔鳥, 寂寂無行迹.
宇宙一何悠? 人生少至百.
歲月相催逼, 鬢邊早已白.
若不委窮達, 素抱深可惜.

【乏人工】 일손이 모자라다.
【班班】 뚜렷한 모양. 끊임없이 이어지는 모습.

【百】백세의 나이를 말함.

【窮達】궁함과 영달, 귀천의 운명

【素抱】일찍부터 품고 있던 자연으로 돌아가고 싶은 생각.

【深可惜】깊고 애석함. 方東樹는 "言若不委窮達, 則多憂懼, 是擾其素抱, 爲無
　益鄙懷, 豈不可惜?"이라 함.

042-16 〈飮酒〉

열 여섯째 수

젊은 날엔 세속과의 교제가 적었기에
육경에 뜻을 두고 그 속에 노닐었지.
세월이 빨리도 흘러 이미 마흔 살,
은거하여 살면서 이룬 것 없고,
마침내 진실로 궁한 절개 껴안아
굶주림과 추위가 겹쳐오는구나.
허물어진 오두막엔 스산한 바람 교차하고
황량한 풀들만 뜰 앞에 덮여 있네.
베옷을 걸쳐 입고 긴 밤을 지키자니
새벽의 닭조차 울기를 거부하네.
남 알아주기 좋아하던 유공도 이에 없어
마침내 내 뜻은 묻히고 마는구나.

(其十六)
少年罕人事, 遊好在六經.
行行向不惑, 淹留遂無成.
竟抱固窮節, 飢寒飽所更.
弊廬交悲風, 荒草沒前庭.
披褐守長夜, 晨鷄不肯鳴.
孟公不在茲, 終以翳吾情.

【人事】세속에서 사람 사이의 교제, 왕래 등 번거로운 일.

【六經】《易》,《詩》,《書》,《樂》,《禮》,《春秋》의 여섯 가지 경전. 儒家의 경전
　으로 孔子가 修撰하였음.

【行行】쉬지 않고 가다. 세월의 흐름이 빠름을 가리킴.

【不惑】40세를 말함.《論語》爲政篇에 "子曰:「吾十有五而志于學, 三十而立,
　四十而不惑, 五十而知天命, 六十而耳順, 七十而從心所欲, 不踰矩.」"이라 한
　말에서 유래됨.

【淹留】오래 머물다, 은거를 뜻함.

【固窮節】궁할 때도 지조를 굳게 지키다. 즉 생활이 궁해도 품은 뜻을 바꾸지
　않음을 가리킴. 선비라야 진실로 궁한 경우가 있으며 이를 극복함.《論語》
　衛靈公篇에 "在陳絶糧, 從者病, 莫能興. 子路慍見曰:「君子亦有窮乎?」子曰:
　「君子固窮, 小人窮斯濫矣.」"라 함.

【飽】온갖 시련을 실컷 겪다.

【更】겪다, 경험하다.

【弊廬】낡은 오두막.

【悲風】스산한 바람.

【晨雞】새벽에 우는 닭. 닭 울음으로 인해 일찍 일어남. 아침이 밝아옴을
　뜻함.

【孟公】동한 때의 劉龔.《後漢書》蘇竟傳에 유공은 자가 맹공이며 馬援과
　班彪가 모두 그를 칭찬하며 중히 여겼음. 참고란을 볼 것. 그리고《高士傳》
　張仲蔚傳에도 "時人莫識, 唯劉龔知之"라 함. 여기서 시인은 자신을 장중위에
　비유하여 유공과 같은 지기가 없음을 한탄한 것임. 〈詠貧士〉(050)를 볼 것.

【翳】'어둡게 묻히고 말다'의 뜻. 隱沒됨. 아무도 알아줄 사람이 없음. 여기
　서는 마음이 답답하고 괴롭다는 뜻도 있음.

1.《後漢書》蘇竟傳

(劉)龔字孟公, 長安人, 善論議, 扶風馬援·班彪並器重之. 竟終不伐其功, 潛樂
道術, 作〈記誨篇〉及文章傳於世. 年七十, 卒于家.

042-17 〈飮酒〉

열 일곱째 수

그윽이 난초는 뜰 앞에 꽃을 피워
청풍이 불어와 향기 머금고 기다린다.
맑은 바람 이윽고 가뿐히 불어 오니
그와 다른 쑥대들과 구별되어 보이누나.
가고 또 가다가 옛길을 잃었어도
도에 맡기면 혹 통할 수도 있겠지.
이렇게 깨달았으니 의당 돌아갈 생각,
새들이 없으니 좋은 활은 팽개칠 일.

(其十七)
幽蘭生前庭, 含薰待淸風.
淸風脫然至, 見別蕭艾中.
行行失故路, 任道或能通.
覺悟當念還, 鳥盡廢良弓.

【幽蘭】 한란(寒蘭)을 가리킴. 깊은 숲에서 나서 남이 알아주지 않는 난초를
비유함.《楚辭》離騷에 "戶服艾以盈要兮, 謂幽蘭其不可佩"라 함.
【脫然】 가뿐한 모양.
【蕭艾】 악초 이름으로 여기서는 잡초(소인)를 비유함.《楚辭》離騷에 "何昔
日之芳草兮, 今直爲此蕭艾也"라 함.
【任道】 자연의 도에 맡김. 벼슬을 버리고 은거하고자 하는 뜻을 말함.

【鳥盡廢良弓】좋은 사냥감 새가 사라지면 좋은 활도 廢藏하게 됨. 여기서는 통치자가 공을 이룬 뒤 자신을 위해 힘을 다한 사람을 버리거나 죽임을 뜻함. '兎死狗烹'과 같음 뜻. 참고란을 볼 것.

1.《史記》越王句踐世家

范蠡遂去, 自齊遺大夫種書曰:「蜚鳥盡, 良弓藏; 狡兎死, 走狗烹. 越王爲人長頸鳥喙, 可與共患難, 不可與共樂. 子何不去?」種見書, 稱病不朝.

2.《史記》淮陰侯列傳

信曰:「果若人言:『狡兎死, 良狗亨(烹); 高鳥盡, 良弓藏;敵國破, 謀臣亡.』天下已定, 我固當亨!」上曰:「人告公反.」遂械繫信. 至雒陽, 赦信罪, 以爲淮陰侯.

042-18 〈飮酒〉

열 여덟째 수

양웅은 그토록 술을 좋아했지만
집이 가난하여 얻어 마실 수 없었다네.
때때로 호사자의 도움이 있었으니
술을 싣고 와서 모르는 것 물었다네.
술잔에 따라 주면 그를 위해 잔 비우고는
그 자의 질문에 막힌 곳이 없었다네.
그래도 때에 따라 말하기를 거부하니
어찌 남의 나라 치는 질문 아니랴?
어진 자는 그 마음을 쓰는 것이니
어찌 말할 때와 침묵할 때를 놓칠 수가 있으랴?

(其十八)
子雲性嗜酒, 家貧無由得.
時賴好事人, 載醪祛所惑.
觴來爲之盡, 是諮無不塞.
有時不肯言, 豈不在伐國?
仁者用其心, 何嘗失顯黙?

【子雲】揚雄을 가리킴. 자는 子雲, 蜀郡 成都사람으로 漢나라 때의 이름난
학자이며 문학가.《漢書》그의 전이 있음.

【好事人】원래는 참견하기를 좋아하는 사람을 가리키는데, 여기서는 부지
런히 배우고 묻기를 좋아하는 사람을 말함.
【伐國】다른 나라를 치는 일. 이는 이유 없이 다른 나라를 치는 일을 자문
받는 자체가 자신에게 不義한 것이라 여긴 고사를 뜻함. 시인은 이 고사
로써 나라의 정치를 비유함.《漢書》董仲舒傳에 실려 있음. 참고란을 볼 것.
【用其心】조심하여 삼가다는 뜻.
【顯黙】드러내어 말할 때는 말해야 하며 침묵을 지키고 있을 때는 침묵을
지켜야 함.《周易》繫辭(上)에 "君子之道, 或出或處, 或黙或語"라 함.

1.《漢書》揚雄傳

揚雄字子雲, 蜀郡成都人也. ……雄少而好學, 不爲章句, 訓詁通而已, 博覽無
所不見. 爲人簡易佚蕩, 口吃不能劇談, 黙而好深湛之思, 淸靜亡爲, 少耆欲,
不汲汲於富貴, 不戚戚於貧賤, 不修廉隅以徼名當世. 家産不過十金, 乏無儋石
之儲, 晏如也. 自有大度, 非聖哲之書不好也; 非其意, 雖富貴不事也. 顧嘗好
辭賦. ……雄以病免, 復召爲大夫. 家素貧, 耆酒, 人希至其門. 時有好事者載
酒肴從游學, 而鉅鹿侯芭常從雄居, 受其太玄·法言焉. 劉歆亦嘗觀之, 謂雄曰:
「空自苦! 今學者有祿利, 然尙不能明易, 又如玄何? 吾恐後人用覆醬瓿也.」雄笑
而不應. 年七十一, 天鳳五年卒, 侯芭爲起墳, 喪之三年.

2.《漢書》董仲舒傳

董仲舒, 廣川人也. 少治春秋, 孝景時爲博士. 下帷講誦, 弟子傳以久次相授業,
或莫見其面. 蓋三年不窺園, 其精如此. 進退容止, 非禮不行, 學士皆師尊之.
……仲舒對曰:「臣愚不足以奉大對. 聞昔者魯君問柳下惠:『吾欲伐齊, 何如?』
柳下惠曰:『不可.』歸而有憂色, 曰:『吾聞伐國不問仁人, 此言何爲至於我哉!』
徒見問耳, 且猶羞之, 況設詐以伐吳虜?

042-19 〈飮酒〉

열 아홉째 수

옛날엔 배고픔에 고생이 겹쳐,
쟁기를 내던지고 벼슬길을 배웠었지.
그나마 그것으로 가족조차 못 먹여서
추위와 굶주림이 내 몸을 얽매었지.
그 때 내 나이 서른을 향할 무렵,
뜻이 겨우 그 정돈가 부끄러움도 많았었지.
드디어 개연히 내 본분 지키고자,
옷깃을 털고서 전원으로 돌아왔네.
그렇게 흔들흔들 세월이 흘러
길고 긴 열 두 해가 지나갔구나.
세상의 길이란 넓고 멀어서
양주는 더 못 가고 멈추었던 것.
비록 돈 뿌려 없앨 일도 원래부터 없었으나
탁한 술 그야말로 내 마음 달랠 만하네.

(其十九)
疇昔苦長飢, 投耒去學仕.
將養不得節, 凍餒固纏己.
是時向立年, 志意多所恥.
遂盡介然分, 拂衣歸田里.

冉冉星氣流, 亭亭復一紀.
世路廓悠悠, 楊朱所以止.
雖無揮金事, 濁酒聊可恃.

【疇昔】 옛날. 지난날.

【將養】 '將'자 역시 '養'의 뜻. 詩經 小雅 四牡에 "王師靡盬, 不遑將父"의 〈毛傳〉
에 "將, 養也"라 함.

【不得節】 방도를 찾지 못하다. '節'는 방도, 방법.

【固纏己】 자신을 꽉 묶어 스스로 벗어날 수 없다는 뜻.

【立年】 30세를 말함. 《論語》 爲政篇에 "子曰:「吾十有五而志于學, 三十而立,
四十而不惑, 五十而知天命, 六十而耳順, 七十而從心所欲, 不踰矩.」"이라 한
말에서 유래됨. 도연명은 29세에 처음으로 江州祭酒의 벼슬에 나갔음.

【介然】 견고한 모습. 周易 豫卦 爻辭에 "介于石"이라 하였고, 孔穎達의 疏에
"守志耿介, 似於石然"이라 함.

【拂衣】 다른 기록에는 종사로 되어 있으나 陶澍의 校注에 의해 '拂衣'가 맞는
것으로 봄. '옷깃을 뿌리치고 떠나 버리다'의 뜻.

【星氣】 星은 천상의 성수(星宿), 氣는 節氣. 《素問》에 "五日謂之候, 三候謂之氣,
六氣謂之時, 四時謂之歲"라 함.

【一紀】 12년. 도연명은 義熙 원년(405)부터 의희 12년(416)까지 벼슬자리에
있었음.

【楊朱】 양주가 사거리에서 어디로 갈지를 몰라 울음을 터뜨렸다는 고사를
말함. 참고란을 볼 것.

【揮金事】 한나라 때 疏廣과 疏受가 고향에 돌아와 벼슬하면서 하사 받은
모든 돈을 다 털어 친지와 이웃에게 잔치를 벌이며 자손에게는 물려주지
않은 고사를 말함. 《漢書》 疏廣傳 참조. 〈詠二疎〉(051)의 주를 참고할 것.

【恃】 의지하다, 믿다. 여기서는 달래다의 뜻이 있음.

1. 《淮南子》 說林訓
楊子見逵路而哭之, 爲其可以南, 可以北.

042-20 〈飮酒〉

스무 번째 수

복희씨 신농씨는 나와 먼 옛날,
온 세상 진실을 되찾는 자 적어졌을 때
노나라 공자는 절박한 마음에
그나마 세상을 순박하게 하였어라.
봉황새 비록 찾아오진 않았으나
예악은 잠시동안 새롭게 정리됐네.
수사에 미언의 메아리 끊어지고
표류 끝에 결국 미친 진시황에 이르렀네.
시경, 서경이 무슨 죄가 있다고
하루 아침 모두가 잿더미가 되었는가?
몇 안 되는 노인들이 이에 나서서
경전을 전수하기에 진심을 다 바쳤네.
어쩌다가 한 나라가 망하여 세상이 끊어진 뒤
육경을 가까이 하는 자가 또다시 없어졌나?
하루 종일 수레 몰아 달려가면서
나루터 묻는 자도 나타나질 않네.
만약 다시 실컷 마시지 않는다면
머리 위의 두건은 헛 쓰고 있는 게지.
다만 한스럽긴 그릇된 말 너무 많소.
그대는 의당 취한 사람 용서하소서.

(其二十)

羲農去我久, 擧世少復眞.
汲汲魯中叟, 彌縫使其淳.
鳳鳥雖不至, 禮樂暫得新.
洙泗輟微響, 漂流逮狂秦.
詩書復何罪, 一朝成灰塵?
區區諸老翁, 爲事誠殷勤.
如何絕世下, 六籍無一親.
終日馳車走, 不見所問津.
若復不快飲, 空負頭上巾.
但恨多謬誤, 君當恕醉人.

【羲農】고대 伏羲氏와 神農氏시대.
【眞】순진한 사회 기풍.
【魯中叟】노나라에 살던 늙은이. 孔子를 말함.
【彌縫】메우다, 보완하다. 임시로 얽어 꿰맴.《左傳》僖公 26년에 "彌縫其闕"
이라 하였으며,《史記》孔子世家에 "孔子不仕, 退而修詩書禮樂, 弟子彌衆,
至自遠方, 莫不受業焉"이라 함.
【鳳鳥】봉황새. 옛날에는 봉황새가 상서로운 새라 하여 봉황새가 나타나면
태평성세가 곧 올 것이라 믿었다.《論語》子罕篇에 "子曰:「鳳鳥不至, 河不
出圖, 吾已矣夫!」"라 함.
【禮樂暫得新】《史記》孔子世家에 의하면 원래 詩書禮樂은 殘缺되었었으나
공자가 이를 얻어 정리함으로써 "樂正, 雅頌各得其所, ……禮樂自此可得
而述"이라 함.
【洙泗】원래 노나라 曲阜 근처에 흐르는 洙水와 泗水.《禮記》檀弓(上)에
曾子의 말을 기록하여 "吾與女, 事夫子於洙泗之間"이라 하였으며,《漢書》

藝文志 序에 "昔仲尼沒而微言絶, 七十子喪而大義乖"라 하였음.

【微響】'微言大義'를 말함. 공자가 찬수한 《춘추》는 희미한 말로 하였으나 그 속에는 큰 뜻이 들어 있다는 의미. 여기서는 공자의 가르침 儒家를 뜻함.

【漂流】세월이 흐르다의 뜻.

【一朝成灰塵】秦始皇의 焚書坑儒로 인하여 경서가 하루아침에 재로 변하고 말았음.

【區區】적다, 얼마 되지 않다.

【老翁】한나라가 들어서서 경전 복원과 정리에 힘쓴 학자들. 이를테면 《詩》의 申培公, 轅固生, 韓嬰과 《書》의 伏生 등. 《史記》儒林列傳에 자세히 나와 있음.

【絶世】漢 나라의 멸망을 가리킴.

【六籍無一親】魏晉시대 이후로 학자들은 玄學에 빠져 禮敎를 무시하며 儒家의 經典을 친하게 여기지 않았다는 뜻. 《晉紀》總論에 "學者以老莊爲師, 而黜六經"이라 함.

【馳車走】수레 타고 달려가다, 여기서는 명예와 이익을 탐하여 쉬지 않고 뛰어 다니다의 뜻.

【問津】나루를 물음. 학문의 길을 묻는 것을 뜻함. 여기서는 공자처럼 세상을 구하는 도를 위해 뛰어 다니는 사람이 없다는 뜻. 학문의 길을 묻는 것을 말함. 問津은 《論語》微子篇에 실린 長沮와 桀溺의 고사에서 비롯됨. 〈癸卯歲始春懷古田舍〉(034)의 주를 참조할 것.

이 〈飮酒〉시 20편은 대체로 晉 安帝 義熙 12, 13년(416, 417)경 도연명 나이 52세나 53세쯤에 쓰여진 것으로 보고 있다.

043 〈止酒〉

『술 마시기를 그치다』

성읍 가까이 살면서
소요하며 스스로 한가로움을 즐기네.
높은 나무 그늘 아래 앉아도 보고,
사립문 안에서 걸어도 보네.
채마밭 아욱 맛을 즐기기도 하고,
나를 즐겁게 하기는 어린 아이녀석.
평생 술을 끊지 않았는데
술 끊으면 기쁨이 없기 때문.
밤에는 술 없으면 잠 못 이루고,
새벽에 술 없으면 일어나지 못하였네.
날로날로 술 끊겠다 다짐하지만
기혈과 경맥이 술 없이는 힘들어하네.
그저 술 없으면 즐겁지 못한 줄만 알았지
술 끊어 이로운 줄 미처 몰랐네.
비로소 술 끊으면 좋다고 깨달아
오늘 아침 정말로 술을 끊었네.
이제부터 한결같이 끊고 나가면
장차 부상의 물가에 머물 수 있으리.
이전 모습 신선같이 맑게 바뀔 때까지 끊으리니
어찌 천만 년에 그치겠는가?

居止次城邑, 逍遙自閑止.

坐止高蔭下, 步止蓽門裏.

好味止園葵, 大歡止稚子.

平生不止酒, 止酒情無喜.

暮止不安寢, 晨止不能起.

日月欲止之, 營衛止不理.

徒知止不樂, 未知止利己.

始覺止爲善, 今朝眞止矣.

從此一止去, 將止扶桑涘.

淸顔止宿容, 奚止千萬祀?

【次】 ‘近’과 같음.

【止】 모두가 語末助詞.

【蓽門】 가시나 콩대 등으로 대강 엮어 만든 문.

【營衛】 한의에 말하는 신체의 氣血과 經脈.《靈樞經》營衛生會에 "人受氣
    於穀, 穀入於胃, 以傳與肺, 五臟六府皆以受氣. 其淸者爲營, 濁者爲衛. 營在
    脈中, 衛在脈外, 營周不休, 五十而復大會"라 함.

【止不理】 술을 끊은 다음 혈기의 순환이 순조롭지 못함.

【扶桑】 扶桑은 태양이 목욕하는 곳. 혹은 태양이 목욕을 마치고 떠오르는
    동방의 큰 나무. 원래 부상은 湯谷 위에 있는 큰 나무이며 열 개의 태양 중에
    아홉 개는 그 아래 가지에 있고 하나의 태양만이 윗가지에 있어 세상을
    비춘다고 함.《山海經》海外東經에 "湯谷上有扶桑, 十日所浴, 在黑齒北,
    居水中, 有大木, 九日居下枝, 一日居上枝"라 함.

【涘】 ‘사’로 읽으며 물가. 도연명이 술을 끊고 부상의 물가에 머물러 자신의
    수명을 연장하고자 한다는 뜻.

【宿容】 옛날 얼굴 모습에 머물러 있음. 더 이상 늙지 않고 장수함. ‘止老
    不死’와 같음.

【祀】 ‘年’, ‘歲’와 같음.

1. 매 구절 '止'자를 넣어 절묘하게 표현하였다.

2. 지은 시기는 구체적으로 알 수 없다.

〈山高水長圖〉淸 石谿(그림) 臺北故宮博物館 소장

044 〈述酒〉
『술이란 이런 것』

"의적이 술을 처음 만들고 두강이 그 맛을 높였다."

「儀狄造, 杜康潤色之.」

태양이 남쪽 땅을 비추니
봉황들이 지저귀는 소리 서로 들리누나.
가을 풀 아직 시들지 않았으나
동북에서 부는 바람 이미 흩어졌네.
흰 조약돌 모래톱에서 반짝이는데
남쪽 산엔 남은 서기조차 없구나.
예장이 조정에 맞서는 바람에
순임금의 무덤만 남았네.
눈물 흘리며 속으로 탄식을 품고
귀 기울여 새벽 닭 울음 듣는다.
중원에 상서로운 곡식 이삭 바쳐 오고

네 종류 신수神獸도 나에게 길들여졌다 하네.
심제량 섭공이 군대를 끌고 나서자
미승半乘이 제 몸 망치고 말았으며,
헌제가 산양공으로 폐위 당하고 제 명에 죽었지만,
영릉왕은 피살되어 죽어서도 위로를 받지 못했네.
복식은 양치는 일로 옳은 계책 올렸으나
안락은 제대로 충성을 다하지 않았네.
평왕이 옛 서울을 버리고 낙양으로 옮기자
관중의 옛 땅은 견융이 차지했네.
관중과 낙읍이 겨우 평정을 얻자
삼족오가 나타나 조대가 바뀔 것임을 예고하였네.
왕자교는 피리 불기를 좋아하더니
결국은 하수와 분수 가에서 정오에 승천하였고,
주공은 장생술을 익혀
한가롭게 세상의 시끄러운 분란을 벗어나 있었지.
높고 높은 공제의 무덤이여,
내 늘 친히 여기던 분이 누워 쉬고 있구나.
천인의 그 용모 영원히 전해지리니,
팽조와 요절한 어린애를 비교할 수야 없는 일.

重離照南陸, 鳴鳥聲相聞.

秋草雖未黃, 融風久已分.

素礫晶修渚, 南嶽無餘雲.

豫章抗高門, 重華固靈墳.

流淚抱中歎, 傾耳聽司晨.

神州獻嘉粟, 西靈爲我馴.

諸梁董師旅, 羊勝喪其身.

山陽歸下國, 成名猶不勤.
卜生善斯牧, 安樂不爲君.
平王去舊京, 峽中納遺薰.
雙陵甫云育, 三趾顯奇文.
王子愛淸吹, 日中翔河汾.
朱公練九齒, 閒居離世紛.
峨峨西嶺內, 偃息常所親.
天客自永固, 彭殤非等倫.

【儀狄】禹임금 때 처음으로 양조법을 발명하여 술을 처음 만들었다고 알려진 사람.《戰國策》魏策(2)에 "昔者帝女令儀狄作酒而美, 進之禹"라 하였고,《十八史略》(1)에는 "古有醴酪, 至禹時, 儀狄作酒, 禹飮而甘之, 曰:「後世必有以酒亡國者.」遂疏儀狄"이라 함.

【杜康】역시 술을 처음으로 만들었다는 전설적인 인물. 曹操의〈短歌行〉에 "何以解憂? 維有杜康"이라 함. 도연명은 술을 처음 만든 자는 의적이며 두강이 그 술의 맛을 더욱 발전시킨 인물로 보았음.

【潤色】'가공하여 잘 다듬어 빛이 나게 하다'의 뜻.《論語》憲問篇에 "子曰:「爲命, 裨諶草創之, 世叔討論之, 行人子羽脩飾之, 東里子産潤色之.」"라 함.

【重離】태양을 말함.《易》의 소성괘 離卦(☲)가 겹침. 이것이 겹쳐 대성괘가 되어도 역시 離卦이며 불을 상징함. 說卦에 "離爲火, 爲日"이라 함. 여기서는 진나라가 망하고 남쪽으로 내려와 다시 東晉을 거듭 건국하였음을 말함. 그러나 이는 진나라 운명을 가리키는 것으로 晉나라 司馬氏의 시조인 '重黎'의 음을 차음한 것임.《晉書》宣帝紀에 "宣皇帝諱懿, 字仲達, 河內溫縣孝敬里人, 姓司馬氏. 其先出自帝高陽之子重黎, 爲夏官祝融"이라 하였음.

【南陸】晉 愍帝(司馬鄴) 建興 4년(316)에 劉曜가 長安을 함락시키고 민제를 포로로 잡아가 西晉이 멸망하자 이듬해 琅琊王 司馬睿가 建康(지금의 南京)으로 옮겨 나라를 이어갔으며 이가 東晉 元帝임. 따라서 남으로 내려와 다시 東晉을 세운 것을 말함. 흔히 이를 江左中興이라 함.

【鳴鳥聲相聞】‘봉황을 찾아 많은 새들이 울며 모여들다’의 뜻으로 江左(東晉)에 많은 선비와 인재들이 모여들었음을 비유한 것.《詩經》大雅 卷阿에 “鳳皇于飛, 劌劌其羽, 亦集爰止, 藹藹王多吉士”라 하고 鄭箋에 “衆鳥慕鳳皇以來, 喩賢者所在, 群士皆慕而往仕也”라 함.

【融風】입춘 뒤에 동북에서 부는 바람. 여기서는 晉나라 司馬氏의 조상이 重黎이며 夏官 祝融으로 축융은 火神을 상징함.

【素礫】작은 흰 돌이 긴 물가에서 반짝임. 이는 桓玄이 江陵에서 세를 자랑하며 제위 찬탈을 모의함을 뜻함. 素礫은 원래 작은 돌.《楚辭》惜誓에 “放山淵之龜玉兮, 相與貴乎礫石”이라 하고 王逸의 주에 “言世人皆棄昆山之玉, 大澤之龜, 反相與貴重小石也. 言暗君貴佞僞·賤忠直也”라 함.

【脩渚】긴 삼각주. 모래톱. 湯漢의 주에 “疑指江陵”이라 함. 桓玄이 江陵과 荊州의 刺史를 지내면서 “樹用腹心, 兵馬日盛”, “自謂三分有二, 知勢運所歸”, “蓄力養衆, 觀釁而動”(《晉書》桓玄傳)이라 하여 환현의 음모를 지칭한 것으로 보고 있음.

【南嶽】당시 수도 建康 부근의 鍾山. 東晉 王朝를 가리킴. 남악에 紫雲이 남아있지 않다는 것은 동진의 국운이 이미 쇠하였음을 비유한 것. 晉 元帝가 즉위 때의 詔書에 “遂登壇南嶽”이라 한 적이 있음.

【餘雲】瑞氣. 왕조의 흥기를 상징함. ‘雲’은 옛날 술수가가 말하는 소위 왕기(王氣)를 뜻함.《藝文類聚》(7) 鍾山에 〈兩都賦〉를 인용하여 “建康宮北十里, 有蔣山. 興地圖謂之鍾山. 元皇帝未渡江之年, 望雲者云: ‘蔣山上有紫雲, 時時晨見.’”이라 하였고,《宋書》符瑞志(上)에도 “吳亡後, 蔣山上常有紫雲, 數術者亦云: ‘江東有帝王氣.’”라 하였으며,《晉書》元帝紀에는 “始秦始望氣者云: ‘五百年後, 金陵有天子氣. ……元帝之渡江也, 乃五百二十六年, 眞人之應在于此矣”라 하였음.

【豫章】군의 이름. 지금의 江西省 南昌시에 위치함. 당시 豫章公 桓玄과 豫章郡公 劉裕의 세력을 말함.《晉書》桓玄傳에 의하면 환현이 江陵에서 남하하여 建康을 함락하고 司馬道子와 司馬元顯을 살해하고 “諷朝廷以己平元顯有功, 封豫章公. ……不臣之迹已著, 自知怨滿天下, 欲速定篡逆”이라 하였고, 뒤에 결국 晉 安帝를 폐위하고 자신이 황제에 올라 국호를 楚라 하였음. 한편《宋書》武帝紀(劉裕)에 환현이 진나라를 찬탈한 뒤 劉裕가 京口에서 환현을 공격할 음모를 꾸며 맹주로 추대되자 유유는 환현을 멸한 뒤 상서를 올려 그 때 공을 세운 자신과 장군, 그리고 병사들에게 상을 내릴 것을

요구하여 "於是尙書奏封唱義謀主鎭軍將軍劉裕豫章郡公, 食邑萬戶"의 직위에
올라 東晉의 실권은 유유의 손으로 넘어가기 시작하였음.

【高門】 皐門으로도 표기하며 왕자의 문을 뜻함. 여기서는 진 왕조를 가리킴.
《詩經》大雅 綿에 "迺立皐門, 皐門有伉"이라 하고 毛傳에 "王之都門曰皐門"
이라 함.

【重華】 舜임금의 이름.《史記》五帝本紀에 "虞舜者, 名曰重華"라 하였으며
禹에게 제위를 선양한 다음 江南의 九疑山(九嶷山)에 묻혀 그 능을 '零陵'
이라 함. 한편 晉 恭帝 司馬德文이 핍박 끝에 劉裕에게 선양한 다음 '零陵王'
으로 폐위되어 여기서는 진 공제를 비유한 것임.

【流淚】 晉나라가 망하고 劉裕의 宋나라가 들어서자 이를 비탄스럽게 여긴
것임. 湯漢의 주에 "裕旣建國, 晉帝以天下讓, 而又不免於弑, 此所以流淚抱歎"
이라 함.

【神州】 中原을 일컫는 말. 여기서는 당시 河南의 鞏縣을 지칭함. 전체 구절은
劉裕가 길상의 징조를 이용하여 진나라를 찬탈하였음을 말함.《宋書》符
瑞志(上)에 "鞏縣民宋燿得嘉禾九穗, 後二年而受晉禪"이라 함.

【西靈】 四靈의 오기로 봄. 즉 麟, 鳳, 龜, 龍 네 가지 상서로운 동물. 여기서는
이들이 유유에게 넘어가 실제 유유가 정권을 잡을 수밖에 없이 되었음을
말함.《宋書》武帝紀(中)에 元熙 2년(420) 6월 恭帝가 제위를 선양하는 조서에
"四靈效瑞, 川岳啓圖, 嘉祥雜遝, 休應炳著, 玄象表革命之期, 華裔注樂推之願"
이라 하였고, 공제의 〈授帝位策〉에서도 "上天垂象, 四靈效徵, 圖讖之文旣明,
人神之望已改"라 함.

【諸梁】 沈諸梁을 가리킴. 춘추시대 楚나라 대부로 葉땅에 봉해져 흔히 '葉公'
이라 불림. 백공(白公) 승(勝)의 반란을 진압한 인물로 유유가 환현의 난을
토벌한 것을 비유함.

【羊勝】 '羋勝'의 오기. 미승(羋勝)은 楚 平王의 태자 건(羋建)의 아들로 백공에
봉해졌으며 楚 惠王 8년(B.C.487)에 영윤 子西를 죽이고 혜왕을 협박하여
高府에 가두고 죽인 뒤 자신이 왕위를 찬탈하고자 난을 일으켰다가 섭공
에게 진압됨.

【山陽歸下國】 曹丕가 漢 獻帝(劉協)를 협박하여 山陽公으로 폐위시킨 일. 이는
劉裕가 晉 恭帝를 협박하여 靈陵王으로 폐위시킨 것을 비유함. 山陽은 현
이름으로 河內郡에 속하며 太行山 남부. 지금의 河南省 脩武縣.《後漢書》
獻帝紀에 의하면 建安 25년(220) 3월 헌제가 압박을 견디지 못하고 천자의

지위를 魏王 曹丕에게 선양하고 자신은 山陽公으로 강등되어 산양의 濁鹿城
으로 쫓겨가 살았음.

【成名猶不勤】零陵王이 피살된 것을 가리킴. 시호법의 표현법.《周書》諡法解에
"不勤成名曰靈"이라 하고 原注에 "任本性, 不見賢思齊"라 함.

【卜生】漢나라 卜式을 가리킴. 양을 잘 길러 큰 부자가 된 인물. 이 구절은
劉裕가 정치에 뛰어난데다가 자신에 반대하는 자를 제거함을 비유한 것임.
《漢書》卜式傳에 武帝가 복식에게 上林苑의 양을 치도록 하자 많은 양을
증식시킴. 무제가 이를 칭찬하자 백성을 다스리는 일 역시 때를 맞추어 주고
악한 것을 즉시 제거하여 많은 이들에게 나쁜 영향이 미치지 않도록 해야
한다고 역설하였음. 그러나 湯漢은 이는 卜商(子夏)의 제자가 魏 文侯이며
이로써 그 魏나라와 이름이 같은 魏나라 曹丕가 漢 獻帝를 축출하고 漢
나라를 찬탈한 것을 비유한 것이라 하였음.

【安樂】漢 武帝의 손자 昌邑王 劉賀의 재상.《漢書》循吏傳 龔遂傳에 창읍
왕 유하가 놀이를 좋아하는 것을 제대로 간언하지 않았으며 昭帝가 죽자
유하는 더욱 교만하였지만 이를 말리지 못하였음. 뒤에 태자에 올랐으나
霍光 등의 대신들에게 결국 폐위되고 말았음. 이는 晉나라 신하들이 임금
에게 제대로 충성을 다하지 않아 결국 나라가 망하고 말았음을 비유한 것임.
그러나 湯漢은《三國志》蜀書 後主傳을 들어 촉의 후주 劉禪이 魏나라
曹丕에게 나라를 바치고 항복하여 자신은 安樂公이 된 것을 말하는 것이라
하였음.

【平王】周나라 平王(姬宜臼)으로 犬戎에게 쫓겨 구도 鎬京을 버리고 洛邑으로
천도하여 東周를 세운 첫 임금. 이는 晉 元帝 司馬睿가 匈奴에게 쫓겨
남으로 建康(南京)으로 천도한 것을 비유함.

【峽中】關中의 땅이 흉노에게 점거 당함을 말함. 峽中은 陝中의 오기가
아닌가 하며 西周의 도읍 鎬京을 가리킴. 陝西 長安. 그러나 이는 郟鄏을
가리키며 이는 지금의 洛陽의 다른 이름.

【遺薰】'薰'은 薰鬻(熏粥, 熏鬻, 匈奴)를 가리키며 이들이 西周 때 犬戎으로써
서주의 멸망을 가져왔으며 이 때문에 平王이 동천하여 宗周가 됨. 다시 그의
먼 후예로 劉曜가 西晉을 쳐들어와 長安을 점령함. 이에 西晉이 멸망하고
남으로 천도하여 東晉이 되었음.

【雙陵】崤山의 두 陵.《左傳》僖公 32년에 "崤有二陵焉. 其南陵, 夏后皐之墓也.
其北陵, 文王之所辟風雨也"라 함. 그러나 이 시의 이 구절은 뜻을 제대로

알 수 없으며 다만 陳沆의 《詩比興箋》과 陶澍의 《靖節先生集》, 그리고 古直의 《陶靖節詩箋》에는 "關中과 洛邑이 평정되어 백성들이 비로소 안정을 찾았고 三足烏가 나타나 劉裕가 晉나라를 대신하여 宋나라를 세울 징조를 보여 주었다"라고 풀이하였음. 《晉書》安帝紀에 義熙 12년(416)에 劉裕가 洛陽을 공격하여 서진 시대의 다섯 제왕의 능을 수리하였으며 13년에는 다시 潼關과 長安을 공략하여 姚泓을 사로잡았다고 하였음.

【三趾】 三足烏를 말함. 태양을 상징하며 조대가 바뀔 것을 징조로 보여 주는 것이라 함. 左思의 〈三都賦〉 魏都賦 "莫黑匪烏, 三趾而來儀"의 劉淵林의 주에 "延康元年(한 헌제의 연호, 220)三足烏·九尾狐見於郡國, 嘉禾生, 醴泉出"이라 하여 魏나라 曹丕가 漢나라를 이을 것임을 예고하였다 하며, 《宋書》武帝紀(中)에 晉 元帝 元熙 2년(420)에 宋의 劉裕나라에게 나라를 선양할 때 "代德之符, 著乎幽顯, 瞻烏爰止, 允集明哲, 夫豈延康有歸, 咸熙告謝而已哉!"라 함. 여기서 延康의 고사는 漢 獻帝 劉協이 魏나라에게 선양할 때이며, 咸熙는 魏나라 元帝 함희 2년 曹奐이 晉나라 司馬炎에게 나라를 넘길 때의 고사임.

【奇文】 참위의 말을 가리킴. 원래는 진나라가 위나라를 교체하는 상서로운 징조를 말하는데 지금은 또 송나라가 진나라를 교체하는 징조로 되었음을 가리킴. 逯欽立의 주에 "言奇文, 是說讖緯之言, 本爲晉瑞, 今則反爲宋瑞矣"라 함. 《晉書》安帝紀와 《宋書》武帝紀(中)에 의하면 義熙 13년(417)에 劉裕는 長安을 공략하여 姚泓을 사로잡았으며, 14년 6월에는 九錫을 하사받고 상국이 되었으며, 12월에 王昭之를 몰래 보내어 安帝를 시살하고 恭帝를 세워 찬탈의 과정을 진행시키고 있었음.

【王子】 仙人 王子喬를 가리킴. 周 靈王의 태자로 笙을 잘 불어 〈鳳凰鳴〉을 지었으며 伊洛 근처를 遊樂하다가 嵩高山에 올라 30여 년을 지낸 뒤 흰 학을 타고 사라졌다 함. 《列仙傳》 참조. 여기서 왕자교는 恭帝를 비유함.

【朱公】 구체적으로 알 수 없으나 湯漢의 注에는 "朱公者, 陶也. 意古別有朱公修練之事, 此特托言陶耳. 晉運旣去, 故陶閒居以避世, 明言其志也"라 하여 춘추 말기 越나라 陶朱公 范蠡를 지칭한다고 보았음. 여기서는 신선술을 익히고 싶어함을 말한 것임.

【九齒】 '九'는 '久', '齒'는 '齡'. 장수함을 말함.

【西嶺】 晉 恭帝를 안장한 무덤. 湯漢의 注에 "當指恭帝所藏"이라 함. 《宋書》武帝紀(下)에 零陵王(晉 恭帝)가 독살 당한 뒤 晉나라 예로 장례를 지냈다

하였고,《晉書》恭帝紀에는 공제가 죽은 뒤 沖平陵에 장례를 지냈다고 하였음.

【偃息】누워서 편히 쉼.

【天容】天人의 용모. 출중한 자의 모습.

【彭殤】장수와 요절을 능히 비교할 수 없음. 晉 恭帝가 죽은 뒤 선인이 되어 河汾을 유락하고 있을 것이니 이는 영원히 사는 것으로 여긴 것임. 彭은 彭祖를 가리키며 고대 7백년을 살았다는 장수인.《列仙傳》등 참조. 殤은 일찍 죽음을 뜻함.《晉書》恭帝紀에 의하면 공제는 36세로 생을 마쳤음.

참고 및 관련 자료

1. 이 글에 대하여 逯欽立은《陶淵明集》(3)에서 "比喩桓玄簒位於前, 劉裕潤色於後, 晉朝終於滅亡. 爲了簒位, 桓玄曾酖殺司馬道子, 劉裕曾酖殺晉安帝. 都是用毒酒完成簒奪, 所以陶以述酒爲題, 以'儀狄造, 杜康潤色之'爲題注"라 하였다. 이처럼 술과는 관련이 없는 글이다.

2. 지은 시기는 宋武帝 2년(421) 도연명 나이 57세 때로 보고 있다.

045 〈責子〉
『이 못난 아들들아』

흰머리가 양쪽 귀밑을 덮고
살갗은 더 이상 튼실하지 않구나.
비록 다섯 녀석이 있지만
글이라면 모두가 질색을 하는구나.
아서는 이미 열여섯에 이르렀으나
나태하기 정말 짝이 없으며,
아선은 열 다섯이 되어 가지만
독서도 기술도 좋아하질 않네.
옹과 단은 나이 열 셋에
여섯 일곱 숫자도 식별하지 못하는구나.
통이란 녀석 나이 아홉에
배 달라 밤 달라 보챌 뿐이니,
하늘이 내린 운이 이와 같다면
장차 잔 부어 술이나 들이키자.

白髮被兩鬢, 肌膚不復實.
雖有五男兒, 總不好紙筆.
阿舒已二八, 懶惰故無匹.
阿宣行志學, 而不愛文術.

雍端年十三, 不識六與七.

通子垂九齡, 但覓梨與栗.

天運苟如此, 且進杯中物.

【子】 도연명에게는 다섯 아들이 있었으며 舒(儼), 宣(俟), 雍(份), 端(佚), 通(佟)
이었다고 함. 괄호 안의 이름은 정식 이름이며 舒, 宣, 雍, 端, 通은 어릴 때
부르던 소명임.

【肌膚】 피부. 몸을 가리킴.

【紙筆】 학문을 뜻함.

【阿舒】 아는 이름 앞에 붙여 부르던 접두어.
맏아들 舒(陶儼)를 지칭함.

【二八】 16세를 말함.

【故】 '固'와 같음.

【無匹】 필적할 대상이 없음. 훌륭하고 뛰
어남.

【志學】 학문에 뜻을 두는 15세의 나이를
가리킴.《論語》爲政篇에 "吾十有五而志
於學"이라 함.

【文術】 독서나 문장 짓기 등을 가리킴.

【天運】 타고난 운명.

【苟】 '아마도'의 뜻. 허락하는 의미를 담고 있음.

【杯中物】 술을 뜻함.

〈捕棗圖〉宋 작자미상

참고 및 관련 자료

이 시는 대체로 晉 安帝 義熙 4년(408) 도연명 44세 때 쓴 것으로 추정
하고 있다.

046 〈有會而作〉(幷序)
『느낌이 있어 지어 보노라』

"묵은 식량 이미 바닥나고 새 곡식 아직 여물지 않았다. 자못 노숙한 농부이건만 이렇게 흉년을 만났구나. 한 해는 아직 아득히 남았는데 환난은 그칠 줄 모르는구나. 곡식이 잘 익을 해의 수확은 이미 바랄 수 없고 아침저녁 거리 마련하여 불 지피는 일만 겨우 이어갈 뿐이다. 열흘이 지나 비로소 이러다 주리고 결핍하면 어쩌나 생각이 들었다. 이 해도 저물어 가는데 개연히 오래 품었던 회포를 적어 본다. 지금 내가 적어 두지 않으면 뒷사람이 어디서 이런 경우를 들으랴!"

「舊穀旣沒, 新穀未登, 頗爲老農, 而値年災. 日月尙悠, 爲患未已. 登歲之功, 旣不可希, 朝夕所資, 煙火裁通. 旬日已來, 始念飢乏. 歲云夕矣, 慨然永懷. 今我不述, 後生何聞哉!」

젊은 나이 가난에 찌들렸는데,
늙어 더 가난하여 때때로 굶주림에 시달리네.
콩 보리만 해도 사실 부러운 것을,

어디라고 감히 살찐 단맛을 그리워하랴!
허기진 그 다음엔 한달 겨우 아홉 끼,
한 여름 겨울옷이라니 신물이 난다.
또 한 해가 저물어가는 지금,
어찌하여 이토록 힘들고 비통한가!
검오에게 죽이라도 주는 이를 착하다 여기고,
소매로 얼굴 가림 그릇되다 느꼈네.
'와서 먹으라'하는 말에 어찌 대들 일이리?
공연히 자신만 굶어죽고 말뿐인 것을.
소인이 궁하면 넘친다는 말이 어찌 저의 뜻이리!
진실로 궁함을 지킬 수 있음이 평소의 뜻이지.
굶주림도 모두가 운명일 뿐이니,
이런 나의 스승도 옛날에는 많았지.

弱年逢家乏, 老至更長飢.
菽麥實所羡, 孰敢慕甘肥!
怒如亞九飯, 當暑厭寒衣.
歲月將欲暮, 如何辛苦悲!
常善粥者心, 深念蒙袂非.
嗟來何足吝? 徒沒空自遺.
斯濫豈彼志, 固窮夙所歸.
餒也已矣夫, 在昔余多師.

【有會】깨달음(슈會)이 있음.
【登】곡식 등이 익음. 뒤 구절의 '登歲'는 풍년을 뜻함.
【裁】'纔'의 가차자. '才'로도 표기하며 '겨우'(僅)의 뜻.
【永懷】시와 노래로 회포를 풀다. 혹 오랫동안 생각하거나 그리워함. 《詩經》

周南 卷耳에 "維以不永懷"라 함.

【甘肥】정미한 음식. 달고 맛난 음식.

【惄如】'惄'은 '녁'으로 읽음. 허기, 시장기를 뜻함.《詩經》周南 汝墳 "惄如
　調饑"의 毛傳에 "惄, 饑意也"라 함.

【亞九飯】亞는 '그 다음 차례로'의 뜻. 九飯은 三旬九食과 같음. 한 달에 아홉
　끼 밥을 먹을 정도로 가난함을 말함.《說苑》立節篇에 "子思居於衛, 縕袍
　無表, 三旬而九食"이라 함. 즉 가난하기가 자사 버금으로 간다는 뜻.

【粥者】길 가에서 배고픈 사람에게 음식을 나누어줌을 말함. 黔敖의 고사를
　인용한 것. 참고란을 볼 것.

【蒙袂】옷소매로 얼굴을 가린 자. 역시 검오가 배고픈 이에게 먹을 것을 주자
　얼굴을 가리고 다가옴.

【自遺】스스로 포기함. 자신이 나서서 죽음. '自詒'와 같음.《詩經》小雅 小明에
"自詒伊戚"이라 함.

【嗟來】예의 없이 부르는 소리. 불쌍하다고 혀를 차며 '와서 먹으라'하며 부름.
　배고픈 자가 이를 듣고 화를 내었다는 검오의 고사를 원용한 것.

【斯濫】이치에 넘치는 짓을 마구 함.《論語》의 구절. 참고란을 볼 것.

【夙所歸】평소 지니고 있던 숙원.

【餒也已矣夫】'굶주림은 그것으로 그것일 뿐'이라는 뜻. '모두가 운명이니
　더 따지지 말자'라는 의미임. 自認과 自嘲의 처절한 표현.

> **참고 및 관련 자료**

1. 이 시는 宋 文帝 元嘉 3년 도연명 나이 62세에 지은 것으로 보고 있다.

2.《禮記》檀弓(下)

"齊大饑黔敖爲食於路, 以待饑者而食之. 有饑者蒙袂輯屨貿貿然來. 黔敖左奉食,
右執飮, 曰:「嗟來食.」揚其目而視之, 曰:「予唯不食嗟來之食, 以至於斯也.」
從而謝焉; 終不食而死. 曾子聞之曰:「微與? 其嗟也可去, 其謝也可食.」"

3.《論語》衛靈公篇

"衛靈公問陳於孔子. 孔子對曰:「俎豆之事, 則嘗聞之矣; 軍旅之事, 未之學也.」
明日遂行. 在陳絶糧, 從者病, 莫能興. 子路慍見曰:「君子亦有窮乎?」子曰:
「君子固窮, 小人窮斯濫矣.」"

047 〈蜡日〉
『섣달 사제蜡祭 지내는 날』

풍설이 남은 며칠 보내고 있구나.
날씨가 이미 따뜻해져 옴을 막는 것은 아니지.
문 앞 양편에 심은 매화와 버드나무,
가지 하나에 피어난 예쁜 꽃망울.
내 노래하노니 너는 그 뜻을 새겨다오.
술 속에 즐거움이 어찌 이리 많은가?
그 많은 것 얼마인지 설명하진 못해도
장산의 폭포 소리 내게 답하리.

風雪送餘運, 無妨時已和.
梅柳夾門植, 一條有佳花.
我唱爾言得, 酒中適何多?
未能明多少, 章山有奇歌.

【蜡日】 '臘日'과 같음. 원래 12월에 지내던 제사 이름(臘祭). 그 뒤 12월을 지칭
하는 말로 굳어짐.(《新唐書》曆志 二)《幼學瓊林》에 "漢人蜡祭曰臘, 故稱
十二月爲臘"이라 함. 이 제사는 원래 夏나라는 '嘉平', 殷나라는 '淸祀', 周
나라는 '사'(蜡), 秦나라는 '랍'(臘)이라 불렸으며 漢나라 이후로는 진나라
풍습을 이어 '臘'이라 함. 李公煥의 《陶淵明集》 주석본에는 《禮記》 郊特牲
의 내용의 인용하여 "蜡, 臘, 祭名. 伊耆氏始爲蜡. 蜡也者, 索也, 歲十二月,

合聚萬物而索饗之也"라 함.

【餘運】세모. 四時의 運行에 겨우 조금 남은 때.

【夾門植】문 앞 양쪽에 심음.

【條】나뭇가지. 그러나 《詩經》 秦風 終南에 "有條有梅"라 하여 원래 條는 山椒나무를 가리키나 여기서는 梅花 가지를 뜻함.

【佳花】매화꽃을 가리킴.

【章山】鄣山으로도 쓰며 石門山을 가리킴. 《水經注》(39) 贛水에 "廬山之北, 有石門水, 水出嶺端, 有雙石高竦, 其狀若門, 因有石門之目焉. 水導雙石之中, 懸流飛瀑, 近三百許步, 下散漫千數步, 上望之連天, 若曳飛練於霄中矣. 下有 盤石, 可坐數十人, 冠軍將軍劉敬宣, 每登陟焉"이라 함.

【奇歌】석문수의 폭포에서 나는 소리를 뜻하는 것이 아닌가 함.

卷四 『시오언詩五言』

(048 – 056)

〈江行初雪圖〉南唐 趙幹(그림)

048 〈擬古〉(九首)
『고시를 본떠서』

048-1 〈擬古〉
첫째 수

무성하게 꽃 핀 창 아래 난초,
빽빽하게 자란 집 앞의 버들.
그대들과 처음 이별할 때는
이렇게 늦지는 않는다고 말했지.
문을 나서 만리 밖의 먼 나그네 되어
도중에서 좋은 친구를 만났지.
말하기 전이 이미 서로 통했으니
술로써 그리된 건 아니었다네.
난초 마르고 버들 역시 시들어,
드디어 그 약속 어기고 말았네.
거듭 고하나니 젊은 여러 소년들아,
친구라고 꼭 충후한 것은 아니란다.
그대는 의기 때문에 목숨도 바치겠지만,
그 친구가 떠나면 무엇이 남겠는가?

(其一)

榮榮牕下蘭, 密密堂前柳.

初與君別時, 不謂行當久.

出門萬里客, 中道逢嘉友.

未言心相醉, 不在接杯酒.

蘭枯柳亦衰, 遂令此言負.

多謝諸少年, 相知不忠厚.

意氣傾人命, 離隔復何有.

【心相醉】 일부본에는 '心先醉'로 되어 있음. 心醉는 깊이 빠져 흠모함을 뜻함.
《莊子》應帝王에 "鄭有神巫季咸, 知人之生死存亡, 禍福壽夭, ……列子見之
而心醉"라 하였고,《顔氏家訓》慕賢篇에 "所値名賢, 未嘗不心醉魂迷而向慕
之也"라 하였음.
【接杯酒】 함께 술을 마심. 司馬遷의 〈報任安書〉에 "未嘗銜杯酒接殷勤之餘歡"
이라 함.
【多謝】 여러 번 일러줌. 〈孔雀東南飛〉에 "多謝後世人"이라 함.

048-2 〈擬古〉

둘째 수

집을 나서려고 새벽부터 수레 정리,
무종에 가려고 서두르고 있네.
그대에게 묻노니 지금 무종엔 왜?
장사도 아니고 군역도 아니라네.
듣기로 그곳은 전자태가 살던 곳,
절개와 의리는 사나이 중의 사나이.
그 사람 죽은 지 이미 오래전,
향리엔 그의 유풍 이어받고 있다지.
살아서는 높은 명성 세상에 날리고
죽어서는 그 이름 무궁하게 이어가니,
명리에 빠진 자는 그를 배울 수 없으리,
그래봐야 인생 백년 누릴 뿐인데.

(其二)

辭家夙嚴駕, 當往至無終.
問君今何行, 非商復非戎.
聞有田子春, 節義爲士雄.
斯人久已死, 鄕里習其風.
生有高世名, 旣沒傳無窮.
不學狂馳子, 直在百年中.

【嚴駕】타고 갈 수레를 잘 정리함.

【當往志無終】'當'은 '將'과 같으며 '志'는 '至'와 같음. 그리고 '無終'은 고대 지명으로 지금의 河北 薊縣으로 田子泰의 고향임.

【田子春】田子泰의 오기. 陶澍에 "各本作春, 從湯本作泰"라 하였으며, 《三國志》 (11) 魏書 田疇傳에 의하면 전주는 자는 子泰이며 右北平 無終 사람으로 初平 원년(190) 關東 각지에 난이 일어나자 袁紹를 맹주로 추대하여 董卓을 토벌하기 위하여 나섰음. 동탁이 漢 獻帝를 협박하여 長安으로 끌고 가자 幽州牧 劉虞만이 漢나라에 충성을 다하고자 22세의 전주를 장안으로 보내어 헌제를 뵙도록 하였으며 이 때 헌제는 전주를 騎都尉로 삼고 싶었으나 총애를 받을 수 없다고 전주가 거절하여 조정의 칭찬을 받았음. 전주는 돌아오는 길에 유우가 이미 公孫瓚에게 피살되었음을 듣고 유우의 묘를 찾아 곡을 하였음. 공손찬이 이를 듣고 현상금을 걸어 전주를 잡아들인 다음 곡을 한 이유와 자신에게 보고를 하지 않은 이유를 묻자 전주는 "漢室衰穨, 人懷異心, 唯劉公不失忠節, 章報所言, 於將軍未美, 恐非所樂聞, 故不進也"라 함. 공손찬은 백성의 인심을 생각하여 전주를 죽이지 못하고 그를 풀어 주었음. 전주는 북방으로 돌아와 종족과 자신을 따르는 자들에게 "君仇不報, 吾不可以立於世"라 맹세하고 徐無山에 들어가 스스로 농사를 지으며 부모 봉양에 힘쓰자 그를 따라 그 산 속으로 들어온 이들이 오천여 가구나 되었다 함.

【鄕里】전주가 살던 곳을 말함.

【習其風】전주의 절의를 중히 여기는 유풍을 이어받다.

【狂馳子】미친 듯이 세상의 명리를 쫓아가는 자들. 세속의 속물들을 말함. 《楚辭》離騷에 "忽馳騖以追逐兮"의 王逸 주에 "言衆人所以馳騖惶遽者, 爭追逐權貴求財利也"라 함.

048-3 〈擬古〉

셋째 수

중춘이라 때맞추어 비가 내리니
첫 우레가 비로소 동쪽에서 울리네.
겨울잠을 끝낸 만물 놀라서 깨어나고
초목은 가로세로 마음놓고 퍼져가네.
훨훨 날며 새로 온 저 제비는
쌍쌍이 내 처마를 찾아드누나.
지난해 지었던 둥지가 아직 있으니
서로 이끌고 옛 삶터로 돌아왔구나.
그대들과 이별한 지 일년이 지나
문 앞 뜰은 날로 더욱 황폐해졌지만
내 마음 진정 돌이 아니니 구르지 않으리니
그대들의 뜻은 정말 어떤고?

(其三)

仲春遘時雨, 始雷發東隅.
衆蟄各潛駭, 草木從橫舒.
翩翩新來燕, 雙雙入我廬.
先巢故尚在, 相將還舊居.
自從分別來, 門庭日荒蕪.
我心固匪石, 君情定何如.

【仲春】음력 2월. 봄날을 뜻함.

【遘】만나다. 상봉하다.

【潛駭】칩거하여 자고 있던 동물들이 모두 놀라 깨어남.

【相將】서로 거느림. 서로 데리고 감.

【我心匪石】《詩經》邶風 柏舟의 구절. “내 마음 돌이 아니니 굴릴 수도 없지”(我心匪石, 不可轉也)라 하여 도연명 자신의 뜻은 변함이 없음을 말함.

【定】부사로 ‘도대체, 정말’의 뜻.

048-4 〈擬古〉

넷째 수

가물가물 백 척은 높은 누각은,
황량한 사방 또렷이 보이겠지.
저녁이면 구름이 돌아와 집으로 삼고,
아침이면 새들이 날아들어 제 집이라 여기네.
펼쳐진 산하는 눈에 가득 들어오고
넓은 들판만 홀로 끝이 없구나.
옛날 명리를 쫓던 사람들,
강개하여 다투었던 이 곳.
그러나 하루 아침 죽은 뒤에는
서로가 더불어 북망산으로 돌아왔네.
무덤 가 송백은 베어져 나가고
무덤도 그 높낮이가 달라졌네.
허물어진 옛 무덤 남은 주인 없으니
그 혼백 어디를 떠돌고 있나!
생전의 부귀영화 진실로 귀한 것이나
죽은 뒤에는 이렇게 가련하고 애달퍼라.

(其四)

迢迢百尺樓, 分明望四荒.
暮作歸雲宅, 朝爲飛鳥堂.
山河滿目中, 平原獨茫茫.

古時功名士, 慷慨爭此場.
一旦百歲後, 相與還北邙.
松柏爲人伐, 高墳互低昂.
頹基無遺主, 游魂在何方!
榮華誠足貴, 亦復可憐傷.

【迢迢】 아득히 먼 모습. 여기서는 높은 모습을 가리킴.
【四荒】 사방이 모두 황무한 땅임을 말함. 楚辭 離騷에 “將往觀乎四荒”이라 함.
【功名士】 공명과 이익을 쫓는 사람.
【百歲後】 사후, 죽은 다음을 뜻함.
【北邙】 북망산. 지금의 洛陽 서북쪽의 공동 묘지. ‘北芒’으로도 표기함. 낙양
 지에 “北邙山, 漢魏晉臣墳多在此”라 함.
【松柏】 무덤 곁에 옛날에는 송백을 심었음. 〈孔雀東南飛〉에 “兩家求合葬,
 合葬華山傍. 東西植松柏, 左右種梧桐”이라 함.
【互低昂】 무덤의 높낮이가 고르지 않음을 가리킴. ‘昂’는 높다는 뜻.
【頹基】 허물어진 무덤.

048-5 〈擬古〉

다섯째 수

동방에 선비 하나 있어
입은 옷도 언제나 온전치 못하네.
한 달에 겨우 아홉 끼 식사,
십 년에 갓 하나 그대로일세.
고생에 힘들기는 비길 데 없어도
언제나 얼굴은 환한 표정.
내 그 사람 보고자 하여
새벽에 강을 건너 관문을 지나 찾아갔다오.
푸른 솔 길가에 좁게 나 있고,
흰 구름 처마 끝에 멈춰 섰는데.
내가 온 뜻 얼른 알아차리고
거문고 꺼내어 나를 위해 연주하네.
첫 곡은 슬프고 애달픈 〈별학조곡〉,
이어서 연주한 건 〈쌍봉리란〉일세.
원컨대 그대 곁에 가까이 남아
지금부터 세밑까지 머물고 싶소.

(其五)

東方有一士, 被服常不完.
三旬九遇食, 十年著一冠.
辛勤無此比, 常有好容顔.

我欲觀其人, 晨去越河關.
靑松夾路生, 白雲宿簷端.
知我故來意, 取琴爲我彈.
上絃驚別鶴, 下絃操孤鸞.
願留就君位, 從今至歲寒.

【被服】披服과 같음. '옷을 입다'의 뜻.

【三旬九遇食】'三旬九食'과 같음. 한 달에 9번 밥을 먹을 정도로 가난함. 《說苑》立節篇에 "子思居於衛, 縕袍無表, 三旬而九食"이라 함.

【故來意】일부러 찾아온 뜻.

【越河關】강을 건너고 관문을 지나다.

【別鶴】고대 琴曲. 〈別鶴操曲〉을 말함. 《樂府詩集》(58) 琴曲歌辭(2)에 〈別鶴操〉가 있으며 崔豹의 《古今注》를 인용하여 "別鶴操, 商於牧子所作也. 娶妻五年而無子, 父兄將爲之改娶. 妻聞之, 中夜起, 倚戶而悲嘯. 牧子聞之, 愴然而悲, 乃援琴而歌, 後人因爲樂章焉"이라 하였고, 다시 《琴譜》를 인용하여 "琴曲有四大曲, 別鶴操其一也"라 함.

【孤鸞】역시 고대 琴曲 〈雙鳳離鸞〉을 가리킴. 《西京雜記》(2)에 "慶安世, 年十五, 爲成帝侍郎. 善鼓琴, 能爲雙鳳離鸞之曲"이라 함.

【歲寒】歲暮. 추운 겨울. 《論語》子罕篇에 "子曰: 歲寒然後知松柏之後彫也"라 하였고, 何晏의 《集解》에 "大寒之歲, 衆木皆死, 然後知松柏小彫傷, 平歲則衆木亦有不死者, 故須歲寒而後別之"라 함.

048-6 〈擬古〉

여섯째 수

푸르디 푸른 골짜기 송백나무,
겨울 여름 항상 울창하네.
해마다 서리와 눈을 만나니
계절을 모르는 나무라 누가 말하랴!
세속의 숱한 말들 듣기 싫다고
친구를 사귀려 임치로 가네.
직하엔 말 잘하는 선비 많으니
그에게 물어 보면 내 의문 풀리겠지.
짐을 꾸려 놓은지 여러 날 되었고,
이미 가족에게 작별도 하였네.
떠나려고 문을 나섰다가 다시 멈추어
돌아와 앉아서는 별생각이 다하네.
길이 먼 것은 원망할 게 못 되나
그들이 나를 속일까 두렵네.
만일에 서로가 뜻 맞지 않으면
두고두고 세상에 웃음거리 될 텐데.
이 마음 터놓고 말하기 어려워
그대를 위하여 이 시를 짓네.

(其六)

蒼蒼谷中樹, 冬夏常如茲.

年年見霜雪, 誰謂不知時!

厭聞世上語, 結友到臨淄.

稷下多談士, 指彼決吾疑.

裝束旣有日, 已與家人辭.

行行停出門, 還坐更自思.

不怨道里長, 但畏人我欺.

萬一不合意, 永爲世笑嗤.

伊懷難具道, 爲君作此詩.

【樹】 송백, 소나무와 잣나무.

【常如玆】 항상 이렇다, 즉 언제나 울창하고 시들지 않음.

【時】 계절의 변화, 여기서는 시세를 가리키기도 함.

【世上語】 세속의 유언비어, 뜬 소문.

【臨淄】 춘추전국시대 齊나라의 서울. 지금의 山東 淄博市 臨淄鎭.

【稷下】 고대 지명. 臨淄城의 稷門 근처에 있었음. 전국시대 齊 宣王이 선비를
모아 우대하던 곳.《史記》田敬仲完世家에 "宣王喜文學游說之士, 自如騶衍·
淳于髡·田騈·接予·愼到·環淵之徒七十六人, 皆賜列第, 爲上大夫, 不治而議論.
是以齊稷下學士復盛, 且數百千人"이라 하였고, 劉向의《別錄》에는 "齊有稷門,
城門也. 談說之士期會於稷下也"라 함.

【旣有日】 이미 여러 날이 지남.

【伊懷】 '伊'는 '此'와 같은 뜻임.

【難具道】 자세하게 말로 할 수 없음. 道는 言과 같음.

048-7 〈擬古〉

일곱째 수

해 저물자 하늘에 구름 한 점 없고,
봄바람 산들산들 따뜻하구나.
아름다운 미인은 맑은 밤이 좋다고
새벽이 되도록 취하고 노래하네.
노래가 끝나자 길고 큰 탄식소리,
윗구절 읊고서 느낌도 많지.
"휘영청 구름 속에 밝은 달이여,
 아름다운 잎새 속은 예쁜 꽃이여.
 어찌 한 때는 좋지 않으련만,
 오래가지 못하니 어찌 하오리!"

(其七)
日暮天無雲, 春風扇微和.
佳人美淸夜, 達曙酣且歌.
歌竟長太息, 持此感人多.
皎皎雲間月, 灼灼葉中華.
豈無一時好, 不久當如何!

【美】찬미하다. 좋아하다.
【達曙】날이 밝아옴. 아침이 됨.

【持此】 윗구절을 읊다. 여기서 '此'는 위의 시 구절을 가리킴.

【灼灼】 꽃이 아름답게 핀 모습.《詩經》周南 桃夭에 "桃之夭夭, 灼灼其華"
라 함.

【華】 '花'와 같음.

048-8 〈擬古〉

여덟째 수

젊은 날에 장대하고 의지도 강해,
칼자루 어루만지며 홀로 나다녔지.
가까운 곳 다녔다고 누가 말하나?
장액에서 유주까지 가 보았는데.
배고프면 수양산에 고사리 캐고
목마르면 역수 물로 목을 축였지.
알아주는 지기는 만나지 못하고
오직 보았나니 해묵은 무덤.
길 가 양 옆의 높은 무덤
백아와 장주가 묻혀 있었네.
이러한 선비는 다신 못 뵐 분,
내 이 길 떠나 무엇 구하랴!

(其八)

少時壯且厲, 撫劍獨行遊.
誰言行遊近, 張掖至幽州.
飢食首陽薇, 渴飮易水流.
不見相知人, 惟見古時丘.
路邊兩高墳, 伯牙與莊周.
此士難再得, 吾行欲何求!

【張掖】지명. 한나라 때의 군 이름. 지금의 甘肅 張掖. 武威와 酒泉 사이에
  있음.
【幽州】고대 12주의 하나로 지금의 河北 북부에서 遼寧까지의 넓은 지역.
【首陽薇】수양산에서 고사리를 캐 먹다가 죽은 伯夷와 叔齊의 고사를 말함.
  《史記》伯夷列傳 참조.
【易水流】전국 말기 太子 丹과 荊軻의 고사를 말함.《戰國策》燕策 및《史記》
  刺客列傳, 도연명의 〈詠荊軻〉 시 참조.
【伯牙】伯牙와 鍾子期의 伯牙絶絃(知音)의 고사를 말함.《呂氏春秋》本味篇 및
  《說苑》등 참조.
【莊周】莊子를 가리킴. 전국시대 도가의 큰 학자. 노자와 병칭되며 저서
  《장자》를 남김.

048-9 〈擬古〉

아홉째 수

장강 물가에 뽕나무 심고 나서,
삼 년이면 따리라 기대했더니
가지와 줄기가 무성해지자
갑자기 산과 강이 바뀌고 말아,
가지와 잎들은 꺾이고 떨어졌으며,
뿌리와 그루는 동해 바다에 떠도네.
봄누에는 이미 먹을 것도 없으니
겨울옷 누구를 기다려 얻어 입을까?
뿌리를 높은 언덕에 심지 않았으니
지금 와서 후회한 들 무엇하리오!

(其九)

種桑長江邊, 三年望當採.
枝條始欲茂, 忽値山河改.
柯葉自摧折, 根株浮滄海.
春蠶旣無食, 寒衣欲誰待?
本不植高原, 今日復何悔!

【種桑】뽕나무를 진나라에 비유하여 晉 恭帝는 劉裕에 의해 왕위에 올랐
  으나 끝내는 그 피해를 입을 것이라는 것을 암시함. 東晉 사람들은 뽕나무를

자신들의 象徵物, 祥物로 여겼음. 傅咸의 〈桑樹賦〉序에 "世祖昔爲中壘將軍, 於直廬種桑一株, 迄今三十餘年, 其茂盛不衰. 皇太子入朝, 以此廬爲便坐"라 하였으며, 《藝文類聚》(80)에 〈桑樹賦〉에 "生合抱於毫芒, 猶帝道之將升. …… 惟皇晉之基命, 爰於斯而發祥"이라 함.

【忽値】홍수를 만나 모두 휩쓸려 나감. 여기서는 갑자기 劉裕의 찬탈을 만난 것을 비유함.

【滄海】동해 바다를 가리킴.

【寒衣】뽕나무가 없으면 누에가 없으며 이로써 옷을 해 입지 못하여 추위에 떨게 됨을 말함.

【本】여기서는 뽕나무 뿌리를 가리킴.

참고 및 관련 자료

이상 〈擬古〉 9수는 대체적으로 도연명 56, 57세쯤에 쓴 것으로 추정하고 있다.

049 〈雜詩〉(十二首)

049-1 〈雜詩〉

첫째 수

사람이 태어나 뿌리 없으니
길가에 나부끼는 먼지 같도다.
흩어져 바람 따라 전전하나니
이 몸 영원히 변치 않는 것 아니리로다.
떠돌다가 만나도 모두가 형제 되는 것,
어찌 하필 골육만이 친척이리오?
즐거움을 만나면 의당 즐길 일,
한 말 술로 이웃을 불러모은다.
젊은 시절 다시 나에게 올 리 없고,
하루는 두 번 새벽 있을 수 없네.
그때그때 의당 힘써 노력 할 일,
세월은 사람을 기다리지 않도다.

(其一)

人生無根蔕, 飄如陌上塵.

分散逐風轉, 此已非常身.

流落成兄弟, 何必骨肉親?

得歡當作樂, 斗酒聚比隣.

盛年不重來, 一日難再晨.

及時當勉勵, 歲月不待人.

【人生無根蒂】古詩十九首(4)에 "人生寄一世, 奄忽若颷塵"이라 함.

【兄弟】《論語》顔淵篇 "四海之內, 皆兄弟也"의 구절을 원용한 것.

【比隣】이웃하여 사는 사람들. 王勃의 시에 "海內存知己, 天涯若比隣"이라 함.

049-2 〈雜詩〉

둘째 수

흰 해는 서산으로 넘어가 버리고,
밝은 달이 동쪽 고개 위로 솟아오른다.
가물가물 만리 멀리 빛을 던지고
넓고 아득한 공중에 빛을 채운다.
바람을 불어 방문으로 들어와
한 밤중 베개 자리 차기도 하다.
기후가 변하니 철 바뀐 것 느끼겠고
잠을 못 이루니 밤이 깊을 알겠도다.
말하고자 하나 주고받을 이 없으니
술잔 들고 외로운 그림자에게 권한다.
해와 달은 사람을 뿌리치고 제 홀로 가니
뜻이 있어도 타고 갈 수 없구나.
이를 생각하면 슬픔만 파고들어
끝내 날이 밝도록 뒤척이며 밤을 새네.

(其二)
白日淪西阿, 素月出東嶺.
遙遙萬里輝, 蕩蕩空中景.
風來入房戶, 中夜枕席冷.
氣變悟時易, 不眠知夕永.

欲言無予和, 揮杯勸孤影.

日月擲人去, 有志不獲騁.

念此懷悲悽, 終曉不能靜.

【西阿】 원래 '西河'로 된 판본도 있으나 陶澍에 "從何校宣和本作阿"라 함.
 西山을 말함. 阿는 山.
【素月】 밝은 달.
【蕩蕩】 넓고도 멀다.
【景】 影의 본자. 그림자.
【氣變】 기후가 변하다.
【夕永】 長夜. 긴 밤.
【無予和】 나와 애기해 줄 사람이 없다.
【終曉不能靜】 날이 새도록 안정을 찾지 못하여 뒤척이다 밤을 새움.

049-3 〈雜詩〉
셋째 수

부귀영화란 오래 머물기 어려우며,
흥망성쇠는 요량조차 할 수 없네.
지난 날 화창한 봄의 연꽃도
오늘에는 가을 연밥으로 변해 버렸네.
매서운 된서리 들풀에 맺혀
시들어도 아직은 죽진 않았네.
해와 달은 돌고 돌아 끝이 없지만
내 죽으면 다시 살아나지 못하리로다.
그립도다, 지나간 옛 시절이여.
이를 생각하니 애끊는 간장.

(其三)
榮華難久居, 盛衰不可量.
昔爲三春蕖, 今作秋蓮房.
嚴霜結野草, 枯悴未遽央.
日月還復周, 我去不再陽.
眷眷往昔時, 憶此斷人腸.

【榮華】 인간세상의 부귀영화를 말함. 원래 草本植物의 꽃은 '榮', 木本植物의
꽃을 '華'라 함.

【三春】봄 석 달. 즉 孟春, 仲春, 季春. 음력으로 1월부터 3월까지.

【蕖】芙蕖. 蕖蓮. 연꽃. 蓮房은 연밥.

【日月還復周】판본에 따라서는 "日月有環周"로 되어 있는 것도 있음.

【不再陽】'陽'은 '生'과 같음.《莊子》齊物篇 "近死之心, 莫使復陽也"의《釋文》
에 "陽, 謂生也"라 함.

049-4 〈雜詩〉

넷째 수

사나이는 사해에 뜻을 두는 법,
내 원키는 늙음을 모른 채 사는 것.
친척이 한 곳에 모여 살면서
자손이 돌아가며 보살펴 주고,
술과 음악이 날마다 앞에 놓여 있고,
술잔에 술이 마르지 않기를
허리띠 풀어놓고 실컷 즐기며
늦어서야 일어나며 일찍 잠들고.
당세에 그 누가 이와 같으리!
그 가슴에 얼음과 숯이 가득한 것을.
백년 살고 무덤으로 되돌아가면
이렇게 산다해도 빈 이름뿐일 텐데.

(其四)
丈夫志四海, 我願不知老.
親戚共一處, 子孫還相保.
觴絃肆朝日, 罇中酒不燥.
緩帶盡歡娛, 起晚眠常早.
孰若當世士, 氷炭滿懷抱.
百年歸丘壟, 用此空名道.

【丈夫志四海】 사나이는 포부가 원대하여야 한다는 뜻. 曹植의 〈贈白馬王彪〉
 에 "丈夫志四海, 萬里猶比隣"이라 함.

【不知老】《論語》述而篇에 "葉公問孔子於子路, 子路不對. 子曰:「女奚不曰:
『其爲人也, 發憤忘食, 樂以忘憂, 不知老之將至』云爾.」"라 함.

【觴絃】 술과 음악.

【肆】 진열하다, 앞에 놓여 있다.

【罇中】 잔 속에. 孔融의 시에 "坐上客恆滿, 樽中飮不空"이라 함.

【緩帶】 허리띠를 풀다. 구속없이 마음대로 하다의 뜻.

【氷炭】 氷炭不相容. 마음에 갈등이 생겨 마치 숯과 얼음이 서로 용납하지
 못하는 듯함.《淮南子》齊俗訓에 "貪祿者見利而不顧身, 而好名者非義不苟得,
 此相爲論, 譬猶氷炭鉤繩也, 何時而合?"이라 함.

【丘壟】 무덤.

049-5 〈雜詩〉

다섯째 수

내 젊고 힘있던 시절 뒤돌아보니
웃을 일 없어도 스스로 즐거워하였네.
웅대한 뜻을 사해에 펼치며
날개를 펴고 멀리 날고자 하였지.
그러나 서서히 세월이 흐르면서
이런 의지 점점 사라지더니,
즐길 일 만나도 즐거움을 모르겠고,
일마다 많은 근심 생각만 깊어,
기력은 점차 쇠락하더니
날이 갈수록 옛날 같지 않음을 깨닫게 되네.
자연은 끊임없이 변하여 아주 잠깐만에
나를 끌고 가며 멈출 수 없게 하네.
앞길이 그 얼마나 남아 있는지
멈추어 머물 곳을 알 수 없도다.
촌음도 아꼈던 옛사람들이여,
이들을 생각하니 두려움이 몰려오네.

(其五)

憶我少壯時, 無樂自欣豫.

猛志逸四海, 騫翮思遠翥.

荏苒歲月頹, 此心稍已去.

値歡無復娛, 每每多憂慮.

氣力漸衰損, 轉覺日不如.

壑舟無須臾, 引我不得住.

前途當幾許, 未知止泊處.

古人惜寸陰, 念此使人懼.

【欣豫】기뻐하다. 즐거워하다.

【猛志】웅장한 포부.

【騫翮】'날개를 높이 펴다'의 뜻.

【遠翥】멀리 날아 오름.

【壑舟】부단히 변화하여 늙어 가는 인생을 뜻함.《莊子》大宗師에 "夫藏舟
　於壑, 藏山於澤, 謂之固矣. 然而夜半有力者負之而走, 昧者不知也"라 하였고,
　成玄英의 疏에 "夫藏舟船於海壑, 正合其宜; 隱山岳於澤中, 謂之得所. 然而
　造化之力, 擔負而趨; 變故日新, 驟如逝水. 凡惑之徒, 心靈愚昧, 眞謂山舟牢固,
　不動歸然. 豈知冥中貿遷, 無時暫息? 昨我今我, 其義亦然也"라 함.

【惜寸陰】《淮南子》原道訓에 "夫日回而月周, 時不與人游, 故聖人不貴尺之璧
　而重寸之陰, 時難得而易失也"라 함.

049-6 〈雜詩〉

여섯째 수

옛날 어른들이 말할 때에는
귀를 막고 그 때마다 듣기 싫어하였네.
그런데 어쩌다 내 나이 오십,
홀연히 이런 일 바로 내가 겪고 있네.
한창 때의 즐거움을 찾아보건만
털끝만큼도 그런 느낌 다신 없구나.
세월은 흘러흘러 갈수록 멀어지니
이 삶을 어디서 다시 만나랴!
집안을 기울여 즐거움을 누리자,
내달리는 세월을 끝까지 가리.
자식에게 재산을 남겨줄 필요 없다.
내 죽은 뒤를 위해 무엇을 남기랴!

(其六)

昔聞長者言, 掩耳每不喜.
奈何五十年, 忽已親此事.
求我盛年歡, 一毫無復意.
去去轉欲遠, 此生豈再值!
傾家時作樂, 竟此歲月駛.
有子不留金, 何用身後置!

【長者】長老와 같음. 陸機의 〈歎逝賦〉序에 "昔每聞長老, 追計平生, 同時
  親故, 或凋落已盡, 或僅有存者. 余年方四十, 而懿親戚屬, 亡多存寡; 昵交密友,
  亦不半在. 或所曾共遊一塗, 同冥一室, 十年之外, 索然已盡. 以是思哀, 哀可
  知矣"라 함.

【掩耳每不喜】어른의 말을 귀를 막고 듣지 않음. 그들의 넉두리를 들어 보면
  즐겁다는 생각이 들지 않기 때문.

【親此事】내가 이런 일을 직접 겪다.

【盛年】장년. 李公煥 주에 "男子自二十一至二十九則爲盛年"이라 함.

【時作樂】'持作樂'으로 봄. 古詩 〈十五從軍征〉에 "烹穀持作飯, 采葵持作羹"
  이라 함.

【有子不留金】자식에게 재산을 남겨 주지 않음. 漢나라 때 疏廣과 疏受의
  고사를 빌어 쓴 것. 〈詠二疎〉(051)의 주를 참고할 것.

049-7 〈雜詩〉

일곱째 수

세월은 천천히 가길 거부하고,
사시는 서로 재촉하여 밀어 내구나.
찬바람은 마른 가지 흔들고 있고
낙엽은 긴 길을 덮고 있구나.
약한 체질은 세월 따라 쇠락하고
검던 귀밑머리 어느 새 희어졌네.
흰 색 표식 머리에 꽂으니
내 앞길이 갈수록 점점 좁아지도다.
집이란 나그네를 맞이하는 여인숙이요,
나는 마땅히 떠날 나그네.
가고 또 간들 어디로 가려는가?
마지막 갈 곳은 남산의 선영 곁.

(其七)

日月不肯遲, 四時相催迫.

寒風拂枯條, 落葉掩長陌.

弱質與運頹, 玄鬢早已白.

素標插人頭, 前塗漸就窄.

家爲逆旅舍, 我如當去客.

去去欲何之, 南山有舊宅.

【長陌】長道, 長路와 같은 뜻임.

【玄鬢】검은 수염과 머리카락.

【素標】흰색 표시. 稽含의 〈白首賦〉序에 "余年二十七, 始有白髮, 生於左鬢,
斯乃衰悴之標證, 棄捐之大漸也"라 함. 白髮을 뜻함.

【逆旅舍】'逆'은 '迎'과 같음. 손님을 맞이하는 旅舍.《列子》仲尼篇에 "龍叔
曰: 處吾之家, 如逆旅之舍"라 함. 李白의 〈春夜宴桃李園序〉에 "夫天地者,
萬物之逆旅; 光陰者, 百代之過客"이라 함.

【南山】도연명이 살던 곳의 앞산. 廬山을 가리킴. 혹 障山이라고도 칭함.
그곳에 도씨 선조의 선영이 있음. 舊宅은 先塋, 무덤을 가리킴.

049-8 〈雜詩〉

여덟째 수

농사 대신 봉록 받는 관리되기를 바라는 것도 아니니
본업이란 농사짓고 누에치는 일.
몸소 이 일하며 그만 둔 적 없으나
춥고 굶주려 늘 조강糟糠을 벗어나지 못하니,
어찌 배 채우는 것 이상을 바랄 수 있으리오만,
다만 원하나니 거친 밥이라도 배나 불렀으면.
겨울 추위 막는데는 거친 베 옷 족하고
거친 갈포로 햇볕만 가려도 되는데,
이런 것도 얻을 수 없으니
슬프다, 또한 비참하도다.
남들은 누구나 잘들 해결하는데
워낙 서툴러 그 방법도 모른다네.
이치가 그러하니 어찌하리오,
술 한 잔으로 근심이나 풀자.

(其八)

代耕本非望, 所業在田桑.

躬親未曾替, 寒餒常糟糠.

豈期過滿腹, 但願飽粳糧.

御冬足大布, 麤絺以應陽.

正爾不能得, 哀哉亦可傷.

人皆盡獲宜, 拙生失其方.

理也可奈何! 且爲陶一觴.

【代耕】 관직에 있어 직접 농사를 짓지 아니하고 봉록을 먹는 것을 말함.
《孟子》萬章(下)에 “下士與庶人在官者同祿, 祿足以代其耕也”라 하였고, 趙岐
주에 “士不得耕, 以祿代耕也”라 함.
【寒餒】 추위와 굶주림.
【糟糠】 술 지게미와 겨. 매우 가난하여 먹을 것이 없음을 말함.《後漢書》
宋弘傳에 “貧賤之交不可忘, 糟糠之妻不下堂”이라 함.
【粳糧】 ‘粳’은《玉篇》에 “不黏稻”라 하여 기름기 없는 쌀을 말함.
【麤絺】 거친 칡 베. 麤는 粗와 같음. 絺는 葛布.
【拙生】 생계를 꾸리는데 서툴다.
【陶一觴】 술 한 잔으로 즐김. 근심을 풀어 버림. ‘陶’는 ‘樂’과 같음.

049-9 〈雜詩〉

아홉째 수

타향에서 벼슬살이 먼 곳까지 나섰더니
몸은 밖에 있으나 마음은 고향에.
눈물 훔치며 배 띄워 동쪽으로 나서서
물길을 따라 오다보니 시간만큼 멀리 왔네.
해가 지고 성수星宿와 묘수昴宿가 나타났다가,
다시 이미 서산에 숨었구나.
쓸쓸히 하늘 끝에 외로이 떨어지니
집에서 편히 먹던 식사 생각 서글프다.
강개하여 남쪽 고향으로 돌아가리 생각해도,
길은 멀고 명분도 없구나.
관문과 다리를 건널 수 없으니,
끊어진 소식을 이 시에 담아 부치노라.

(其九)

遙遙從羈役, 一心處兩端.

掩淚汎東逝, 順流追時遷.

日沒參與昴, 勢翳西山巔.

蕭條隔天涯, 惆悵念常飡.

慷慨思南歸, 路遐無由緣.

關梁難虧替, 絶音寄斯篇.

【羈役】‘羈’는 잠깐 말을 매어둠을 뜻하며 나그네로서 行役을 치름을 말함.

【兩端】黃文煥은 “身在役而心在家也”라 함.

【掩涕】눈물을 훔침. 掩涕와 같음.《楚辭》離騷에 “長太息以掩涕兮”라 함.

【星・昴】둘 모두 별자리. 29수(宿)의 하나. 여기서는 별이 총총한 하늘을 가리킴. 星은 七星이라고도 하며 東方에 있고 昴는 西方에 있음. 따라서 의미로 보아 參星과 昴星이어야 맞음.

【勢翳】성좌가 숨다. ‘勢’는 별자리, 성좌. ‘翳’는 숨다. 여기서는 성좌의 움직임으로 배가 가는 속도를 암시함.

【惆愴】슬픔을 나타내는 쌍성연면어. ‘慷慨’, ‘蕭條(첩운연면어)도 마찬가지 표현임.

【關梁】국경의 관문이나 다리. 여기서는 행정의 일로 왕왕 산을 넘고 다리를 건너다님을 뜻함.

【難虧替】관문과 다리를 없애거나 다른 것으로 대체하여 사람이 마음놓고 오갈 수 있었으면 하고 원하지만 그렇게 하기는 어려움을 말함.

【絶音】소식이 끊김.

열째 수

한가하게 살 때는 하고싶은 대로 하리라 여겼으나
시간이 몰아가니 생각할 겨를도 없네.
쫓기는 노역살이 쉴 틈도 없어
휘장친 수레 몰아 동쪽 끝에 이르렀네.
침울한 날씨는 마치 사향 피운 연기 속 같은데,
차가운 공기는 내 가슴을 두드리네.
세월은 언제나 어김없이 운행하여
내 이 곳에 머무른 지도 이미 이렇게 오래 되었네.
강개히 지나간 일을 회상하니 그리운 정 깊어만 지는데,
그런 정 이미 오래 전에 멀어졌네.
그럭저럭 세월 흘러 이미 십 년 째,
잠시 남에게 묶인 것이지.
뜰과 처마에는 더욱 자란 나무로 덮였을 것이니
갑자기 이렇게 세월만 줄어들었네.

(其十)
閒居執蕩志, 時駛不可稽.
驅役無停息, 軒裳逝東崖.
沈陰擬薰麝, 寒氣激我懷.
歲月有常御, 我來淹已彌.

慷慨憶綢繆, 此情久已離.

荏苒經十載, 暫爲人所羈.

庭宇翳餘木, 倏忽日月虧.

【蕩志】 구속당하고 싶지 않은 뜻. 자유를 누리고 싶은 생각을 말함. 《楚辭》 九章 思美人에 "吾將蕩志而愉樂兮, 遵江夏以娛憂"라 함.

【時駛】 시간의 흘러감.

【軒裳】 軒은 고대 벼슬하는 자 수레의 덮개. 裳은 帷裳, 즉 수레 사방을 덮어 가리는 휘장.

【東崖】 도연명이 使行을 가는 목적지.

【常御】 《漢書》 禮樂志에 雅樂에 "不常御. 常御及郊廟皆非雅聲"이라 하여 음악의 일종으로 보이나 여기서는 '일상적인 운행'으로 풀이함.

【淹已彌】 淹은 '머물다(留)'의 뜻, 彌는 '오래됨(久)'을 말함.

【綢繆】 묶고 엮음. 《詩經》 豳風 鴟鴞에 "迨天之未陰雨, 綢繆牖戶"라 함. 따라서 어떤 일이 있기 전 미리 모책을 세움을 뜻함. 여기서는 모든 것을 뿌리치고 전원으로 돌아갈 생각에 대한 모책를 뜻하는 듯함.

【荏苒】 세월이 저도 모르게 흘러감을 표현하는 雙聲連綿語.

【十載】 古直의 주에 "言弱冠出仕至歸田, 凡十載也"라 함.

【庭宇】 정원과 처마.

【餘木】 많은 나무. 더욱 자란 나무들.

【倏忽】 '갑자기'의 뜻.

【虧】 소모되다. 줄어들다.

049-11 〈雜詩〉

열 한째 수

이 번 행역이 먼 곳은 아니라지만
돌아보니 슬픈 바람 차기도 했지.
봄 제비 계절 따라 다시 찾아와
높이 날아 대들보 먼지를 털어 내누나.
변방 기러기 머물 곳 없어 슬퍼하더니,
잇따라 교대로 북쪽 고향으로 돌아가누나.
홀로 남은 댓닭들은 맑은 못에서 슬피 울며,
여름 더위와 가을 서리를 겪는구나.
근심에 찬 나는 말로 펴지 못하는데
아득히 봄밤은 길기도 하여라.

(其十一)
我行未云遠, 回顧慘風凉.
春燕應節起, 高飛拂塵梁.
邊雁悲無所, 代謝歸北鄉.
離鵾鳴清池, 涉暑經秋霜.
愁人難爲辭, 遙遙春夜長.

【行】 행역(行役)을 가리킴.
【慘風】 가을 겨울의 차가운 바람.

【塵梁】 '梁塵'과 같음. 대들보 위에 쌓인 먼지.

【邊雁】 변방으로 날아가는 기러기.

【代謝】 차례대로 변화를 일으킴을 말함. 新陳代謝와 같음. 謝는 '사그러지다'의 뜻. 여기서는 기러기와 제비가 서로 오고 감을 교대함을 말함.

【北鄕】 기러기의 고향인 북쪽.

【離鷗鳴淸池】 여름에 함께 살던 새들이 가을에 떠나면서 헤어짐을 안타깝게 여겨 슬피 우는 것을 말함. 鷗은 댓닭이라 함. 淸池는 자신들이 살던 맑은 못을 말함. 원래 嵇康의 〈琴賦〉에 "嚶若離鷗鳴淸池"라 하였고, 枚乘의 〈七發〉에도 "鷗雞哀鳴翔乎其下, 於是背秋涉冬"이라 하였음.

049-12 〈雜詩〉

열 두째 수

간들간들 벼랑 끝의 솟아 있는 소나무,
아름다운 그 모습 어린 동자로구나.
나이는 이제 막 열 다섯 쯤이니
높은 가지 아직 아려 어찌 기댈 수 있는가?
모습을 가꾸고 정기 품고 자라면
찬연히 신비한 모습 갖추리라.

(其十二)

嫋嫋松標崖, 婉孌柔童子.
年始三五間, 喬柯何可倚!
養色含精氣, 粲然有心理.

【婉孌】 아리따운 모습을 나타내는 疊韻連綿語.《詩經》齊風 甫田에 “婉兮
孌兮”라 함.
【三五間】 15살 내외의 나이.
【喬柯】 교목의 가지. 높은 가지를 말함.
【精氣】 소나무 본연의 아름다운 기운. 다른 本에는 ‘津氣’로 되어 있음.
【心理】 신기한 이치. ‘神理’와 같음. 소나무로서의 신비하고 아름다운 이치를
다하여 그 형태를 갖출 것임을 말함.

050 〈詠貧士〉(七首)
『가난한 선비를 노래함』

050-1 〈詠貧士〉
첫째 수

만물은 각기 자기 의탁할 곳이 있으나
외로운 구름만은 기댈 데가 없구나.
가물가물 공중에서 사라져 버리니
그 어느 때 남긴 빛을 드러낼 수 있으랴?
아침 노을 묵은 안개 걷어올리자
많은 새들 무리 지어 날아가도다.
느릿느릿 숲 속을 나와 날개 펴는 새,
저녁도 되기 전에 되돌아 왔네.
제 힘 헤아린답시고 옛 길 지키니
어찌 춥고 배곯지 않으랴!
알아주는 지음知音도 아예 없으니
끝났도다 무엇을 비통해 하랴!

(其一)

萬族各有託, 孤雲獨無依.

曖曖空中滅, 何時見餘暉?

朝霞開宿霧, 衆鳥相與飛.

遲遲出林翮, 未夕復來歸.

量力守故轍, 豈不寒與飢!

知音苟不存, 已矣何所悲!

【孤雲】 외로운 구름. 여기서는 빈한한 선비, 즉 시인 자신을 비유한 것임.

【朝霞開宿霧】 아침 놀이 밤 안개를 걷다. 여기서는 송나라가 진나라를 교체
 하였음을 가리킴.

【衆鳥】 보통의 선비들을 비유함.

【相與飛】 무리 지어 날아가다. 여기서는 권세에 아부하는 자들이 새 정권에
 빌붙는 것을 비유함.

【翮】 새의 날개, 외로운 새, 즉 가난한 시인 자신을 비유한 것임.

【未夕復來歸】 어둡기 전에 다시 날아 들어오다. 여기서는 시인이 마지못해
 벼슬을 했지만 끝내 그만두고 돌아와 은거함을 가리킴.

【故轍】 옛날 익숙한 길로 감. 진취적이지 못하고 그저 지조만 지킴.

【知音】 伯牙와 鍾子期처럼 서로 깊이 이해하고 알아주는 자. 知己와 같음.

【已矣】 '끝났도다'의 표현. 楚辭 離騷에 "已矣哉! 國無人莫我知兮"라 함.

050-2 〈詠貧士〉

둘째 수

맵고 무서운 추위 한해 이미 저물었네.
겨우 베옷 걸치고 처마에서 볕을 쬐네.
남쪽 채마밭엔 남은 이삭 전혀 없고,
바짝 마른 가지만 북쪽 정원 가득하다.
술병 기울여도 남은 술 방울 끊어졌고
아궁이를 들여다봐도 연기란 볼 수 없다.
시서 경전 자리 밖을 가득 메워 차지해도,
해 저물어 다시 더 볼 겨를조차 아예 없다.
한가로운 삶이라 공자 진액陳厄은 아니로되,
나도 몰래 노여운 심정 말속에 드러난다.
어찌하면 내 마음을 위로할 수 있을거나!
이런 옛 어진 이들에게 기댈 수 있을 뿐.

(其二)

凄厲歲云暮, 擁褐曝前軒.
南圃無遺秀, 枯條盈北園.
傾壺絶餘瀝, 闚竈不見煙.
詩書塞座外, 日昃不遑研.
閑居非陳厄, 竊有慍見言.
何以慰吾懷, 賴古多此賢.

【曝前軒】집의 처마 앞에 나와 햇볕을 쬠.

【秀】榮, 꽃을 말함. 혹 채소 묘종. 솎음 푸성귀.

【瀝】《廣雅》에 "瀝, 酒也"라 함.

【塞】방치함. 아무 곳에나 둠.

【陳厄】공자가 陳나라에서 겪었던 곤액. 공자가 송나라 桓魋에게 축출을 당하고 진(陳)나라로 가고자 하였으나 당시 그곳이 혼란스러워 다시 楚나라로 가면서 진나라 채나라 사이 負函(지금의 河南 新陽縣)에 이르렀을 때 마침 吳楚의 교전이 벌어져 그곳에 갇힌 채 먹을 것이 없어 지극한 고통을 겪었으며 子貢이 초군과 교섭하여 겨우 살아날 수 있었던 사건. 이는 《論語》, 《史記》, 《說苑》, 《荀子》, 《韓詩外傳》, 《孔子家語》, 《莊子》, 《呂氏春秋》 등 많은 기록에 실려 있음. 《論語》 衛靈公에 "衛靈公問陳於孔子. 孔子對曰: 「俎豆之事, 則嘗聞之矣; 軍旅之事, 未之學也.」明日遂行. 在陳絶糧, 從者病, 莫能興. 子路慍見曰: 「君子亦有窮乎?」子曰: 「君子固窮, 小人窮斯濫矣.」"라 함. 참고란을 볼 것.

【此賢】이 시의 다음 5수에서 말하는 가난한 선비들을 지칭함.

참고 및 관련 자료

1.《荀子》宥坐篇

孔子南適楚, 厄於陳·蔡之間, 七日不火食, 藜羹不糝, 弟子皆有飢色. 子路進, 問之曰:「由聞之, 爲善者天報之以福, 爲不善者天報之以禍, 今夫子累德積義懷美, 行之日久矣, 奚居之隱也?」孔子曰:「由不識. 吾語女. 女以知者爲必用邪? 王子比干不見剖心乎? 女以忠者爲必用邪? 關龍逢不見刑乎? 女以諫者爲必用邪? 吳子胥不磔姑蘇東門外乎? 夫遇不遇者, 時也. 賢不肖者, 材也. 君子博學深謀不遇時者多矣. 由是觀之, 不遇世者衆矣! 何獨丘也哉? 且夫, 芷·蘭生於深林, 非以無人而不芳. 君子之學, 非爲通也, 爲窮而不困, 憂而意不衰也, 知禍福終始而心不惑也. 夫賢不肖者, 材也; 爲不爲者, 人也; 遇不遇者, 時也; 死生者, 命也. 今有其人不遇其時, 雖賢, 其能行互? 苟遇其時, 何難之有? 故君子博學深謀, 修身端行, 以俟其時.」

2. 《呂氏春秋》愼人篇

孔子窮於陳、蔡之間, 七日不嘗食, 藜羹不糝. 宰予備矣, 孔子弦歌於室, 顔回擇菜於外. 子路與子貢相與而言曰:「夫子逐於魯, 削迹於衛, 伐樹於宋, 窮於陳蔡, 殺夫子者無罪, 藉夫子者不禁, 夫子弦歌鼓舞, 未嘗絶音, 蓋君子之無所醜也若此乎?」顔回無以對, 入以告孔子. 孔子愀然推琴, 喟然而歎曰:「由與賜, 小人也. 召, 吾語之.」子路與子貢入. 子貢曰:「如此者可謂窮矣.」孔子曰:「是何言也? 君子達於道之謂達, 窮於道之謂窮. 今丘也拘仁義之道, 以遭亂世之患, 其所也, 何窮之謂? 故内省而不疚於道, 臨難而不失其德. 大寒旣至, 霜雪旣降, 吾是以知松柏之茂也. 昔桓公得之莒, 文公得之曹, 越王得之會稽. 陳、蔡之阨, 於丘其幸乎!」孔子烈然返瑟而弦, 子路抗然執干而舞. 子貢曰:「吾不知天之高也, 不知地之下也. 古之得道者, 窮亦樂, 達亦樂. 所樂非窮達也, 道得於此, 則窮達一也, 爲寒暑風雨之序矣. 故許由虞乎潁陽, 而共伯得乎共首.」

3. 《說苑》雜言篇

孔子遭難陳蔡之境, 絶糧, 弟子皆有飢色, 孔子歌兩柱之間. 子路入見曰:「夫子之歌, 禮乎?」孔子不應, 曲終而曰:「由, 君子好樂爲無驕也, 小人好樂爲無懾也, 其誰知之? 子不我知而從我者乎?」子路不悅, 援干而舞, 三終而出. 及至七日, 孔子脩樂不休, 子路愠見曰:「夫子之脩樂時乎?」孔子不應, 樂終而曰:「由, 昔者齊桓霸心生于莒, 勾踐霸心生於會稽, 晉文霸心生於驪氏, 故居不幽, 則思不遠, 身不約則智不廣, 庸知而不遇之.」於是興, 明日免於厄. 子貢執轡曰:「二三子從夫子而遇此難也, 其不可忘已!」孔子曰:「惡是何也? 語不云乎? 三折肱而成良醫. 夫陳, 蔡之間, 丘之幸也. 二三子從丘者皆幸人也. 吾聞人君不困不成王, 列士不困不成行. 昔者湯困於呂, 文王困於羑里, 秦穆公困於殽, 齊桓困於長勺, 勾踐困於會稽, 晉文困於驪氏. 夫困之爲道, 從寒之及煖, 煖之及寒也, 唯賢者獨知而難言之也. 易曰:「困亨貞, 大人吉, 無咎. 有言不信.」聖人所與人難言信也.」

4. 기타 자료 생략함.

050-3 〈詠貧士〉

셋째 수 榮啓期

영계기 노인은 새끼줄로 허리띠 매고,
즐거운 표정으로 거문고를 탔다 하며,
원헌은 다 떨어진 신발 뒤축에도,
맑은 노래 상음商音으로 흥겨웠지.
순임금 태평시대 나와는 먼 옛날,
그러나 가난한 선비 세상에 늘 있었지.
다 헤진 옷소매 팔꿈치도 못 가리고
희멀건 나물국엔 쌀알 한 톨 못 넣었네.
어찌 좋은 갓옷 입기를 잊으랴만
구차한 소득은 부러워할 줄 몰랐던 것.
자공은 한갓 말솜씨에 뛰어날 뿐,
끝내 우리 같은 선비 마음 모르리라.

(其三)

榮叟老帶索, 欣然方彈琴.
原生納決履, 清歌暢商音.
重華去我久, 貧士世相尋.
弊襟不掩肘, 藜羹常乏斟.
豈忘襲輕裘, 苟得非所欽.
賜也徒能辯, 乃不見吾心.

【榮叟】榮啓期.《列子》天瑞篇에 실려 있음. 공자의 질문에 인생의 즐거움
  3가지를 말한 노인. 참고란을 볼 것.

【原生】原憲. 자는 子思, 공자의 제자. 衛(魯)나라에 살 때 빈궁하면서도 子貢
  의 거만함에 전혀 굴하지 않았던 고사가 있음.《韓詩外傳》,《新序》,《孔子
  家語》,《莊子》,《史記》,《高士傳》등에 널리 실려 있음. 참고란을 볼 것.

【納】신발을 신다.

【重華】舜임금의 이름.《史記》五帝本紀에 "虞舜者, 名曰重華"라 함.

【相尋】끊임없이 이어져 나감.

【斟】삼(糝)과 같은 뜻. 나물죽에 넣은 쌀알.《墨子》非儒에 "孔某窮于蔡陳
  之間, 藜羹不糝"이라 함.

【苟得】속여서 제것으로 만들다. 구차스럽게 얻으려 하다.

【賜】端木賜, 자는 子貢. 衛나라 출신이며 공자의 제자. 원헌을 찾아갔다가
  치욕을 당한 적이 있으며 말솜씨에 뛰어났었음.《史記》仲尼弟子列傳에
  "子貢利口巧辭, 孔子常黜其辯"이라 함.

【乃不見吾心】시인이 은거하여 벼슬하지 않는 결심은 설득으로 움직일 수
  없음을 가리킴.

참고 및 관련 자료

1.《列子》天瑞篇

孔子遊於太山, 見榮啓期行乎郕之野, 鹿裘帶索, 鼓琴而歌. 孔子問曰:「先生所
以樂, 何也?」對曰:「吾樂甚多: 天生萬物, 唯人爲貴. 而吾得爲人, 是一樂也.
男女之別, 男尊女卑, 故以男爲貴. 吾旣得爲男矣, 是二樂也. 人生有不見日月·
不免襁褓者, 吾旣已行年九十矣, 是三樂也. 貧者士之常也, 死者人之終也, 處常
得終, 當何憂哉?」孔子曰:「善乎! 能自寬者也.」

2.《高士傳》(皇甫謐) (卷上) 榮啓期

榮啓期者, 不知何許人也. 鹿裘帶索, 鼓琴而歌. 孔子遊于泰山, 見而問之曰:
「先生何樂也?」對曰:「吾樂甚多. 天生萬物, 唯人爲貴, 吾得爲人矣, 是一樂也.
男女之別, 男尊女卑, 故以男爲貴, 吾旣得爲男矣, 是二樂也. 人生有不見日月,
不免襁褓者, 吾旣已行年九十矣, 是三樂也. 貧者士之常也, 死者民之終也, 居常

以待終, 何不樂也?」榮公何族, 弗美身隅. 揚歌廊野, 撫絃而嬉. 清言自寬, 披吐
宣尼. 契天符命, 孤引東墟.

3. 《韓詩外傳》卷一

原憲居魯, 環堵之室, 茨以蒿萊, 蓬戶甕牖, 桷桑而無樞, 上漏下濕, 匡坐而
絃歌. 子貢乘肥馬, 衣輕裘, 中紺而表素, 軒不容巷, 而往見之. 原憲楮冠黎杖
而應門, 正冠則纓絶, 振襟則肘見, 納履則踵決. 子貢曰:「嘻! 先生何病也!」
原憲仰而應之曰:「憲聞之; 無財之謂貧, 學而不能行之謂病. 憲, 貧也, 非病也.
若夫希世而行, 比周而友, 學以爲人, 敎以爲己, 仁義之匿, 車馬之飾, 衣裘
之麗, 憲不忍爲之也.」子貢逡巡, 面有慙色, 不辭而去. 原憲乃徐步曳杖, 歌商
頌而反, 聲淪於天地, 如出金石. 天子不得而臣也, 諸侯不得而友也. 故養身者
忘家, 養志者忘身, 身且不愛, 孰能忝之? 詩曰:「我心非石, 不可轉也. 我心非席,
不可卷也.」

4. 《莊子》讓王篇

原憲居魯, 環堵之室, 茨以生草; 蓬戶不完, 桑以爲樞; 而甕牖二室, 褐以爲塞;
上漏下溼, 匡坐而弦歌. 子貢乘大馬, 中紺而表素, 軒車不容巷, 往見原憲. 原憲
華冠縰履, 杖藜而應門. 子貢曰:「嘻! 先生何病?」原憲應之曰:「憲聞之,
无財謂之貧, 學道而不能行謂之病. 今憲, 貧也, 非病也.」子貢逡巡而有愧色.
原憲笑曰:「夫希世而行, 比周而友, 學以爲人, 敎以爲己, 仁義之慝, 輿馬之飾,
憲不忍爲也.」

5. 《新序》節士篇

原憲居魯, 環堵之室, 茨以生蒿, 蓬戶甕些, 非桑以爲樞, 上漏下濕, 匡坐而弦歌.
子贛聞之, 乘肥馬, 衣輕輪, 中紺而表素, 軒車不容巷, 往見原憲. 原憲冠桑葉冠,
杖藜杖而應門, 正冠則纓絶, 橢襟則絪見, 納履則踵決. 子贛曰:「嘻, 先生何
病也?」原憲仰而應之曰:「憲聞之無財之謂貧, 學而不能行之謂病. 憲貧也,
非病也. 若夫希世而行, 比周而交, 學以爲人, 敎以爲己, 仁義之慝, 輿馬之飾,
憲不忍爲也.」子贛逡巡, 面有愧色, 不辭而去. 原憲曳杖拖履, 行歌商頌而反,
聲滿天地, 如出金石, 天子不得而臣也, 諸侯不得而友也. 故養志者忘身, 身且
不愛, 孰能累之. 詩曰:「我心匪石, 不可轉也; 我心匪席, 不可卷也.」此之謂也.」

6. 기타 참고자료

《孔子家語》七十二弟子解·《史記》仲尼弟子列傳 등에도 같은 내용이 실려 있음.

050-4 〈詠貧士〉

넷째 수 黔婁先生

가난을 편히 여겨 비천함을 지켜낸 자,
예로부터 검루선생 그렇다고 칭송하네.
아무리 좋은 작위 나를 읽지 못하리니,
후한 선물 내 받을 것 아니로다.
하루 아침 그 수명이 천수를 다 마치자
다 헤진 옷조차도 그 몸 두루 못 감쌌네.
어찌 그리 지극한 가난을 알지 못하였나?
도가 아니니 근심조차 아니 한 것.
그 분 죽고 나서 이미 천 년 흘렀으니
다시는 그런 무리 더 볼 수도 없겠구나.
아침에 인의로 함께 살 수 있다면
저녁에 죽은 들 다시 무엇 구하리오?

(其四)

安貧守賤者, 自古有黔婁.
好爵吾不榮, 厚饋吾不酬.
一旦壽命盡, 弊服仍不周.
豈不知其極? 非道故無憂.
從來將千載, 未復見斯儔.
朝與仁義生, 夕死復何求?

【黔婁】 전국시대 제 나라의 隱士.《列女傳》과 皇甫謐의《高士傳》에 그의
  전이 실려 있음. 참고란을 볼 것.

【不縈】 ‘縈’은 ‘榮’자로 봄. 陶澍에 “焦本·吳本作縈”이라 하였고, 〈辛丑歲七月
  赴假還江陵夜行塗口〉(033)에 “不爲好爵縈”이라 함. ‘縈’은 ‘얽매이다, 구속
  당하다’의 뜻. 여기서는 마음에 두지 않다, 아랑곳하지 않다의 뜻.

【非道】 지극히 빈궁한 것은 도와는 아무런 관계가 없음.

【斯儔】 이런 부류의 사람. ‘儔’는 부류, 종류.

【朝與仁義生】《論語》里仁篇 “朝聞道, 夕死可矣”라 한 말을 원용한 것.

1.《列女傳》卷二 魯黔婁妻

魯黔婁先生之妻也. 先生死, 曾子與門人往弔之. 其妻出戶, 曾子弔之. 上堂,
見先生之尸在牖下, 枕墼席稿·縕袍不表. 覆以布被, 首足不盡斂. 覆頭則足見,
覆足則頭見. 曾子曰:「邪引其被則斂矣.」妻曰:「邪而有餘, 不如正而不足也.
先生以不邪之故, 能至於此. 生時不邪, 死而邪之, 非先生意也.」曾子不能應.
遂哭之曰:「嗟乎! 先生之終也, 何以爲諡?」其妻曰:「以康爲諡.」曾子曰:
「先生在時, 食不充虛, 衣不蓋形, 死則手足不斂, 旁無酒肉. 生不得其美, 死不
得其榮, 何樂於此? 而諡爲康乎?」其妻曰:「昔先生, 君嘗欲授之政, 以爲
國相, 辭而不爲, 是有餘貴也; 君嘗賜之粟三十鍾, 先生辭而不受, 是有餘富也.
彼先生者, 甘天下之淡味, 安天下之卑位; 不戚戚於貧賤, 不忻忻於富貴, 求仁而
得仁, 求義而得義, 其諡爲康, 不亦宜乎?」曾子曰:「唯斯人也而有斯婦」君子謂:
「黔婁妻爲樂貧行道」詩曰:『彼美淑姬, 可與寤言.』此之謂也. 頌曰:『黔婁旣死,
妻獨主喪, 曾子弔焉, 布衣褐衾, 安賤甘淡, 不求豐美, 尸不揜蔽, 猶諡曰康.』

2.《高士傳》(皇甫謐) 卷中 黔婁先生

黔婁先生者, 齊人也. 修身清節, 不求進於諸侯. 魯恭公聞其賢, 遣使致禮賜粟
三千鍾, 欲以爲相, 辭不受. 齊王又禮之以黃金百斤聘爲卿, 又不就. 著書四篇,
言道家之務, 號黔婁子, 終身不屈以壽終.

050-5 〈詠貧士〉

다섯째 수 袁安

원안은 집 앞에 눈이 가득 쌓였어도
고고한 모습으로 남의 도움 구하지 않고,
완공은 뇌물이 들어오는 것을 보고
그 날 즉시 관직을 버렸다지.
볏짚에 누워 자도 따뜻한 기운 있으며
토란 캐어 아침 식사 그것으로 풍족하다.
어찌 그것이 고생이 아니라만
두렵기는 추위나 배고픔이 아니었네.
가난과 부귀란 늘 맘 속에 다투는 것,
도가 이기면 슬픈 얼굴 사라지지.
지극한 덕행은 나라와 마을에 으뜸이요,
정고한 절개는 관서에 빛났었네.

(其五)
袁安困積雪, 邈然不可干.
阮公見錢入, 卽日棄其官.
芻藁有常溫, 採莒足朝餐.
豈不實辛苦, 所懼非飢寒.
貧富常交戰, 道勝無戚顔.
至德冠邦閭, 淸節映西關.

【袁安】東漢 때의 인물로 자는 邵公, 縣令, 楚郡太守, 河南尹, 太僕, 司徒 등의 벼슬을 역임하였음. 참고란을 볼 것.

【干】'求'와 같음. '요구하다'의 뜻.

【阮公見錢入】구체적인 사적은 잘 알 수 없으나 원래는 관리였는데 어떤 사람이 뇌물을 주자 그 날 즉시 벼슬을 그만둔 것으로 보임. 楊勇의 《陶淵明集校箋》에 "古注: 阮公事未詳. 勇疑此句或有誤字. 待考"라 함.

【芻藁】가축을 먹이는 마른 풀. '芻'는 가축의 먹이. '藁'는 축사의 바닥에 깔아주는 볏짚.

【莒】야생의 벼. 돌벼. 저절로 난 벼(稌).

【貧富常交戰】빈부에 대한 욕망으로 마음 속에서 갈등을 일으킴. 《韓非子》 喩老篇에 曾子가 子夏에게 살찐 이유를 묻자 대답한 것임. 참고란을 볼 것.

【西關】당시 阮公의 고향이거나 생활하였던 곳을 가리킴. 그러나 楊震을 가리키는 것으로 보기도 함. 楊勇의 《校箋》에 《後漢書》 楊震傳을 들어 "諸儒謂之語曰: 關西孔子故舊, 或欲爲開産業. 震不肯曰: '使後世稱爲淸白吏子孫, 以此遺之, 不亦厚乎?'"라 함.

참고 및 관련 자료

1.《後漢書》袁安傳

袁安字邵公, 汝南汝陽人也. 祖父良, 習《孟氏易》, 平帝時擧明經, 爲太子舍人; 建武初, 至成武令. 安少傳良學. 爲人嚴重有威, 見敬於州里. 初爲縣功曹, 奉檄詣從事, 從事因安致書於令. 安曰:「公事自有郵驛, 私請則非功曹所持.」辭不肯受, 從事懼然而止. 後擧孝廉, 除陰平長·任城令, 所在吏人畏而愛之.(以下略)

2.《後漢書》袁安傳 주에 인용된《汝南先賢傳》

時大雪積地丈餘, 洛陽令身出案行, 見人家皆除雪出, 有乞食者. 至袁安門, 無有行路. 謂安已死, 令人除雪入戶, 見安僵臥. 問何以不出. 安曰:「大雪人皆餓, 不宜干人.」令以爲賢, 擧爲孝廉也.

3.《韓非子》喩老篇

子夏見曾子. 曾子曰:「何肥也?」對曰:「戰勝, 故肥也.」曾子曰:「何謂也?」子夏曰:「吾入見先王之義則榮之, 出見富貴之樂又榮之, 兩者戰於胸中, 未知勝負, 故臞. 今先王之義勝, 故肥.」

050-6 〈詠貧士〉

여섯째 수 張仲蔚

장중울은 가난 속에 삶을 달게 여겼으니
집을 둘러 사방에는 쑥대만이 무성했네.
숨어 살며 세상의 친구조차 끊고 나서
부시賦詩를 지었는데 솜씨 자못 뛰어났네.
온 세상을 통틀어도 지음조차 없었으나
오직 유공 한 사람만 있었도다.
이 선비 어찌 홀로 그러한가?
뜻을 같이하는 선비 드물어서 그런 때문.
꿋꿋하여 자기 일에 편안함을 누리면서
즐거운 바는 궁함이나 현달때문이 아닐세.
나 또한 인사에는 서툴기 그지없어
애오라지 이런 분들 길이길이 따르리라.

(其六)

仲蔚愛窮居, 遶宅生蒿蓬.
翳然絶交遊, 賦詩頗能工.
擧世無知音, 止有一劉龔.
此士胡獨然? 實由罕所同.
介焉安其業, 所樂非窮通.
人事固以拙, 聊得長相從.

【仲蔚】동한 때의 張仲蔚. 皇甫謐의《高士傳》에 그의 전이 실려 있음. 참고란을 볼 것.

【翳然】숨은 모양, 隱身不仕를 뜻함.

【止】다만, 오직.

【劉龔】劉歆의 조카이며 자는 孟公. 長安 사람으로 議論에 뛰어났었음.《後漢書》蘇竟傳에 "龔字孟公, 長安人, 善論議, 扶風馬援·班彪並器重之. 竟終不伐其功, 潛樂道術, 作〈記誨篇〉及文章傳於世. 年七十, 卒于家"라 함.

【所樂非窮通】운명의 빈곤과 현달에 따라 슬퍼하거나 즐거워하지 않음.《莊子》讓王篇에 "古之得道者, 窮亦樂, 通亦樂, 所樂非窮通也"라 함.

【固以拙】원래부터 서툴다. 즉 사람들과의 교제에서 아첨하거나 요령 있게 할 줄 모른다는 뜻.《荀子》王霸篇에 "愚者之知, 固以少矣"라 함.

1.《高士傳》(皇甫謐) 卷中

張仲蔚者, 平陵人也. 與同郡魏景卿俱修道德, 隱身不仕. 明天官博物, 善屬文, 好詩賦. 常居窮素, 所處蓬蒿沒人, 閉門養性, 不治榮名. 時人莫識, 唯劉龔知之. 仲蔚返輪, 景卿並轍, 洞探乾曜, 兼長槧業. 闔戶棲神, 荊榛掩絶, 塵鑑何知, 馨香不滅.

050-7 〈詠貧士〉

일곱째 수 黃子廉

옛날 황자렴이란 사람 있어
갓을 털고 나서서 이름난 고을 태수가 되었지.
하루 아침 관직을 버리고 귀향해 버리니
청빈하기로 누구도 그와 짝을 이루기 어렵네.
흉년이 들어 어진 아내 불쌍히 여기자
나를 향해 눈물을 흘렸지.
장부는 비록 큰 뜻을 가졌다 해도
자식을 위해서는 근심할 수밖에 없는 것.
혜손이 그를 만나자 탄식하여
먹을 것을 보냈으나 끝내 받지 않았네.
누가 말했던가 '진실로 궁하기'가 어려운 것이라고,
아득한 옛날이여, 이런 현자들 계셨구나.

(其七)

昔有黃子廉, 彈冠佐名州.
一朝辭吏歸, 清貧略難儔.
年饑感仁妻, 泣涕向我流.
丈夫雖有志, 固爲兒女憂.
惠孫一晤歎, 腆贈竟莫酬.
誰云固窮難, 邈哉此前脩.

【黃子廉】 삼국시대 黃蓋의 선대로 한나라 때 청렴하기로 이름이 났던 사람. 《三國志》黃蓋傳의 주에 《吳書》를 인용하여 "故南陽太守黃子廉之後也"라 하여 남양태수를 역임하였던 사람임을 알 수 있음. 王應麟의 《困學紀聞》에 《風俗通》을 인용하여 "潁水黃子廉每飮馬, 輒投錢於水, 其淸可見矣"라 함. 그러나 구체적으로 황자렴의 사적이 잘 알려져 있지 않아 알 수 없음. 한편 '飮馬投錢'은 漢나라 때 項仲山의 고사로 《幼學瓊林》에 "漢劉寬責民, 蒲鞭 示辱; 項仲山潔己, 飮馬投錢"이라 함.

【彈冠】 모자 위의 먼지를 털다. 벼슬할 준비를 하다는 뜻. 《漢書》(72) 王貢傳 에 "吉與貢禹爲友, 世稱「王陽在位, 貢公彈冠」, 言其取舍同也. 元帝初卽位, 遣使者徵貢禹與吉. 吉年老, 道病卒, 上悼之, 復遣使者弔祠云"라 함.

【略難儔】 보통 사람은 그와 짝을 이루기 힘들다. '略'은 대략. 여기서는 보통 사람을 가리킴. '儔'는 짝, 같은 무리의 뜻.

【我】 황자렴을 일인칭으로 부른 것.

【惠孫】 인명. 구체적인 사적은 알 수 없음.

【腆】 푸짐하다, 넉넉하다의 뜻.

【莫酬】 접수하지 않음. 받지 않음. 이 고사는 구체적으로 알 수 없음.

【前脩】 자신보다 앞서 살았던 현자들. 《楚辭》離騷에 "固前修以菹醢"라 함.

〈牛耕圖〉 1972 甘肅 嘉峪關 戈壁灘 魏晉墓 출토

051 〈詠二疏〉
『소씨 두 분을 노래함』

대자연은 사시를 운전하되
공이 이루어지면 스스로 물러난다.
묻노라 주나라 말년 이래로
그 몇 사람이 이런 이치 터득했나.
눈을 돌려 한나라 때 조정을 둘러보니
두 분 소씨가 그런 분이로다.
휘파람 높이 불며 옛 고향으로 돌아가려
태자의 스승 자리 사양하였네.
전송에 온 조정이 모두 나왔고
고관 대작의 화려한 수레 길을 메웠네.
떠난다는 것이 정으로 보아 슬픈 일이나
남겨둔 영화 어찌 되돌아볼만 하랴!
훌륭한 일들이라 길 가던 사람도 감동하니
어질도다, 그 칭송의 말만으로 어찌 족하랴!
실컷 맛보는 고향 즐거움,
더 이상 눈앞의 재물 따위에는 힘쓸 일 없고,
자리 마주 대하고 노인들 불러
술잔을 돌리며 지난 얘기 떠들썩.
재물을 물어 보자 결국 마음에 든 말 풀어 내어
고상한 말로 깨닫지 못한 자 깨우쳐 주었네.

뜻대로 여생을 즐기면 그 뿐,
어찌 죽은 뒤를 염려하리오.
누가 이들이 죽어 사라졌다 하는가?
오래될수록 그 깨끗한 절개 더욱 드러나는 걸.

大象轉四時, 功成者自去.
借問衰周來, 幾人得其趣.
游目漢廷中, 二疎復此擧.
高嘯返舊居, 長揖儲君傅.
餞送傾皇朝, 華軒盈道路.
離別情所悲, 餘榮何足顧!
事勝感行人, 賢哉豈常譽!
厭厭閭里歡, 所營非近務.
促席延故老, 揮觴道平素.
問金終寄心, 清言曉未悟.
放意樂餘年, 遑恤身後慮!
誰云其人亡, 久而道彌著.

【二疎】漢나라 때의 疎廣(疏廣)과 疎受(疏受) 두 사람을 가리킴. 소광은 자가
仲翁이며 東海 蘭陵人, 少傅·太傅를 지냈으며 그의 조카 疎受는 자가 公子
이며 太子家令·少傅 등의 역임함. 당시 소광이 태부이며 소수가 소부로서
태자가 조정에 이르면 태부가 앞서고 소부가 뒤따라 조정에서는 이 모습을
두고 영예스러운 일이라 하였음. 그들은 직책에 있은 지 5년이 되자 소광은
공과 명예를 모두 누렸으니 병을 핑계로 사직함이 마땅하다고 여겨 이를
청하자 선제가 허락하며 황금 20근을 하사하였고, 태자 역시 50근을 내려줌.
모든 사람들이 도성문에 모여 성대하게 전별식을 해 주었다 하며 그들은

고향으로 돌아온 뒤 금을 모두 고향 사람들에게 풀어 큰 잔치를 열어 모두
써 버렸다 함.《漢書》(71) 疏廣傳 참조.

【大象】하늘, 혹은 대자연.《老子》(35)에 "執大象"이라 하고 41장에 "大象無形"
이라 하였으며 王弼 주에 "大象, 天象之母也"라 함.

【功成】《老子》9장에 "功成身退, 天之道"라 하였으며,《史記》范雎蔡澤列傳에
"四時之序, 成功者去"라 함. 한편《論語》陽貨篇에도 "子曰:「予欲無言.」子貢
曰:「子如不言, 則小子何述焉?」子曰:「天何言哉? 四時行焉, 百物生焉,
天何言哉?」"이라 하여 같은 뜻으로 봄.

【衰周】쇠퇴해 가는 주나라. 즉 東周를 가리킴.

【此擧】이러한 행동. 즉 功成身退의 모습.

【高嘯】소리 높여 노래 부르다, 구속없이 자유롭다의 뜻.

【長揖】두 손을 앞으로 모으고 길게 읍을 함. 고별을 뜻함.

【儲君】태자를 가리킴. 소광은 태자태부가 되었었고, 소수는 태자소부를 역임
하였음을 말함.

【事勝】勝事와 같음. 훌륭한 일.

【感行人】두 사람이 고별식을 하고 고향으로 떠날 때 울기도 한 사람이 있었음.
《漢書》에 "或歎息爲之下泣"이라 함.

【賢哉】당시 사람들이 "賢哉二大夫!"라 칭송함.

【厭厭】안정되고 한가한 모습.《詩經》小雅 湛露에 "厭厭夜飮"이라 함.

【閭里歡】고향 사람들을 모두 모아 즐거움을 나눔.《漢書》본전 참조.

【近務】가까이 있는 일거리. 평소 힘써야할 일. 자손을 위해 전택을 사는 일
등을 말함. 소광은 이러한 일에는 힘을 쓰지 않았음.

【促席】자리를 가까이 함. 친숙함을 표시하는 것.

【延故老】친구와 늙은이를 초청하여 대접함.

【平素】지나간 일. 과거 있었던 일들.

【問金】자신이 황제와 태자로부터 받은 금을 어떻게 사용할 것인가를 자녀
들이 물어봄.

【遑恤身後慮】'어찌 사후의 일에 대하여 마음을 쓸 까닭이 있으랴!'의 뜻.
《詩經》邶風 谷風에 "遑恤我後"라 함.

【道】깨끗한 절개.

【彌著】더욱 밝히 드러남.

1. 이 시는 宋 武帝 永初 3년(422) 도연명 나이 58세 때 지은 것이다.

2. 《漢書》(71) 疏廣傳

疏廣字仲翁, 東海蘭陵人也. 少好學, 明《春秋》, 家居教授, 學者自遠方至. 徵爲博士太中大夫. 地節三年, 立皇太子, 選丙吉爲太傅, 廣爲少傅. 數月, 吉遷御史大夫, 廣徙爲太傅, 廣兄子受字公子, 亦以賢良擧爲太子家令. 受好禮恭謹, 敏而有辭. 宣帝幸太子宮, 受迎謁應對, 及置酒宴, 奉觴上壽, 辭禮閑雅, 上甚讙說. 頃之, 拜受爲少傅.

太子外祖父特進平恩侯許伯以爲太子少, 白使其弟中郎將舜監護太子家. 上以問廣, 廣對曰:「太子國儲副君, 師友必於天下英俊, 不宜獨親外家許氏. 且太子自有太傅少傅, 官屬已備, 今復使舜護太子家, 視陋, 非所以廣太子德於天下也.」上善其言, 以語丞相魏相, 相免冠謝曰:「此非臣等所能及.」廣繇是見器重, 數受賞賜. 太子每朝, 因進見, 太傅在前, 少傅在後. 父子並爲師傅, 朝廷以爲榮.

在位五歲, 皇太子年十二, 通《論語》·《孝經》. 廣謂受曰:「吾聞『知足不辱, 知止不殆』, 『功遂身退, 天之道』也. 今仕(宦)[官]至二千石, 宦成名立, 如此不去, 懼有後悔, 豈如父子相隨出關, 歸老故鄕, 以壽命終, 不亦善乎?」受叩頭曰:「從大人議.」卽日父子俱移病. 滿三月賜告, 廣遂稱篤, 上疏乞骸骨. 上以其年篤老, 皆許之, 加賜黃金二十斤, 皇太子贈以五十斤. 公卿大夫故人邑子設祖道, 供張東都門外, 送者車數百兩, 辭決而去. 及道路觀者皆曰:「賢哉二大夫!」或歎息爲之下泣.

廣旣歸鄕里, 日令家共具設酒食, 請族人故舊賓客, 與相娛樂. 數問其家金餘尙有幾所, 趣賣以共具. 居歲餘, 廣子孫竊謂其昆弟老人廣所愛信者曰:「子孫幾及君時頗立産業基阯, 今日飮食(廢)[費]且盡. 宜從丈人所, 勸說君買田宅.」老人卽以閒暇時爲廣言此計, 廣曰:「吾豈老誖不念子孫哉? 顧自有舊田廬, 令子孫勤力其中, 足以共衣食, 與凡人齊. 今復增益之以爲贏餘, 但敎子孫怠憧耳. 賢而多財, 則損其志; 愚而多財, 則益其過. 且夫富者, 衆人之怨也; 吾旣亡以敎化子孫, 不欲益其過而生怨. 又此金者, 聖主所以惠養老臣也, 故樂與鄕黨宗族共饗其賜, 以盡吾餘日, 不亦可乎!」於是族人說服. 皆以壽終.

3. 《幼學瓊林》515

「榮啓期能擴襟懷, 行歌樂土; 疏太傅乞歸骸骨, 飮餞都門.」

052 〈詠三良〉
『세 어진 분을 노래함』

갓을 털고 벼슬길 올라 평탄한 대로,
단지 시대가 나를 버릴까 걱정.
부지런히 임금 모셔 세월을 다하고도
그 공로 미약해 질까 언제나 걱정.
어쩌다가 속마음이 밝히 드러나
드디어 목공의 총애를 받게 되었네.
나설 때면 수종들이 뒤를 따르고,
들어와선 임금님을 직접 모셨네.
충간하는 말 언제나 받아 주셨고,
계책과 건의는 처음부터 잘못됨이 없었네.
하루 아침 임금이 세상 떠나자
함께 죽어 같이 가길 원하였으니,
두터운 은혜야 잊을 수 없는 것,
임금의 명령을 어찌 어기랴!
무덤 앞에 임하여 망설임도 없이
의에 몸을 던짐은 바라던 뜻이었네.
가시나무 그 높은 무덤을 덮고
꾀꼬리 우는 소리 구슬프구나.
어진 이들 다시 살려 낼 수 없으니
흐르는 눈물이 옷깃 적시네.

彈冠乘通津, 但懼時我遺.
服勤盡歲月, 常恐功愈微.
忠情謬獲露, 遂爲君所私.
出則陪文輿, 入必侍丹帷.
箴規嚮已從, 計議初無虧.
一朝長逝後, 願言同此歸.
厚恩固難忘, 君命安可違!
臨穴罔惟疑, 投義志攸希.
荊棘籠高墳, 黃鳥聲正悲.
良人不可贖, 泫然沾我衣.

【三良】세 사람의 어진 良臣. 즉 秦 穆公을 섬긴 奄息·仲行·鍼虎를 가리킴.
《左傳》文公 6년에 그 내용이 실려 있음. 참고란을 볼 것.

【彈冠】漢나라 때 王陽과 貢禹는 아주 친한 사이로 왕양이 먼저 益州刺史의
벼슬길에 오르자 공우가 갓을 털며 그가 곧 자신을 추천할 것이라 기대를
걸었다 함. 《漢書》王貢傳에 "吉與貢禹爲友, 世稱「王陽在位, 貢公彈冠」, 言其
取舍同也. 元帝初卽位, 遣使者徵貢禹與吉. 吉年老, 道病卒, 上悼之, 復遣使
者弔祠云"이라 하였으며 흔히 중요한 벼슬길에 오르는 것을 비유함.

【通津】벼슬길 중에 중요한 자리. 要路津과 같음. 〈古詩十九首〉에 "先據要
路津"이라 함.

【時我遺】'時遺我'와 같음. 때가 나를 버림. 세월이 나를 방치함. '我'는 三良을
가리킴.

【服勤】자식은 부모가 죽을 때까지 열심을 다하고 나서도 다시 죽은 뒤에
3년의 상복을 입음. 《禮記》檀弓(上)에 "服勤至死, 治喪三年"이라 함. 孔穎達
의 疏에 "服勤者, 謂服持勤苦勞辱之事"라 함. 여기서는 三良이 秦穆公을
모신 것을 말함.

【謬】'헛되이', '어쩌다가'. 여기서는 自謙의 뜻임.

【忠情】 '中情'이어야 맞음. 陶澍 교본에 "湯本云: 一作中"이라 함. 內心을
　　뜻하며《楚辭》離騷에 "苟中情其好修兮"라 함.
【君】 춘추시대 秦나라 穆公. 繆公으로도 표기함. 春秋五霸의 하나. B.C.659~
　　B.C.621년까지 39년간 재위.
【丹帷】 붉은 휘장. 임금의 침상을 가리킴.
【箴規】 충간하는 말.《文心雕龍》銘箴에 "箴者, 針也. 所以攻疾防患, 猶針
　　石也"라 함.
【初無虧】 한번도 비뚤어진 적 없다. '虧'는 굽다, 비뚤다의 뜻.
【長逝】 아주 멀리 가 버림. 죽음을 뜻함.
【同此歸】 함께 죽음.《史記》秦本紀 張守節 正義에 應劭의 말을 인용하여
　　"秦穆公與群臣飮酒酣, 公曰: '生共此樂, 死共此哀.'於是奄息·仲行·鍼虎許諾.
　　及公薨, 皆從死"라 함.
【黃鳥】 꾀꼬리.《詩經》秦風의 편명이기도 함. 참고란을 볼 것.
【泫然】 슬퍼서 눈물을 줄줄 흘림을 뜻함. '兹然'으로 잘못된 판본도 있음.

참고 및 관련 자료

1. 이 시는 대체적으로 宋 永初 2년(421), 도연명 57세 때 쓴 것으로 추정하고
있다.

2.《左傳》文公 6년

秦伯任好卒, 以子車氏之三子奄息·仲行·鍼虎爲殉, 皆秦之良也. 國人哀之,
爲之賦黃鳥. 君子曰:「秦穆之不爲盟主也宜哉! 死而棄民. 先王違世, 猶詒之法,
而況奪之善人乎? 詩曰:『人之云亡, 邦國殄瘁』, 無善人之謂. 若之何奪之? 古之
王者知命之不長, 是以並建聖哲, 樹之風聲, 分之采物, 著之話言, 爲之律度,
陳之藝極, 引之表儀, 予之法制, 告之訓典, 敎之防利, 委之常秩, 道之禮則,
使毋失其土宜, 衆隷賴之, 而後卽命. 聖王同之. 今縱無法以遺後嗣, 而又收其良
以死, 難以在上矣.」君子是以知秦之不復東征也.

3.《毛詩序》

黃鳥, 哀三良也. 國人刺穆公以人從死, 而作是詩.

4.《詩經》秦風 黃鳥

交交黃鳥, 止于集. 誰從穆公, 子車奄息. 維此奄息, 百夫之特. 臨其穴, 惴惴其慄.

彼蒼者天, 殲我良人. 如可贖兮, 人百其身. 交交黃鳥, 止于桑. 誰從穆公, 子車
仲行. 維此仲行, 百夫之防. 臨其穴, 惴惴其慄. 彼蒼者天, 殲我良人. 如可贖兮,
人百其身. 交交黃鳥, 止于楚. 誰從穆公, 子車鍼虎. 維此鍼虎, 百夫之禦. 臨其穴,
惴惴其慄. 比蒼者天, 殲我良人. 如可贖兮, 人百其身.

〈靜聽松風圖〉 宋 馬麟(그림) 臺北 故宮博物館 소장

053 〈詠荊軻〉
『형가를 노래함』

연나라 태자 단이 선비를 잘 길렀던 것은
강포한 진시황에게 복수하기 위한 것.
일당 백의 용사를 모으는 중에
그 해가 저물어서야 형가를 얻었네.
군자는 자신을 알아주는 이를 위해 목숨을 바치나니
칼을 들고 연나라 서울을 출발하였네.
흰 천 씌운 말은 넓은 광야에서 울고
강개한 사람들 형가를 떠나보내네.
분에 찬 머리카락 관을 받쳐 솟구치고,
용맹한 기운은 긴 갓끈 뒤흔드네.
역수 가에 이르러 전송 의식 치르는데
그를 둘러 사방엔 영웅호걸 자리잡고,
고점리 치는 축에 비장한 소리 울려나고
송의의 노래 소리 높고도 우렁차도다.
쓸쓸한 바람 그 곁을 스쳐가고
담담한 역수는 찬 물결 일으킨다.
상음은 구슬퍼서 더욱 눈물 솟구치고
우음은 격앙하여 장사가 놀라도다.
떠나고 나면 다시 오지 못할 것 알지만
장차 후세에 이름 남기리.
수레에 올라 뒤돌아 보지 않고

나는 듯이 수레 몰고 펄럭이며 진나라로.
넘지르듯 만리 길을 훌쩍 넘었고,
이리저리 천 여 성을 통과하였네.
지도를 다 풀어 칼이 나오자
놀란 진시황 어쩔 줄 몰라하네.
안타깝다, 제대로 검술도 못 써보고
기이한 공은 끝내 이루어지지 못하였네.
그 사람 비록 이미 가고 없으나
천년 두고 아쉬운 정 남겨 놓았네.

燕丹善養士, 志在報强嬴.
招集百夫良, 歲暮得荆卿.
君子死知己, 提劍出燕京.
素驥鳴廣陌, 慷慨送我行.
雄髮指危冠, 猛氣衝長纓.
飮餞易水上, 四座列群英.
漸離擊悲筑, 宋意唱高聲.
蕭蕭哀風逝, 淡淡寒波生.
商音更流涕, 羽奏壯士驚.
心知去不歸, 且有後世名.
登車何時顧, 飛蓋入秦庭.
凌厲越萬里, 逶迤過千城.
圖窮事自至, 豪主正怔營.
惜哉劍術疎, 奇功遂不成.
其人雖已沒, 千載有餘情.

「태자 단의 형가 전송」
清, 馬駘《馬駘畫寶》

【荊軻】字는 公叔. 원래 齊나라 사람. 春秋時代 齊나라 公族大夫인 慶封의 후손. 독서와 검술을 배워 衛에 옮겨 살자 『慶卿』이라 칭하였으며 燕에 이르자 『荊卿』이라 칭하였음.《史記》刺客列傳.《戰國策》燕策(3),《燕丹子》등 참조.

【燕丹】燕나라 太子 丹을 가리킴. 전국 말기 秦始皇의 천하 통일 때 연나라의 태자로 荊軻를 내세워 진시황을 죽이고자 하였으나 실패함. 연나라는 지금의 북경 지역을 중심으로 계(薊)를 수도로 하였던 전국칠웅의 하나. 태자 단은 燕王喜의 아들이며 결국 이 사건으로 B.C.222년 진나라에게 망하고 말았음.

【嬴】秦始皇 영정(嬴政)을 가리킴. 嬴은 진나라의 성씨. 태자 단이 진나라에 인질로 가 있으면서 영정이 천하를 병탄할 뜻을 알고 몰래 귀국하여 자객을 구한 것임.

【百夫良】백 명 중의 걸출한 인물. 혹 일당백의 뛰어난 용사.《詩經》秦風 黃鳥에 "百夫之特"이라 함.

【死知己】《史記》豫讓傳과 荊軻傳에 나오는 "士爲知己者死, 女爲說己者容"과 같은 뜻. 용사는 자신을 알아주는 자를 위해 목숨을 바침.

【燕京】연나라의 수도. 당시 薊라 불렀으며 지금의 北京市 서남쪽이었음.

【素驥】말에 흰 천을 씌워 죽음을 무릅쓰고 나섬을 표현한 것.

【雄髮指危冠】노기가 뻗쳐 머리카락이 관을 뚫고 나올 정도임을 말함. 怒髮 衝冠과 같음.《戰國策》에 "髮盡上指冠"이라 표현하였음.

【飮餞】祖餞을 벌여 술을 마시며 송별함. 餞은 멀리 길떠나는 사람을 보낼 때 길에서 여는 잔치. '餞行'과 같음. 길을 떠나보낼 때 여는 잔치. 고대 黃帝의 아들 유조(纍祖)가 먼길을 떠나 도중에 죽자 사람들이 그를 '路神'으로 여겨 길 떠나는 자를 보호해 달라는 뜻으로 제를 올리기 시작한 것에서 유래되었다 함.(《四民月令》)

【易水】연나라 경내에 있는 물 이름으로 河北 易縣에서 발원함.

【漸離·宋意】高漸離와 宋意는 모두 태자 단의 문객으로 진시황 살해의 일에 참가하였음. 그러나 《사기》와 《전국책》에 모두 "高漸離擊筑, 荊軻和而歌"라 하였을 뿐이며, 송의에 대한 것은 뒤에 《淮南子》泰族訓에 "荊軻西刺秦王, 高漸離·宋意爲擊筑, 而歌於易水之上"이라 하여 사건의 모습을 덧붙인 것으로 보임. '筑'은 고대의 악기 이름.

【蕭蕭】바람이 쓸쓸한 모습. 이는 〈易水歌〉의 "風蕭蕭兮易水寒"의 구절을 뜻함.

【商音】 고점리가 축을 두드리고 형가가 이에 화답
  하여 노래를 부를 때의 슬프고 애절한 음조로
  불렀다는 것을 뜻함. 商音은 고대 宮商角徵羽의
  五音 중 처량하여 감정이 복받치는 곡조라 함.
【羽奏】 역시 오음의 하나로 장중하고 강개한 음조
  라 함.《史記》에 “復爲羽聲忼慨, 士皆瞋目, 髮盡
  上指冠”이라 함.《戰國策》에는 “其音怒”라 함.
【何時顧】《史記》에 “荊軻就車而去, 終已不顧”
  라 함. 이미 결심을 내려 뒤돌아보지 않고 나아
  가다는 뜻.
【飛蓋】 수레가 나는 듯이 달리다는 뜻. ‘蓋’는 수레 덮개. 차를 대신하여
  가리킴.
【逶迤】 구불구불하면서 끝없이 이어진 모습. 쌍성연면어.
【圖窮】 지도에 감추어 간 비수가 지도를 다 펴자 드러남. 참고란을 볼 것.
【劍術疎】 검술이 뛰어나지 못하다.
【奇功】 큰 공, 으뜸가는 공을 뜻함
【沒】 歿과 같음. 죽음, 사망.

〈荊軻〉

1. 이 시는 宋 武帝 永初 3년(422) 도연명 나이 58세 때 지은 것이다.

2. 燕나라 太子 丹과 荊軻의 이야기는《戰國策》燕策(3)에 아주 자세히 실려
있으며,《史記》刺客列傳에도 들어 있다. 한편 소설《燕丹子》도 널리 읽히는
글로 그 때의 사건은 실제 허구의 소설보다 더욱 핍진(逼眞)하여 줄거리의
전개와 주인공들의 행동은 인간의 극한 상황을 아주 잘 보여 주는 역사
사건이다.

3.《戰國策》燕策(3)

燕太子丹質於秦, 亡歸. 見秦且滅六國, 兵以臨易水, 恐其禍至. 太子丹患之,
謂其太傅鞠武曰:「燕‧秦不兩立, 願太傅幸而圖之.」武對曰:「秦地遍天下,
威脅韓‧魏‧趙氏, 則易水以北, 未有所定也. 奈何以見陵之怨, 欲排其逆鱗哉?」
太子曰:「然則何由?」太傅曰:「請入圖之.」

居之有間, 樊將軍亡秦之燕, 太子容之. 太傅鞠武諫曰:「不可. 夫秦王之暴, 而積
怨於燕, 足爲寒心, 又況聞樊將軍之在乎! 是以委肉當餓虎之蹊, 禍必不振矣!
雖有管·晏, 不能爲謀. 願太子急遣樊將軍入匈奴以滅口. 請西約三晉, 南連齊·楚,
北講於單于, 然後乃可圖也」太子丹曰:「太傅之計, 曠日彌久, 心惛然, 恐不能須臾.
且非獨於此也. 夫樊將軍困窮於天下, 歸身於丹, 丹終不迫於强秦, 而棄所哀憐
之交, 置之匈奴, 是丹命固卒之時也. 願太傅更慮之」鞠武曰:「燕有田光先生者,
其智深, 其勇沉, 可與之謀也」太子曰:「願因太傅交於田先生, 可乎?」鞠武曰:
「敬諾」出見田光, 道:「太子曰願圖國事於先生」田光曰:「敬奉敎」乃造焉.
太子跪而逢迎, 卻行爲道, 跪而拂席. 田先生坐定, 左右無人, 太子避席而請曰:
「燕·秦不兩立, 願先生留意也」田光曰:「臣聞騏驥盛壯之時, 一日而馳千里.
至其衰也, 駑馬先之. 今太子聞光壯盛之時, 不知吾精已消亡矣. 雖然, 光不敢以
乏國事也. 所善荊軻, 可使也」太子曰:「願因先生得願交於荊軻, 可乎?」田光
曰:「敬諾」即起, 趨出. 太子送之至門, 曰:「丹所報, 先生所言者, 國大事也,
願先生勿泄也」田光俛而笑曰:「諾」僂行見荊軻, 曰:「光與子相善, 燕國莫
不知. 今太子聞光壯盛之時, 不知吾形已不逮也, 幸而敎之曰:『燕·秦不兩立,
願先生留意也』光竊不自外, 言足下於太子, 願足下過太子於宮」荊軻曰:「謹奉敎」
田光曰:「光聞長者之行, 不使人疑之, 今太子約光曰:『所言者, 國之大事也,
願先生勿泄也』是太子疑光也. 夫爲行使人疑之, 非節俠士也」欲自殺以激
荊軻, 曰:「願足下急過太子, 言光已死, 明不言也」遂自刭而死.
軻見太子, 言田光已死, 明不言也. 太子再拜而跪, 膝下行流涕, 有頃而後言曰:
「丹所請田先生無言者, 欲以成大事之謀, 今田先生以死明不泄言, 豈丹之心哉?」
荊軻坐定, 太子避席頓首曰:「田先生不知丹不肖, 使得至前, 願有所道, 此天所
以哀燕, 不棄其孤也. 今秦有貪饕之心, 而欲不可足也. 非盡天下之地, 臣海內之
王者, 其意不厭. 今秦已虜韓王, 盡納其地, 又擧兵南伐楚, 北臨趙. 王翦將數十萬
之衆臨漳·鄴, 而李信出太原·雲中. 趙不能支秦, 必入臣. 入臣, 則禍至燕. 燕小弱,
數困於兵, 今計擧國不足以當秦. 諸侯服秦, 莫敢合從. 丹之私計, 愚以爲誠得
天下之勇士, 使於秦, 窺以重利, 秦王貪其贄, 必得所願矣. 誠得劫秦王, 使悉
反諸侯之侵地, 若曹沫之與齊桓公, 則大善矣; 則不可, 因而刺殺之. 彼大將
擅兵於外, 而內有大亂, 則君臣相疑. 以其間諸侯, 諸侯得合從, 其償破秦必矣.
此丹之上願, 而不知所以委命, 唯荊卿留意焉」久之, 荊軻曰:「此國之大事,
臣駑下, 恐不足任使」太子前頓首, 固請無讓. 然後許諾. 於是尊荊軻爲上卿,
舍上舍, 太子日日造問, 供太牢異物, 間進車騎美女, 恣荊軻所欲, 以順適其意.

久之, 荊卿未有行意. 秦將王翦破趙, 虜趙王, 盡收其地, 進兵北略地, 至燕南界. 太子丹恐懼, 乃請荊卿曰:「秦兵旦暮渡易水, 則雖欲長侍足下, 豈可得哉?」荊卿曰:「微太子言, 臣願得謁之. 今行而無信, 則秦未可親也. 夫今樊將軍, 秦王購之金千斤, 邑萬家. 誠能得樊將軍首, 與燕督亢之地圖獻秦王, 秦王必說見臣, 臣乃得有以報太子」太子曰:「樊將軍以窮困來歸丹, 丹不忍以己之私, 而傷長者之意, 願足下更慮之」荊軻知太子不忍, 乃遂私見樊於期曰:「秦之遇將軍, 可謂深矣. 父母宗族, 皆爲戮沒. 今聞購將軍之首, 金千斤, 邑萬家, 將奈何?」樊將軍仰天太息流涕曰:「吾每念, 常痛於骨髓, 顧計不知所出耳」軻曰:「今有一言, 可以解燕國之患, 而報將軍之仇者, 何如?」樊於期乃前 曰:「爲之奈何?」荊軻曰:「願得將軍之首以獻秦, 秦王必喜而善見臣, 臣左手把其袖, 而右手揕抗其胸, 然則將軍之仇報, 而燕國見陵之恥除矣. 將軍豈有意乎?」樊於期偏袒扼腕而進曰:「此臣日夜切齒拊心也, 乃今得聞教」遂自刎. 太子聞之, 馳往, 伏屍而哭, 極哀. 既已, 無可奈何, 乃遂收盛樊於期之首, 函封之.

於是, 太子預求天下之利匕首, 得趙人徐夫人之匕首, 取之百金, 使工以藥淬之, 以試人, 血濡縷, 人無不立死者. 乃爲裝遣荊軻. 燕國有勇士秦武陽, 年十二, 殺人, 人不敢與忤視. 乃令秦武陽爲副. 荊軻有所待, 欲與俱, 其人居遠未來, 而爲留待. 頃之, 未發, 太子遲之, 疑其有改悔, 乃復請之曰:「日以盡矣, 荊卿豈無意哉? 丹請先遣秦武陽」荊軻怒, 叱太子曰:「今日往而不反者, 豎子也! 今提一匕首入不測之强秦, 僕所以留者, 待吾客與俱. 今太子遲之, 請辭決矣!」遂發. 太子及賓客知其事者, 皆白衣冠以送之. 至易水上, 既祖, 取道. 高漸離擊筑, 荊軻和而歌, 爲變徵之聲, 士皆垂淚涕泣. 又前而爲歌曰:「風蕭蕭兮易水寒, 壯士一去兮不復還!」復爲忼慨羽聲, 士皆瞋目, 髮盡上指冠. 於是荊軻遂就車而去, 終已不顧.

既至秦, 持千金之資幣物, 厚遺秦王寵臣中庶子蒙嘉. 嘉爲先言於秦王曰:「燕王誠振畏慕大王之威, 不敢興兵以拒大王, 願舉國爲內臣, 比諸侯之列, 給貢職如郡縣, 而得奉守先王之宗廟. 恐懼不敢自陳, 謹斬樊於期頭, 及獻燕之督亢之地圖, 函封, 燕王拜送于庭, 使使以聞大王. 唯大王命之」秦王聞之, 大喜. 乃朝服, 設九賓, 見燕使者咸陽宮. 荊軻奉樊於期頭函, 而秦武陽奉地圖匣, 以次進, 至陛下. 秦武陽色變振恐, 羣臣怪之, 荊軻顧笑武陽, 前爲謝曰:「北蠻夷之鄙人, 未嘗見天子, 故振慴, 願大王少假借之, 使畢使於前」秦王謂軻曰:「起, 取武陽所持圖」軻既取圖奉之, 發圖, 圖窮而匕首見. 因左手把秦王之袖, 而右手持匕首揕抗之. 未至身, 秦王驚, 自引而起, 絕袖. 拔劍, 劍長, 摻其室.

時怨急, 劍堅, 故不可立拔. 荊軻逐秦王, 秦王還柱而走. 羣臣驚愕, 卒起不意, 盡失其度. 而秦法, 羣臣侍殿上者, 不得持尺兵. 諸郎中執兵, 皆陳殿下, 非有詔不得上. 方急時, 不及召下兵, 以故荊軻逐秦王, 而卒惶急無以擊軻, 而乃以手共搏之. 是時侍醫夏無且, 以其所奉藥囊提軻. 秦王之方還柱走, 卒惶急不知所爲, 左右乃曰：「王負劍！」王負劍, 遂拔以擊荊軻, 斷其左股. 荊軻廢, 乃引其匕首提秦王, 不中, 中柱. 秦王復擊軻, 被八創. 軻自知事不就, 倚柱而笑, 箕踞以罵曰：「事所以不成者, 乃欲以生劫之, 必得約契以報太子也.」左右既前斬荊軻, 秦王目眩良久. 而論功賞羣臣及當坐者, 各有差. 而賜夏無且黃金二百鎰, 曰：「無且愛我, 乃以藥囊提軻也.」

於是, 秦大怒燕, 益發兵詣趙, 詔王翦軍以伐燕. 十月而拔燕薊城. 燕王喜・太子丹等, 皆率其精兵東保於遼東. 秦將李信追擊燕王, 王急, 用代王嘉計, 殺太子丹, 欲獻之秦. 秦復進兵攻之. 五歲而卒滅燕國, 而虜燕王喜. 秦兼天下.

其後荊軻客高漸離以擊筑見秦皇帝, 而以筑擊秦皇帝, 爲燕報仇, 不中而死.

4.《史記》刺客列傳

荊軻者, 衛人也. 其先乃齊人, 徙於衛, 衛人謂之慶卿. 而之燕, 燕人謂之荊卿.

荊卿好讀書擊劍, 以術說衛元君, 衛元君不用. 其後秦伐魏, 置東郡, 徙衛元君之支屬於野王.

荊軻嘗游過楡次, 與蓋聶論劍, 蓋聶怒而目之. 荊軻出, 人或言復召荊卿. 蓋聶曰：「曩者吾與論劍有不稱者, 吾目之；試往, 是宜去, 不敢留.」使使往之主人, 荊卿則已駕而去楡次矣. 使者還報, 蓋聶曰：「固去也, 吾曩者目攝之！」

荊軻游於邯鄲, 魯句踐與荊軻博, 爭道, 魯句踐怒而叱之, 荊軻嘿而逃去, 遂不復會. 荊軻既至燕, 愛燕之狗屠及善擊筑者高漸離. 荊軻嗜酒, 日與狗屠及高漸離飲於燕市, 酒酣以往, 高漸離擊筑, 荊軻和而歌於市中, 相樂也, 已而相泣, 旁若無人者. 荊軻雖游於酒人乎, 然其爲人沈深好書；其所游諸侯, 盡與其賢豪長者相結. 其之燕, 燕之處士田光先生亦善待之, 知其非庸人也.

居頃之, 會燕太子丹質秦亡歸燕. 燕太子丹者, 故嘗質於趙, 而秦王政生於趙, 其少時與丹驩. 及政立爲秦王, 而丹質於秦. 秦王之遇燕太子丹不善, 故丹怨而亡歸. 歸而求爲報秦王者, 國小, 力不能. 其後秦日出兵山東以伐齊・楚・三晉, 稍蠶食諸侯, 且至於燕, 燕君臣皆恐禍之至. 太子丹患之, 問其傅鞠武. 武對曰：「秦地徧天下, 威脅韓・魏・趙氏, 北有甘泉・谷口之固, 南有涇・渭之沃, 擅巴・漢之饒, 右隴・蜀之山, 左關・殽之險, 民衆而士厲, 兵革有餘. 意有所出, 則長城之南, 易水以北, 未有所定也. 奈何以見陵之怨, 欲批其逆鱗哉！」丹曰：「然則何由?」對曰:「請入圖之.」

居有閒, 秦將樊於期得罪於秦王, 亡之燕, 太子受而舍之. 鞠武諫曰:「不可. 夫以秦王之暴而積怒於燕, 足爲寒心, 又況聞樊將軍之所在乎? 是謂『委肉當餓虎之蹊』也, 禍必不振矣! 雖有管晏, 不能爲之謀也. 願太子疾遣樊將軍入匈奴以滅口. 請西約三晉, 南連齊·楚, 北購於單于, 其後迺可圖也.」太子曰:「太傅之計, 曠日彌久, 心惽然, 恐不能須臾. 且非獨於此也, 夫樊將軍窮困於天下, 歸身於丹, 丹終不以迫於彊秦而棄所哀憐之交, 置之匈奴, 是固丹命卒之時也. 願太傅更慮之.」鞠武曰:「夫行危欲求安, 造禍而求福, 計淺而怨深, 連結一人之後交, 不顧國家之大害, 此所謂『資怨而助禍』矣. 夫以鴻毛燎於爐炭之上, 必無事矣. 且以鵰鷙之秦, 行怨暴之怒, 豈足道哉! 燕有田光先生, 其爲人智深而勇沈, 可與謀.」太子曰:「願因太傅而得交於田先生, 可乎?」鞠武曰:「敬諾.」出見田先生, 道:「太子願圖國事於先生也.」田光曰:「敬奉教.」乃造焉.

太子逢迎, 卻行爲導, 跪而蔽席. 田光坐定, 左右無人, 太子避席而請曰:「燕秦不兩立, 願先生留意也.」田光曰:「臣聞騏驥盛壯之時, 一日而馳千里; 至其衰老, 駑馬先之. 今太子聞光盛壯之時, 不知臣精已消亡矣. 雖然, 光不敢以圖國事, 所善荊卿可使也.」太子曰:「願因先生得結交於荊卿, 可乎?」田光曰:「敬諾.」卽起, 趨出. 太子送至門, 戒曰:「丹所報, 先生所言者, 國之大事也, 願先生勿泄也!」田光俛而笑曰:「諾.」僂行見荊卿, 曰:「光與子相善, 燕國莫不知. 今太子聞光壯盛之時, 不知吾形已不逮也, 幸而敎之曰『燕秦不兩立, 願先生留意也』. 光竊不自外, 言足下於太子也, 願足下過太子於宮.」荊卿曰:「謹奉教.」田光曰:「吾聞之, 長者爲行, 不使人疑之. 今太子告光曰『所言者, 國之大事也, 願先生勿泄』, 是太子疑光也. 夫爲行而使人疑之, 非節俠也.」欲自殺以激荊卿, 曰:「願足下急過太子, 言光已死, 明不言也.」因遂自刎而死.

荊軻遂見太子, 言田光已死, 致光之言. 太子再拜而跪, 膝行流涕, 有頃而后言曰:「丹所以誡田先生毋言者, 欲以成大事之謀也. 今田先生以死明不言, 豈丹之心哉!」荊軻坐定, 太子避席頓首曰:「田先生不知丹之不肖, 使得至前, 敢有所道, 此天之所以哀燕而不棄其孤也. 今秦有貪利之心, 而欲不可足也. 非盡天下之地, 臣海內之王者, 其意不厭. 今秦已虜韓王, 盡納其地. 又舉兵南伐楚, 北臨趙; 王翦將數十萬之衆距漳·鄴, 而李信出太原·雲中. 趙不能支秦, 必入臣, 入臣則禍至燕. 燕小弱, 數困於兵, 今計舉國不足以當秦. 諸侯服秦, 莫敢合從. 丹之私計愚, 以爲誠得天下之勇士使於秦, 闞以重利; 秦王貪, 其勢必得所願矣. 誠得劫秦王, 使悉反諸侯侵地, 若曹沫之與齊桓公, 則大善矣; 則不可, 因而刺殺之.

彼秦大將擅兵於外而內有亂, 則君臣相疑, 以其閒諸侯得合從, 其破秦必矣.
此丹之上願, 而不知所委命, 唯荊卿留意焉.」久之, 荊軻曰:「此國之大事也,
臣駑下, 恐不足任使.」太子前頓首, 固請毋讓, 然後許諾. 於是尊荊卿爲上卿,
舍上舍. 太子日造門下, 供太牢具, 異物閒進, 車騎美女恣荊軻所欲, 以順適其意.
久之, 荊軻未有行意. 秦將王翦破趙, 虜趙王, 盡收入其地, 進兵北略地至燕南
界. 太子丹恐懼, 乃請荊軻曰:「秦兵旦暮渡易水, 則雖欲長侍足下, 豈可得哉!」
荊軻曰:「微太子言, 臣願謁之. 今行而毋信, 則秦未可親也. 夫樊將軍, 秦王購
之金千斤, 邑萬家. 誠得樊將軍首與燕督亢之地圖, 奉獻秦王, 秦王必說見臣,
臣乃得有以報.」太子曰:「樊將軍窮困來歸丹, 丹不忍以己之私而傷長者之意,
願足下更慮之!」

荊軻知太子不忍, 乃遂私見樊於期曰:「秦之遇將軍可謂深矣, 父母宗族皆爲
戮沒. 今聞購將軍首金千斤, 邑萬家, 將奈何?」於期仰天太息流涕曰:「於期每
念之, 常痛於骨髓, 顧計不知所出耳!」荊軻曰:「今有一言可以解燕國之患, 報將軍
之仇者, 何如?」於期乃前曰:「爲之奈何?」荊軻曰:「願得將軍之首以獻秦王,
秦王必喜而見臣, 臣左手把其袖, 右手揕其匈, 然則將軍之仇報而燕見陵之愧
除矣. 將軍豈有意乎?」樊於期偏袒搤捥而進曰:「此臣之日夜切齒腐心也, 乃今
得聞教!」遂自剄. 太子聞之, 馳往, 伏屍而哭, 極哀. 既已不可奈何, 乃遂盛樊
於期首函封之.

於是太子豫求天下之利匕首, 得趙人徐夫人匕首, 取之百金, 使工以藥焠之, 以試人,
血濡縷, 人無不立死者. 乃裝爲遣荊卿. 燕國有勇士秦舞陽, 年十三, 殺人, 人不
敢忤視. 乃令秦舞陽爲副. 荊軻有所待, 欲與俱; 其人居遠未來, 而爲治行. 頃之,
未發, 太子遲之, 疑其改悔, 乃復請曰:「日已盡矣, 荊卿豈有意哉? 丹請得先
遣秦舞陽.」荊軻怒, 叱太子曰:「何太子之遣? 往而不返者, 豎子也! 且提一匕
首入不測之彊秦, 僕所以留者, 待吾客與俱. 今太子遲之, 請辭決矣!」遂發.

太子及賓客知其事者, 皆白衣冠以送之. 至易水之上, 既祖, 取道, 高漸離擊筑,
荊軻和而歌, 爲變徵之聲, 士皆垂淚涕泣. 又前而爲歌曰:「風蕭蕭兮易水寒,
壯士一去兮不復還!」復爲羽聲忼慨, 士皆瞋目, 髮盡上指冠. 於是荊軻就車而去,
終已不顧.

遂至秦, 持千金之資幣物, 厚遺秦王寵臣中庶子蒙嘉. 嘉爲先言於秦王曰:「燕王
誠振怖大王之威, 不敢舉兵以逆軍吏, 願舉國爲內臣, 比諸侯之列, 給貢職如
郡縣, 而得奉守先王之宗廟. 恐懼不敢自陳, 謹斬樊於期之頭, 及獻燕督亢
之地圖, 函封, 燕王拜送于庭, 使使以聞大王, 唯大王命之.」秦王聞之, 大喜,

乃朝服, 設九賓, 見燕使者咸陽宮. 荊軻奉樊於期頭函, 而秦舞陽奉地圖柙,
以次進. 至陛, 秦舞陽色變振恐, 羣臣怪之. 荊軻顧笑舞陽, 前謝曰:「北蕃蠻
夷之鄙人, 未嘗見天子, 故振慴. 願大王少假借之, 使得畢使於前.」秦王謂軻
曰:「取舞陽所持地圖.」軻既取圖奏之, 秦王發圖, 圖窮而匕首見. 因左手把秦王
之袖, 而右手持匕首揕之. 未至身, 秦王驚, 自引而起, 袖絕. 拔劍, 劍長, 操其室.
時惶急, 劍堅, 故不可立拔. 荊軻逐秦王, 秦王環柱而走. 羣臣皆愕, 卒起不意,
盡失其度. 而秦法, 羣臣侍殿上者不得持尺寸之兵; 諸郎中執兵皆陳殿下, 非有
詔召不得上. 方急時, 不及召下兵, 以故荊軻乃逐秦王. 而卒惶急, 無以擊軻,
而以手共搏之. 是時侍醫夏無且以其所奉藥囊提荊軻也. 秦王方環柱走, 卒惶急,
不知所爲, 左右乃曰:「王負劍!」負劍, 遂拔以擊荊軻, 斷其左股. 荊軻廢, 乃引其
匕首以擿秦王, 不中, 中桐柱. 秦王復擊軻, 軻被八創. 軻自知事不就, 倚柱而笑,
箕踞以罵曰:「事所以不成者, 以欲生劫之, 必得約契以報太子也.」於是左右既
前殺軻, 秦王不怡者良久. 已而論功, 賞羣臣及當坐者各有差, 而賜夏無且黃金
二百溢, 曰:「無且愛我, 乃以藥囊提荊軻也.」

於是秦王大怒, 益發兵詣趙, 詔王翦軍以伐燕. 十月而拔薊城. 燕王喜·太子丹
等盡率其精兵東保於遼東. 秦將李信追擊燕王急, 代王嘉乃遺燕王喜書曰:
「秦所以尤追燕急者, 以太子丹故也. 今王誠殺丹獻之秦王, 秦王必解, 而社稷
幸得血食.」其後李信追丹, 丹匿衍水中, 燕王乃使使斬太子丹, 欲獻之秦. 秦復
進兵攻之. 後五年, 秦卒滅燕, 虜燕王喜.

其明年, 秦幷天下, 立號爲皇帝. 於是秦逐太子丹·荊軻之客, 皆亡. 高漸離變名
姓爲人庸保, 匿作於宋子. 久之, 作苦, 聞其家堂上客擊筑, 傍偟不能去. 每出
言曰:「彼有善有不善.」從者以告其主, 曰:「彼庸乃知音, 竊言是非.」家丈人召
使前擊筑, 一坐稱善, 賜酒. 而高漸離念久隱畏約無窮時, 乃退, 出其裝匣中筑
與其善衣, 更容貌而前. 舉坐客皆驚, 下與抗禮, 以爲上客. 使擊筑而歌, 客無
不流涕而去者. 宋子傳客之, 聞於秦始皇. 秦始皇召見, 人有識者, 乃曰:「高漸
離也.」秦皇帝惜其善擊筑, 重赦之, 乃矐其目. 使擊筑, 未嘗不稱善. 稍益近之,
高漸離乃以鉛置筑中, 復進得近, 舉筑朴秦皇帝, 不中. 於是遂誅高漸離, 終身
不復近諸侯之人.

魯句踐已聞荊軻之刺秦王, 私曰:「嗟乎, 惜哉, 其不講於刺劍之術也! 甚矣吾
不知人也! 曩者吾叱之, 彼乃以我爲非人也!」

太史公曰: 世言荊軻, 其稱太子丹之命, 「天雨粟, 馬生角」也, 太過. 又言荊軻
傷秦王, 皆非也. 始公孫季功·董生與夏無且游, 具知其事, 爲余道之如是.

自曹沫至荊軻五人, 此其義或成或不成, 然其立意較然, 不欺其志, 名垂後世, 豈妄也哉!

5.《史記》燕世家

六年, 秦滅東(西)周, 置三川郡. 七年, 秦拔趙楡次三十七城, 秦置大原郡. 九年, 秦王政初卽位. 十年, 趙使廉頗將攻繁陽, 拔之. 趙孝成王卒, 悼襄王立. 使樂乘代廉頗, 廉頗不聽, 攻樂乘, 樂乘走, 廉頗奔大梁. 十二年, 趙使李牧攻燕, 拔武遂·方城. 劇辛故居趙, 與龐煖善, 已而亡走燕. 燕見趙數困于秦, 而廉頗去, 令龐煖將也, 欲因趙獘攻之. 問劇辛, 辛曰:「龐煖易與耳.」燕使劇辛將擊趙, 趙使龐煖擊之, 取燕軍二萬, 殺劇辛. 秦拔魏二十城, 置東郡. 十九年, 秦拔趙之鄴九城. 趙悼襄王卒. 二十三年, 太子丹質於秦, 亡歸燕. 二十五年, 秦虜滅韓王安, 置潁川郡. 二十七年, 秦虜趙王遷, 滅趙. 趙公子嘉自立爲代王.

燕見秦且滅六國, 秦兵臨易水, 禍且至燕. 太子丹陰養壯士二十人, 使荊軻獻督亢地圖於秦, 因襲刺秦王. 秦王覺, 殺軻, 使將軍王翦擊燕. 二十九年, 秦攻拔我薊, 燕王亡, 徙居遼東, 斬丹以獻秦. 三十年, 秦滅魏.

三十三年, 秦拔遼東, 虜燕王喜, 卒滅燕. 是歲, 秦將王賁亦虜代王嘉.

6.《燕丹子》

이 이야기는《燕丹子》라는 小說로 발전하는 등 중국 문학사에 큰 반향을 일으켰다.《燕丹子》(상중하)는 孫星衍, 章宗源, 洪頤煊이 교정한〈平津館叢書本〉이〈新編諸子集成〉(八)에《史記》《戰國策》등과 대비, 자세히 교정한 것이 실려 있다. 참고로 이를 전재하면 다음과 같다.

卷上

燕太子丹質於秦, 秦王遇之無禮, 不得意, 欲求歸. 秦王不聽, 謬言:「令烏白頭, 馬生角, 乃可許耳.」丹仰天嘆, 烏卽白頭, 馬生角. 秦王不得已而遣之, 爲機發之橋, 欲陷丹. 丹過之, 橋爲不發. 夜到關, 關門未開. 丹爲鷄鳴, 衆鷄皆鳴, 遂得逃歸. 深怨於秦, 求欲復之. 奉養勇士, 無所不至. 丹與其傅麴武書, 曰:「丹不肖, 生於僻陋之國, 長於不毛之地, 未嘗得覩君子雅訓·達人之道也. 然鄙意欲有所陳, 幸傅垂覽之! 丹聞丈夫所恥, 恥受辱以生於世也; 貞女所羞, 羞見劫以虧其節也. 故有刎喉不顧·據鼎不避者, 斯豈樂死而忘生哉? 其心有所守也. 今秦王反戾天常, 虎狼其行, 遇丹無禮, 爲諸侯最. 丹每念之, 痛入骨髓. 計燕國之衆, 不能敵之, 曠年相守, 力固不足. 欲收天下之勇士, 集海內之英雄, 破國空藏, 以奉養之, 重幣甘辭以市於秦, 秦貪我賂, 而信我辭, 則一劍之任, 可當百萬之師; 須臾之間, 可解丹萬世之恥. 若其不然, 令丹生無面目於天下, 死懷恨於九泉.

必令諸侯指以爲笑, 易水之北, 未知誰有. 此蓋亦子大夫之恥也. 謹遣書, 願熟思之!」

麴武報書曰:「臣聞快於意者虧於行, 甘於心者傷於性. 今太子欲滅悁悁之恥, 除久久之恨, 此實臣所當糜軀碎首而不避也. 私以爲智者不冀僥倖以要功, 明者不苟從志以順心; 事必成, 然後舉; 身必安, 而後行. 故發無失舉之尤, 動無蹉跌之愧也. 太子貴匹夫之勇, 信一劍之任, 而欲望功, 臣以爲疏. 臣願合從於楚, 并勢於趙, 連衡於韓·魏, 然後圖秦, 秦可破也. 且韓·魏與秦, 外親内疏. 若有倡兵, 楚乃來應, 韓·魏必從, 其勢可見. 今臣計從, 太子之恥除, 愚鄙之累解矣. 太子慮之!」

太子得書, 不說. 召麴武而問之. 武曰:「臣以爲太子行臣言, 則易水之北, 永無秦憂, 四隣諸侯必有求我者矣.」太子曰:「此引日縵縵, 心不能須也!」麴武曰:「臣爲太子計熟矣. 夫有秦, 疾不如徐, 走不如坐. 今合楚·趙, 并韓·魏, 雖引歲月, 其事必成. 臣以爲良.」太子睡臥不聽. 麴武曰:「臣不能爲太子計. 臣所知田光, 其人深中有謀. 願令見太子」太子曰:「敬諾!」

卷中

田光見太子, 太子側階而迎, 迎而再拜. 坐定, 太子丹曰:「傅不以蠻域而丹不肖, 乃使先生來降弊邑. 今燕國僻在北陲, 比於蠻域, 而先生乃不羞之. 丹得侍左右, 覬見玉顔, 斯乃上世神靈保佑燕國, 令先生設降辱焉」田光曰:「結髮立身, 以至於今, 徒慕太子之高行, 美太子之令名耳. 太子將何以敎之?」太子膝行而前, 涕淚橫流, 曰:「丹嘗質於秦, 秦遇丹無禮, 日夜焦心, 思欲復之. 論衆則秦多, 計强則燕弱. 欲曰合從, 心復不能. 常食不識位, 寢不安席. 縱令燕秦同日而亡, 則爲死灰復燃, 白骨更生. 願先生圖之!」田光曰:「此國事也, 請得思之」於是舍光上館. 太子三時進食, 存問不絶. 如是三月. 太子怪其無說, 就光, 辟左右, 問曰:「先生旣垂哀恤, 許惠嘉謀, 側身傾聽, 三月於斯, 先生豈有意歟?」田光曰:「微太子, 固將竭之. 臣聞騏驥之少, 力輕千里, 及其罷朽, 不能取道. 太子聞臣時已老矣. 欲爲太子良謀, 則太子不能; 欲奮筋力, 則臣不能. 然竊觀太子客, 無可用者. 夏扶, 血勇之人, 怒而面赤; 宋意, 脈勇之人, 怒而面靑; 武陽, 骨勇之人, 怒而面白. 光所知荊軻, 神勇之人, 怒而色不變. 爲人博聞强記, 體烈骨壯, 不拘小節, 欲立大功. 嘗家於衛, 脫賢大夫之急十有餘人, 其餘庸庸不可稱. 太子欲圖事, 非此人莫可」太子下席再拜, 曰:「若因先生之靈, 得交於荊軻, 則燕國社稷長爲不滅. 唯先生成之」田光遂行. 太子自送, 執光手曰:「此國事, 願勿洩之!」光笑曰:「諾」遂見荊軻, 曰:「光不自度不肖, 達足下於太子. 夫燕太子,

眞天下之士也. 傾心於足下, 願足下勿疑焉.」荊軻曰:「有鄙志, 常謂心向意投,
身不顧; 情有異, 一毛不拔. 今先生令交於太子, 敬諾不違.」田光謂荊軻曰:
「蓋聞士不爲人所疑. 太子送光之時, 言'此國事, 願勿洩'. 此疑光也. 見疑而生
於世, 光所羞也.」向軻吞舌而死. 軻遂之燕.

卷下

荊軻之燕. 太子自御虛左, 軻援綏不讓. 自坐定, 賓客滿坐. 軻言曰:「田光褒揚
太子仁愛之風, 說太子不世之器, 高行厲天, 美聲盈耳. 軻出衛都, 望燕路, 歷險
不以爲勤, 望遠不以爲遐. 今太子禮之以舊故之恩, 接之以新人之敬. 所以不復
讓者, 士信於知己也.」太子曰:「田先生無恙乎?」軻曰:「光臨送軻之時, 言太子
戒以國事, 恥以丈夫而不見信, 向軻吞舌而死矣.」太子驚愕失色, 歔欷飲淚曰:
「丹所以戒先生, 豈疑先生哉? 今先生自殺, 亦令丹自棄於世矣.」范然良久, 不怡
民氏曰. 太子置酒請軻, 酒酣, 太子起爲壽. 夏扶前曰:「聞士武鄉曲之譽, 則未
可與論行; 馬無服輿之伎, 則未可與決良. 今荊君遠至, 將何以教太子?」欲微
感之. 軻曰:「士有超世之行者, 不必合於鄉曲; 馬有千里之相者, 何必出於服輿?
昔呂望屠釣之時, 天下之賤丈夫也. 其遇文王, 則爲周師. 騏驥之在鹽車駕之下也.
及遇伯樂, 則有千里之功. 如此, 在鄉曲而後發善, 服輿而後別良哉!」夏扶問
荊軻:「何以教太子?」軻曰:「將令燕繼召公之跡, 追甘棠之化; 高欲令四三王,
下欲令六五霸. 於君何如也?」坐皆稱善. 竟酒無能屈. 太子甚喜, 自以得軻, 永無
秦憂. 後日, 與軻之東宮, 臨池而觀. 軻拾瓦投蠅. 太子令人奉槃金, 軻用抵, 抵
盡復進. 軻曰:「非爲太子愛金也, 但臂痛耳.」後復共乘千里馬. 軻曰:「聞千里
馬肝美.」太子卽殺馬進肝. 暨樊將軍得罪於秦, 秦求之急, 乃來歸太子. 太子爲
置酒華陽之臺. 酒中, 太子出美人之能琴者. 軻曰:「好手琴者!」太子卽進之.
軻曰:「但愛其手耳.」太子卽斷其手, 盛以玉槃, 奉之. 太子常與軻同案而食,
同牀而寢. 後日, 軻從容曰:「軻侍太子三年於斯矣. 而太子遇軻甚厚, 黃金投蠅,
千里馬肝, 姬人好手, 盛以玉槃. 凡庸當之, 猶尙樂出尺寸之長, 當犬馬之用. 今軻
常侍君子之側, 聞烈士之節, 死有重於泰山, 有輕於鴻毛者, 但問用之所在耳.
太子幸教之!」太子斂袂正色而言:「丹嘗游秦, 秦遇但不道, 丹恥與俱生. 今荊君
不以丹不肖, 降辱小國. 今丹以社稷干長者不知所謂.」軻曰:「今天下彊國, 莫彊
於秦. 今太子力不能威諸侯, 諸侯未肯爲太子用也. 太子率燕國之衆而當之, 猶使
羊將狼, 使狼追虎耳.」太子曰:「丹之憂計久, 不知安出.」軻曰:「樊於其得罪
於秦, 秦求之急. 又督亢之地, 秦所貪也. 今得樊於期首·督亢地圖, 則事可成也.」
太子曰:「若事可成, 擧燕國而獻之, 丹甘心焉. 樊將軍以窮歸我, 而丹賣之, 心不

忍也.」軻黙然不應. 居五月, 太子恐軻悔, 見軻曰:「今秦已破趙國, 兵臨燕, 事已
迫急. 雖欲足下, 計安施之? 今欲先遣武陽, 何如?」軻怒曰:「何太子所遣?
往而不返者, 豎子也. 軻所以未行者, 待吾客耳.」於是軻潛見樊於期曰:「聞將
軍得罪於秦, 父母妻子皆見焚燒. 求將軍邑萬戶, 金千斤. 軻爲將軍痛之. 今有
一言, 除將軍之辱, 解燕國之恥. 將軍豈有意乎?」於期曰:「常念之, 日夜飮泣,
不知所出. 荊君幸教, 願聞命矣.」軻曰:「今願得將軍之首, 與燕督亢地圖,
進之, 秦王必喜. 喜必見軻, 軻因左手把其袖, 右手揕其胸, 數以負燕之罪,
責以將軍之讐, 而燕國見陵雪, 將軍積忿之怒除矣.」於期起, 扼腕執刀曰:「是於
期日夜所欲, 而今聞命矣.」於是自剄, 頭垂背後, 兩目不瞑. 太子聞之, 自駕
馳往, 伏於期屍而哭, 非不自勝. 良久, 無奈何, 遂函盛於期首, 與燕督亢地圖
以獻秦. 武陽爲副. 荊軻入秦, 不擇日而發. 太子與智謀者, 皆素衣冠, 送之於
易水之上. 荊軻起爲壽. 歌曰:「風蕭蕭兮易水寒, 壯士一去兮不復還!」高漸離
擊筑, 宋意和之. 爲壯聲則髮怒衝冠, 爲哀聲則士皆流涕. 二人皆升車, 終已不
顧也. 二子行過, 夏扶當車前刎頸, 以送二子. 行過陽翟, 軻買肉, 爭輕重, 屠者
辱之. 武陽欲擊, 軻止之. 西入秦, 至咸陽, 因中庶子蒙白曰:「燕太子丹畏大王
之威, 今奉樊於期首與督亢地圖, 願違北蕃臣妾.」秦王喜. 百官陪位, 陛戟
數百, 見燕使者. 軻奉於期首, 武陽奉地圖. 鐘鼓竝發, 群臣皆呼萬歲. 武陽
大恐, 兩足不能相過, 面如死灰色. 秦王怪之. 軻顧武陽, 前謝曰:「北蕃蠻夷之
鄙人, 未見天子, 願陛下少假借之, 使得畢事於前.」秦王謂軻曰:「取圖來進.」
秦王發圖, 圖窮而匕首出. 軻左手把王袖, 右手揕其胸, 數之曰:「足下負燕日久,
貪暴海內, 不知厭足, 於期無罪, 而夷其族. 軻將爲海內報讐. 今燕王母病,
與軻促期. 從吾計則生, 不從則死!」秦王曰:「今日之事, 從子計耳. 乞聽琴聲
而死.」召姬人鼓琴. 琴聲曰:「羅縠單衣, 可掣而絶. 八尺屏風, 可超而越.
鹿盧之劍, 可負而拔.」軻不解音. 秦王從琴聲負劍拔之, 於是奮袖超屏風而走.
軻拔匕首擲之, 決秦王耳, 入銅柱, 火出燃. 秦王還, 斷軻兩手. 軻因倚柱而笑,
箕踞而罵曰:「吾坐輕易, 爲豎子所欺, 燕國之不報, 我事之不立哉!」

7. 秦 始皇 암살 계획의 田光·太子 丹·荊軻·高漸離 등의 이야기는 도연명의
본 시외에도 후세에 많은 시인의 노래가 되었다.

(1) 駱賓王『易水送人』

此地別燕丹, 壯士髮衝冠. 昔時人已沒, 今日水猶寒.

(2) 陳子昻『田光先生』

自古皆有死, 徇義良獨稀. 奈何燕太子, 尚使田光疑. 伏劍誠已矣, 感我涕沾衣.

054 〈讀山海經〉(十三首)

『산해경을 읽으며』

054-1 〈讀山海經〉

첫째 수

초여름 풀과 나무 자라 올라서
우리 집 둘러치며 빈틈없이 메웠네.
새들은 깃들 곳 있다고 즐거워하고
나 역시 내 오두막 사랑하노라.
이미 밭 갈고 씨까지 뿌렸으니
때로는 돌아와 내 책 읽고 있다.
궁벽한 골목이라 깊은 바퀴 자국 거리 멀고
자못 친구 수레 되돌아 가 버린다.
즐겁도다. 봄 술도 마실 만큼 익었으니,
채마밭 채소 따서 안주를 삼으리라.
마침 가랑비는 동쪽에서 젖어 오고
좋은 바람조차 그와 함께 불어 온다.
《주왕전》을 대강 보고
《산해도》를 흘려 보며
넓은 우주를 이리저리 다 보았으니
즐겁지 아니하고 또 어쩌랴!

(其一)

孟夏草木長, 繞屋樹扶疎.

衆鳥欣有託, 吾亦愛吾廬.

旣耕亦已種, 時還讀我書.

窮巷隔深轍, 頗廻故人車.

歡言酌春酒, 摘我園中蔬.

微雨從東來, 好風與之俱.

汎覽周王傳, 流觀山海圖.

俯仰終宇宙, 不樂復何如!

【孟夏】 음력 사월. 여름이 시작되는 첫달로 농사일을 잠깐 쉴 수 있는 때.

【繞屋】 '遶屋'으로도 표기하며 집을 둘러선 나무를 말함.

【扶疎】 잎이 없어 성글었던 나무들을 부축하여 잎이 무성하게 함. 잎이 빽빽
하여 집 둘레를 다 덮음을 말함. '疎'는 '疏'와 같음.

【隔深轍】 큰길과 멀리 떨어져 있다. '轍'은 바퀴 자국, 여기서는 큰길을 뜻함.

【頗】 매우, 여기서는 자주, 때때로의 뜻.

【歡言】 모든 본에는 '歡然'으로 되어 있으며 《文選》에는 '歡言'으로 되어 있음.
'言, 焉, 然'은 모두 같은 용법으로 뜻은 없음.

【汎覽】 대강 훑어봄.

【周王傳】 《穆天子傳》을 뜻함. 西周의 천자 穆王이 팔준마를 타고 천하를
여행하여 서쪽의 西王母를 만나는 등 기이한 내용을 기록해 놓은 지괴소설.
《晉書》束晳傳에 "太康二年, 汲郡人不準盜發魏襄王墓, 或言安釐王冢, 得竹書
數十車. ……其中有穆天子傳五篇, 言周穆王游行四海, 見帝臺·西王母"라 함.

【山海圖】 《山海經圖》를 말함. 《山海經》은 고대 신화와 상상의 각 지역에
대한 기괴한 사물에 관한 것을 모은 책으로 《史記》 大宛列傳에 이미

"山海經所有怪物, 余不敢言之也"라 하여 그 書名이 보이며, 劉歆(劉秀)의 〈上山海經表〉에 "禹別九州, 任土作貢; 而益等類物善惡, 著山海經"이라 하여, 夏禹 때 伯益이 지은 것이라 하였음. 그 외《論衡》과《吳越春秋》,《顔氏家訓》 등에도 모두 백익의 작으로 여겼음. 이 책에는 원래 그림이 있었으며 晉나라 때 郭璞이 그 그림이 대하여 讚을 붙이기도 하였으나 지금은 그림은 전하지 않음.

【俯仰】굽어보고 쳐다보는 사이, 즉 순식간, 짧은 시간을 뜻함.

《산해경》에 실려 있는 상상의 異物들을 형상화한 그림

054-2 〈讀山海經〉
둘째 수

옥산의 요대는 노을 위로 수려하게 솟아 있고,
서왕모의 아릿다운 얼굴 온화하구나.
천지 생겨날 때 그와 함께 태어나서
몇 살이나 되었는지 알 수조차 없구나.
신령한 변화는 그 끝을 알 수 없고
살고 있는 그의 집도 이 산 저 산 여러 곳.
고상하게 취한 다음 새 노래부르나니
어찌 세상의 속된 말 흉내 낼 일 있으랴!

(其二)
玉臺凌霞秀, 王母怡妙顔.
天地共俱生, 不知幾何年.
靈化無窮已, 館宇非一山.
高酣發新謠, 寧效俗中言!

【玉臺】玉山 위의 瑤臺. 서왕모가 사는 곳. 《山海經》西山經에 "玉山, 是西王母
　　所居也"라 하였고, 郭璞 주에 "此山多玉石, 因以名云. 穆天子傳謂之群玉之山"
　　이라 함.
【凌霞秀】雲霞를 넘어 아름답게 솟아 있음.
【王母】서왕모. 신화속의 여신.《山海經》西山經에 "西王母, 其狀如人, 豹尾,
　　虎齒而善嘯, 蓬髮, 戴勝"이라 함.

【非一山】 서왕모가 사는 곳은 어느 하나의 산에 국한 된 것이 아님.《山海經》
　西山經에는 玉山에 산다고 하였고 〈大荒西經〉에는 崑崙山이라 하였으며,
　《穆天子傳》(3)에는 穆王이 弇山에 올라 서왕모의 산이라 글씨를 써서 새겼다
　하였음. 郭璞의 주에는 "西王母雖以崑崙之宮, 亦自有離宮別窟·游息之處, 不專
　住一山也"라 함.
【高酣】 좋은 술자리를 마련함.《穆天子傳》(3)에 목왕이 요지에서 주연을 마련
　하고 서왕모를 초청하였음.
【新謠】 서왕모가 요지의 잔치에서 새로운 노래를 불렀음. 참고란을 볼 것.
【寧】 어찌.

참고 및 관련 자료

1.《穆天子傳》(3)

「天子觴西王母于瑤池之上, 西王母爲天子謠, 曰:『白雲在天, 山陵自出. 道里
悠遠, 山川間之. 將子無死, 尚能復來.』天子答之曰:『予歸東土, 和治諸夏.
萬民平均, 吾願見汝. 比及三年, 將復而野.』」

054-3 〈讀山海經〉
셋째 수

가물가물 아득한 괴강산 산마루는
이를 일러 부르기를 현포의 언덕.
남서쪽 바라보면 곤륜산이 터를 잡아
빛나는 그 모습 견줄 바가 없도다.
높이 솟은 낭간수는 광채를 쏘아대고
맑고 맑은 요수 물은 끝없이 흐르도다.
안타깝다, 목왕 따라 수레 타고
한 번 가보고 싶으나 그럴 수 없는 곳이기에.

(其三)

迢迢槐江嶺, 是謂玄圃丘.
西南望崑墟, 光氣難與儔.
亭亭明玕照, 落落清瑤流.
恨不及周穆, 託乘一來遊.

【迢遞】 멀고 아득함을 표현하는 쌍성연면어.
【槐江嶺】 神山 이름. 참고란을 볼 것.
【玄圃丘】 곤륜산의 꼭대기. 縣圃로도 표기함. 《楚辭》 天問에 "崑崙縣圃,
　其尻安在?"라 하였고, 王逸 주에 "崑崙, 山名也, 在西北, 元氣所出. 其巓曰
　縣圃, 乃上通於天也"라 함.

【明玗】明亮한 琅玕. 옥과 비슷한 아름다운 돌.

【周穆】西周의 천자. 穆王. 이름은 姬滿. 기괴한 것을 좋아하여 천하를 유람
 하였으며 이를 가탁하여 소설로 작성된 것이《穆天子傳》임. 그 책 2권에
 목왕이 곤륜산에 올라 "乃爲銘迹於縣圃之上"이라 함.

【託乘】수레에 의탁함. 편승하다. '托乘'과 같음. 曹丕의 〈與朝歌令吳質書〉에
 "文學托乘於後車"라 함. 목왕이 천하를 유람할 때 趙父가 수레를 몰았음.

1.《山海經》西山經

西三百二十里, 曰槐江之山, 丘時之水出焉, 而北流注于泑水. 其中多嬴母, 其上
多靑雄黃, 多藏琅玕·黃金·玉, 其陽多丹粟, 其陰多采黃金銀, 實惟帝之平圃.
……爰有淫水, 其淸洛洛.

054-4 〈讀山海經〉

넷째 수

단목이란 나무는 어디에서 자라는가,
밀산의 남쪽에서 자라고 있다네.
노란 꽃에 붉은 열매 맺히니
이를 먹으면 장수한다네.
백옥은 응결하여 흰 색 진액이 되고
근유는 기이한 빛을 발하네.
어찌 군자들만 이를 보배로 여기리오?
우리 헌원씨도 이를 먹을거리로 삼았는데.

(其四)

丹木生何許, 迺在崒山陽.
黃花復朱實, 食之壽命長.
白玉凝素液, 瑾瑜發奇光.
豈伊君子寶? 見重我軒黃.

【丹木】紅木. 둥근 잎에 빨간 줄기가 있으며, 꽃은 노랗고 열매는 붉음.
먹으면 배가 고프지 않다고 함. 참고란을 볼 것.
【崒山】崒은 '密'의 이체자.
【何許】何處. 어느 곳.
【素液】백색의 액체.《山海經》에서 말한 玉膏.
【瑾瑜】아주 아름다운 최상급의 옥.

【見重】중시를 받음. 중요하게 여김을 받음. 군자라면 옥을 차고 다녀 이를
귀한 것으로 여기는 풍습을 말함.

【軒黃】黃帝 軒轅氏.《史記》五帝本紀에 "黃帝者, 少典之子, 姓公孫, 名曰軒轅"
이라 함. 황제 헌원씨는 이를 식량으로 삼았다고 함.(《山海經》) 邱嘉穗의
《詩箋》에 "三章思與周穆同游, 此則思爲服食不死, 以又黃帝, 語皆幻妙, 思路
絶而風雲通矣"라 함.

1.《山海經》西山經

不周之山: 西北四百二十里, 曰崒山, 其上多丹木, 員葉而赤莖, 黃花而赤實, 其味
如飴, 食之不飢. 丹水出焉, 西流注于稷澤, 其中多白玉, 是有玉膏, 其源沸沸
湯湯, 黃帝是食是饗. 是生玄玉. 玉膏所出,
以灌丹木. 丹木五歲. 五色乃淸, 五味乃馨,
黃帝乃取崒山之玉榮, 而投之鍾山之陽. 瑾瑜
之玉爲良, 堅粟精密, 濁澤而有光, 五色發作,
以和柔剛. 天地鬼神, 是食是饗; 君子服之,
以御不祥, 自崒山至於鍾山, 四百六十里, 其間
盡澤也. 是多奇鳥·怪獸·奇魚, 皆異物焉.

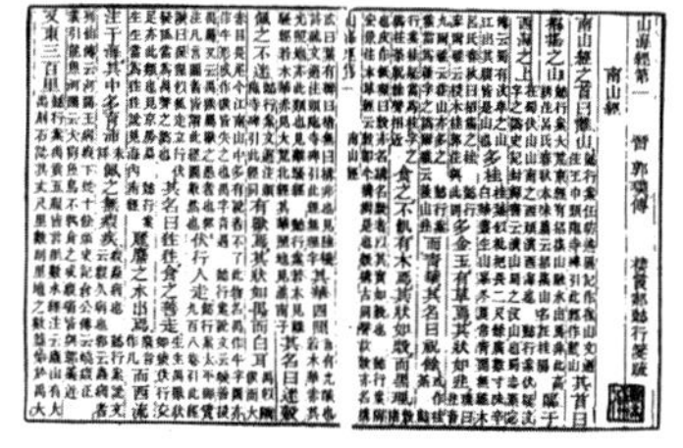

《山海經》중국 고대 신화와 전설이 가득
담긴 책으로 온갖 상상력을 불러일으킨다.

054-5 〈讀山海經〉
다섯째 수

훨훨 나는 세 마리 청조,
깃 색깔이 기이하고 아름답다.
아침이면 서왕모의 심부름 바쁘고
저녁이면 삼위산으로 돌아가 쉰다네.
내 이 새에게 부탁 좀 하여
함께 서왕모에게 말을 전하여
세상 살며 달리 바라는 바 없고
오직 술도 마시면서 오래 사는 것.

其五
翩翩三靑鳥, 毛色奇可憐.
朝爲王母使, 暮歸三危山.
我欲因此鳥, 具向王母言.
在世無所須, 惟酒與長年.

【三靑鳥】山海經 大荒西經에 나오는 새 이름. 서왕모의 사자 노릇을 하는
세 마리의 새. 西王母之山, 沃之野에 "有三靑鳥, 赤首黑目, 一名大鵹, 一名少鵹,
一名靑鳥"라 하였고, 郭璞의 주에 "皆西王母所使也"라 함.
【奇可憐】매우 아름답고 귀엽다.

【三危山】《山海經》西山經에 "三危之山, 三靑鳥居之. 是山也. 廣員百里"라
  하였고, 다시 海內北經에는 "有三靑鳥, 爲西王母取食"이라 하였으며, 郭璞의
  주에 "三靑鳥主爲西王母取食者, 別自棲息於此山也"라 함.
【長年】長壽와 같음.

054-6 〈讀山海經〉
여섯째 수

무고산 언덕을 한가롭게 거닐며
아득히 부목을 바라보노라.
큰 나뭇가지는 그 길이만도 백만 길,
빽빽하게 흩어져 양곡을 가리고 있네.
신령스런 희화씨 단지丹池를 관리하며
아침마다 태양을 목욕시키네.
신비스런 태양 하늘로 올라가면
그 어떤 어두운 곳도 비추지 않으랴!

(其六)

逍遙蕪皐上, 杳然望扶木.

洪柯百萬尋, 森散覆暘谷.

靈人侍丹池, 朝朝爲日浴.

神景一登天, 何幽不見燭.

【蕪皐】‘無皐’와 같음. 山海經 東山經에 “南水行五百里, 流沙三百里. 至于無皐
之山, 南望幼海, 東望榑木, 無草木, 多風. 是山也, 廣員百里”라 함.

【扶木】榑木. 扶桑을 가리킴.《山海經》大荒東經에 “湯谷上有扶木”이라 하였고,
海外東經에는 “湯谷上有扶桑, 十日所浴, 在黑齒北. 居水中, 有大木, 九日居
下枝, 一日居上枝”라 함.

【尋】옛날 길이의 단위. 흔히 8척을 길이를 1심이라 함.

【暘谷】湯谷과 같음. 해가 돋는 곳.《淮南子》天文訓에 "日出于暘谷, 浴于
　咸池"라 함.

【靈人】羲和를 가리킴. 帝俊의 처이며 太陽의 어머니.《山海經》大荒南經에
"東南海之外, 甘水之間, 有羲和之國. 有女子名曰羲和, 方日浴于甘淵. 羲和者,
　帝俊之妻, 生十日"이라 함.

【丹池】태양이 목욕하는 곳.《山海經》의 甘淵,《淮南子》의 咸池.

【神景】태양을 가리킴.《山海經》大荒北經에 "章尾山有神, 人面蛇身而赤.
　……其暝乃晦, 其視乃明, ……是燭九陰, 是謂燭龍"이라 함.

【幽】어둡다. 어두운 곳.

【燭】밝게 비추다.

054-7 〈讀山海經〉

일곱째 수

찬란하다 삼주수,
적수의 남쪽 기슭에 붙어사네.
높이 솟은 능풍계,
여덟 나무 함께 숲을 이루었네.
영험한 봉황은 구름 타고 춤을 추고
신령한 난조는 옥음을 맞추도다.
비록 세속에서는 귀한 보물인 줄 모르나
서왕모의 마음을 사로잡는 보배들.

(其七)
粲粲三珠樹, 寄生赤水陰.
亭亭凌風桂, 八幹共成林.
靈鳳撫雲舞, 神鸞調玉音.
雖非世上寶, 爰得王母心.

【三珠樹】《山海經》海外南經에 "三珠樹, 在厭火北, 生赤水上, 其爲樹如柏,
葉皆爲珠"라 하였고, 海內西經에는 "開明北有珠樹"라 함.
【赤水陰】적수의 남쪽 기슭. 산은 남쪽이 양팔이고 강은 북쪽이 양달임.
【凌風桂】바람을 넘지르며 서 있는 계수나무.

【八幹】‘八珠’, ‘八樹’와 같음.《山海經》海外南經에 "桂林八樹, 在番隅東"
이라 함.

【成林】郭璞의 주에 ‘桂林八樹’는 "八樹而成林, 言其大也"라 함.

【靈鳳】《山海經》海外西經에 "諸夭之野, 鸞鳥自歌, 鳳鳥自舞. 鳳皇卵, 民食之;
甘露, 民飲之, 所欲自從也. 百獸相與群居"라 함.

【王母】西王母.

054-8 〈讀山海經〉

여덟째 수

자고로 누구나 죽는 날이 있으니
그 어떤 사람이 신선처럼 장수할까?
죽지도 아니하고 늙지도 아니하여
만년을 살면서도 항상 같은 모습으로.
적천은 나에게 마실 물을 공급하고
원구산은 나에게 먹을 식량 풍족하니
바야흐로 해와 달과 별과 노니
길이 살아 어찌 죽는 일이 있겠는가?

(其八)

自古皆有沒, 何人得靈長?

不死復不老, 萬歲如平常.

赤泉給我飲, 員丘足我糧.

方與三辰游, 壽考豈渠央.

【靈長】 끊임이 없이 영원히 이어지다.
【不死復不老】《山海經》海外南經에 "不死民在其東, 其爲人黑色, 壽, 不死"라
　하였고 郭璞의 주에 "有員丘山, 上有不死樹, 食之乃壽; 亦有赤泉, 飮之不老"
　라 함. 한편《博物志》物産에 비슷한 기록이 있음.

【三辰】해와 달, 그리고 별을 가리킴.

【壽考】아주 장수함.《詩經》大雅 棫樸에 "周王壽考"라 하였고 鄭箋에 "文王
  是時九十餘矣, 故云壽考"라 함.

【渠央】급히 소진됨. 죽음을 뜻함.

054-9 〈讀山海經〉
아홉째 수

과보夸父의 뜻 원대하기도 하여라.
감히 해와 상대하여 내닫기를 다투었네.
함께 우연 아래에 이르러서는
마치 승부를 가리지 못한 듯 하였지만
신비함 그 힘이야 기묘하고 뛰어나
하수 물 다 마신들 어찌 족히 이길 소냐!
던진 지팡이 등림鄧林이 되었다니
그 공적 죽은 뒤에야 남게 되었구려.

(其九)
夸父誕宏志, 乃與日競走.
俱至虞淵下, 似若無勝負.
神力旣殊妙, 傾河焉足有!
餘迹寄鄧林, 功竟在身後.

【夸父】夸甫로도 표기하며 고대의 신 이름. '夸父逐日'의 고사를 남긴 神人.
참고란을 볼 것.
【誕】본의는 大言, 여기서는 크다는 뜻.

【虞淵】해가 지는 곳. 禺谷, 禺淵이라고도 함.《山海經》大荒北經에 "夸父不
  量力, 欲追日景, 逮之于禺谷, 將飮河而不足也, 將走大澤, 未至, 死于此"라
  하였고 郭璞의 주에 "禺淵, 日所入也, 今作虞"라 함.
【傾河】황하의 물을 다 마시다.
【焉足有】어찌 족하겠는가. 즉 모자란다는 뜻.
【鄧林】과보가 죽은 뒤 그 시신의 일부가 세상의 물건이 되었으며 특히 던진
  지팡이가 살아나 등림이 되었다 함. 鄧林은 桃林과 같음. 畢沅은 "鄧林,
  卽桃林. 鄧桃音相近"이라 함.

1.《山海經》海外北經

夸父與日逐走, 入日. 渴欲得飮, 飮于河渭, 河渭不足, 北飮大澤, 未至, 道渴而死.
弃其杖, 化爲鄧林.

2.《山海經》大荒北經

大荒之中, 有山名曰成都載天. 有人珥兩黃蛇, 把兩黃蛇. 名曰夸父. 后土生信,
信生夸父. 夸父不量力, 欲追日景, 逮之于禺谷. 將飮河而不足也, 將走大澤, 未至,
死于此. 應龍已殺蚩尤, 又殺夸父, 乃去南方處之, 故南方多雨.

3.《列子》湯問篇

夸父不量力, 欲追日影, 逐之於隅谷之際. 渴欲得飮, 赴飮河渭. 河渭不足, 將走
北飮大澤. 未至, 道渴而死. 棄其杖, 尸膏肉所浸, 生鄧林. 鄧林彌廣數千里焉.

4.《淮南子》地形訓

夸父耽耳在其北方, 夸父棄其策, 是爲鄧林.

5.《呂氏春秋》求人篇

北 至人正之國, 夏海之窮, 衡山之上, 犬戎之國, 夸父之野.

6.《博物志》권7

博父西, 夸父與日相逐走, 渴, 飮水河渭, 不足, 北飮大澤, 未至, 渴而死. 棄其
策杖, 化爲鄧林.

열째 수

정위精衛가 가는 나무토막을 물고,
장차 창해를 모두 메우려 했고,
형천刑天은 방패와 도끼로 춤을 추었다니,
용맹한 의지는 그대로 남았었네.
만물과 같아 근심할 것 없고
죽어 사라져도 후회를 않는구나.
옛날 품었던 생각 다시 그려볼 뿐
좋은 날을 어찌 다시 기다릴 수 있으랴!

(其十)
精衛銜微木, 將以塡滄海.
刑天舞干戚, 猛志固常在.
同物旣無慮, 化去不復悔.
徒設在昔心, 良晨詎可待!

【精衛】 신화 속의 새 이름. 誓鳥, 寃鳥, 志雀, 帝女雀이라고도 부름. 神農氏의
딸이며 바닷가에 나갔다가 물에 빠져 죽어 이 새가 되었다 함.
【刑天】 신화 속의 인물. 《山海經》 海外西經에 "刑天與帝至此爭神, 帝斷其首,
葬之常羊之山, 乃以乳爲目, 以臍爲口, 操干戚以舞"라 함.

【同物】만물과 같다. 즉 사람은 만물과 같아 생사에 차이가 없다는 뜻. 異物과 상대되는 말로 쓴 것. 사람은 살아 있을 때는 근심도 없고 天帝와 다툴 정도로 同物이지만 죽고 나면 완전히 다른 물건이 되어버린다는 뜻. 《莊子》秋水에 "號物之數謂之萬, 人處一焉"이라 함. 《左傳》桓公 6년에도 "是其生也, 與吾同物"이라 하였고, 《史記》賈生列傳에는 "化爲異物兮"라 하고 司馬貞의 〈索隱〉에 "謂死而形化爲鬼, 是爲異物也"라 함.

【徒設在昔心】옛날 품었던 원대한 포부밖에 없다. '在昔心'은 시인의 옛날의 원대한 뜻.

【良晨】좋은 날. 좋은 기회를 뜻함.

【詎】의문사. '豈'와 같음. 지난날 아무리 웅지가 있었다 해도 죽고 나면 더 이상 실행해볼 날짜가 없다는 뜻임.

참고 및 관련 자료

1.《博物志》(3)

有鳥如鳥, 文首, 白喙, 赤足, 名曰精衛. 昔赤帝之女名女媱, 往游於東海, 溺死而不返, 其神化爲精衛. 故精衛常取西山之木石, 以塡東海.

2.《山海經》北山經

又北二百里, 曰發鳩之山, 其上多柘木. 有鳥焉, 其狀如鳥, 文首·白喙·赤足, 名曰精衛, 其鳴自詨 是炎帝之少女名曰女娃, 女娃游于東海, 溺而不返, 故爲精衛, 常銜西山之木石, 以堙于東海. 漳水出焉, 東流注于河.

3.《太平廣記》463

有鳥如鳥, 文首·白喙·赤足, 名曰精衛, 昔赤帝之女名女娙, 往遊於東海, 溺死而不返, 其神化爲精衛. 故精衛常取西山之木石, 以塡東海.

4.《太平御覽》925

(1) 山海經曰: 炎帝之女名媱, 游于東海, 溺而不反, 是爲精衛, 常取西山之木石, 以堙東海.

(2) 述異記曰: 昔炎帝女溺死東海中, 化爲精衛, 其鳴自呼, 每銜西山木石, 以塡東海, 怨溺死故也. 海畔俗說, 精衛無雄, 耦海燕而生, 生雌狀如精衛, 生雄狀如海鷰. 今東海畔精衛誓水處, 猶存, 溺於此川, 誓不飮其水, 一名誓鳥, 一名宛禽. 又名志鳥, 俗呼爲帝女雀.

(3) 博物志曰: 有鳥如烏, 文首·白喙·赤足, 名曰精衛. 昔赤帝之女名女娃, 往遊
于東海, 溺死而不反, 其神化爲精衛. 故精衛常取西山之木石, 以塡東海.
(4) 左思吳都賦曰: 精衛銜石而遇繳, 丈緢夜飛而觸綸.

054-11 〈讀山海經〉

열 한째 수

신위臣危는 제멋대로 위엄과 포악함을 부렸으며,
흠비는 천제의 뜻을 거슬렀네.
알유窫窳는 죽었어도 억지로 능히 변화할 수 있었지만
조강은 드디어 홀로 죽고 나서 영영 사라지고 말았다.
밝고 밝은 하늘이 비추어 살피거늘
악을 저지르곤 걸어다닐 수 없는 것.
오랫동안 질곡에 갇혀 고통 겪나니
준조나 물수리로 변한 들 어찌 헤어나겠나?

(其十一)

巨猾肆威暴, 欽駓違帝旨.
窫窳强能變, 祖江遂獨死.
明明上天鑒, 爲惡不可履.
長枑固已劇, 駿鶚豈足恃?

【臣猾】楊勇본에는 '臣危'로 되어 있으며 "臣危, 一作巨猾, 非. 今依丁本. 丁注:
「巨猾, 當是臣危; 作巨猾, 非. 巨因形以誤, 猾因雙聲而誤也. 山海經海內西經:
『貳負之臣曰危, 危與貳負殺窫窳, 帝乃梏之疏屬之山, 桎其右足, 反縛兩手與髮,
繫之山上木.』又曰:『窫窳龍首, 居弱水中, 食人.』註云:『窫窳本蛇身人面, 爲
貳負臣所殺, 後化而成此物也'라 함.

【欽駓】欽鴀로도 쓰며 《산해경》에 나오는 괴물. 흠비가 鼓와 함께 葆江을
　죽인 일을 말함. 참고란을 볼 것.
【窫窳】‘알유’로 읽으며 이 구절은 알유가 피살되고 나서도 다시 끊임없이
　다른 괴물로 바뀌었음을 말함.
【祖江】‘葆江’을 말함. 보강은 피살된 이후 고독하게 최후를 마쳤음을 말함.
【鑒】살피다, 비추다.
【長梏】일부본에 ‘長枯’로 되어 있으나 이는 오기임. 危가 알유를 죽인 이후
　천제에게 오랫동안 疏屬之山에 桎梏에 매여 있었음을 말함.
【駿鷩】葆江을 죽인 鼓는 죽어 駿鳥가 되었고, 흠비는 죽어 大鷩이 되었음을
　말함.

참고 및 관련 자료

1. 《山海經》 西山經

西北四百二十里, 曰鍾山, 其子曰鼓, 其狀如人面而龍身, 是與欽鴀殺葆江于昆
侖之陽, 帝乃戮之鍾山之東曰瑤崖, 欽鴀化爲大鷩, 其狀如雕, 而黑文白首, 赤
喙而虎爪, 其音如晨鵠, 見則有大兵; 鼓亦化爲駿鳥, 其狀如鴟, 赤足而直喙,
黃文而白首, 其音如鵠, 見則其邑大旱.

2. 《山海經》 海內南經

窫窳龍首, 居弱水中, 在狌狌知人名之西, 其狀如龍首, 食人.

(郭璞의 注:「窫窳本蛇身人面, 爲貳負臣所殺, 後化而成此物也.」)

054-12 〈讀山海經〉

열 두째 수

치주鴟鶋가 성읍에 나타나면
그 나라는 선비를 내쫓게 된다지.
저 초나라 회왕 시대를 생각하니
그 때는 자주 이 새가 나타났겠지.
청구산엔 기이한 새가 있어
홀로 나타나도 사람이 모른다네.
본래 미혹된 이를 위해 태어난 새이지
군자를 깨우치고자 함은 아니었다네.

其十二

鴟鶋見城邑, 其國有放士.

念彼懷王世, 當時數來止.

青丘有奇鳥, 自言獨見爾.

本爲迷者生, 不以喩君子.

【鴟鶋】일부본에 '鵃鵝', '鵃鴟'등으로 표기되어 있음. 怪鳥의 이름. 그 새가
나타나면 많은 선비들이 추방을 당한다고 하였음. 이는 屈原이 추방을 당한
것을 연상시켜 거론한 것임. 참고란을 볼 것.
【懷王】초 회왕을 말함. 전국시대 초나라 군주. B.C.328~B.C.299년 재위.
鄭袖와 上官大夫, 靳尙 등의 유혹에 빠져 張儀의 꾀임에 걸려들었으며
이를 간하는 屈原을 추방함.

【數來止】몇 번이나 날아와 멈추다. 굴원이 여러 번 추방당했음을 가리킴.
【靑丘】청구에 있는 새를 가리킴. 그 새를 차고 다니면 미혹함에 빠지지 않는다고 하였음. 참고란을 볼 것.
【本爲迷者生】이 새는 본래 미혹함에 빠지는 자를 위해 내려온 것이지 군자를 위해 내려온 것이 아니라는 뜻.

1.《山海經》南山經

有鳥焉, 其狀如鴟而人手, 其音如痺, 其名曰鴸, 其鳴自號也, 見則其縣多放士.

2.《山海經》南山經

有鳥焉, 其狀如鳩, 其音如呵, 名曰灌灌, 佩之不惑.

〈建築紋〉漢代 화상석 江蘇 徐州 출토

054-13 〈讀山海經〉
열 셋째 수

높고 높은 권세와 부귀 조시_{朝市}에서 드날리니,

임금은 인재 등용 신중히 하는 법.

어찌하여 공공과 곤을 폐출했는가?

순임금 중화께서 그리 한 것이지.

중보_{仲父} 관중은 진실한 말 바쳤으나

제 환공은 도리어 의심하였네.

죽음에 임하여 주리고 목마르다 호소했지만

그 때엔 어찌 미칠 수 있겠는가?

(其十三)

巖巖顯朝市, 帝者愼用才.

何以廢共鯀? 重華爲之來.

仲父獻誠言, 桓公乃見猜.

臨沒告飢渴, 當復何及哉!

【巖巖】 높고 험준함. 여기서는 大臣을 지칭함. 《詩經》小雅 節南山에 "節彼
南山, 維石巖巖. 赫赫師尹, 民具爾瞻"이라 함.

【朝市】 조정과 시장. 조정에서는 권력을 자랑하고 시장에서는 부귀를 자랑
하여 그러한 권세와 부귀를 다투는 곳이라는 뜻.

【共鯀】 共工과 鯀. 모두가 요임금의 신하. 鯀은 鮌으로도 표기함. 《尙書》
堯典과 舜典, 그리고 《史記》五帝本紀에 의하면 요임금이 대신들에게

자신의 뒤를 이를 자를 묻자 요의 아들 丹朱와 共工을 들었으나 모두
거부하였고 천하에 홍수가 범람하자 사방의 제후들이 鯀을 추천하였음.
그러나 곤이 9년 동안 성과를 거두지 못하여 다시 舜을 추천하자 요는
우선 자신의 두 딸 娥皇과 女榮을 주어 순의 비로 삼은 다음 많은 시험을
거친 다음 거용하여 성공하였다 함. 그 뒤 공공을 幽州로 방축하고 곤은
羽山에서 죽여 버림.

【重華】舜임금. 虞舜. 이름이 重華였음.

【仲父】管仲. 春秋五霸 중의 하나인 齊 桓公을 보필한 인물. 자는 夷吾.
환공이 그를 높여 '仲父'라 불렀음.《史記》齊太公世家와 管晏列傳, 그리고
《韓非子》十過篇 등에 의하면 관중이 재상으로서 죽음에 이르자 환공이
찾아가 다음 재상이 될 자를 물었음. 환공이 易牙와 開方, 豎刁를 거론
하자 관중은 모두 적당한 인물이 아니라고 대답하였음. 그러나 뒤에 관중이
죽고 나서 세 사람을 퇴거시키지 않은 채 나라를 이끌던 환공은 죽고나서
이들의 난으로 인해 68일간 장례를 치르지 못하였음. 참고란을 볼 것.

【姜公】제 환공을 말함. 제나라는 춘추시대 姜太公(呂尙)의 봉지로 강씨
성이었음. 춘추오패의 수장. B.C.685~B.C.643년까지 재위함.

【臨沒告飢渴】《呂氏春秋》知接篇에 의하면 환공이 중병이 들자 상지무가
궁중에서 나오면서 그의 죽음을 예고하였다. 그러자 역아와 수조가 함께
난을 일으켜 궁문을 닫아걸고 아무도 들어올 수 없도록 하였다. 그런데
한 부인이 몰래 담을 넘어 환공을 살펴보자 환공이 배고프고 목이 마르니
먹을 것을 구해달라고 부탁하였다. 그러나 내란이 일어나고 궁문이 막혀
구해줄 수가 없다고 하자 환공은 관중의 말을 듣지 않았음을 부끄러워
하면서 옷으로 얼굴을 가리고 자살하였다 함. 참고란을 볼 것.

【當復何及哉】이미 늦어 후회해도 소용 없다는 뜻.

1. 이상 〈讀山海經〉 13수는 대체로 宋 永初 3년(411, 58세), 혹은 晉 義熙 4년
(408, 44)때 쓴 것으로 두 가지 견해가 있다.

2.《史記》齊太公世家

四十一年, 秦穆公虜晉惠公, 復歸之. 是歲, 管仲·隰朋皆卒. 管仲病, 桓公問曰:

「群臣誰可相者?」管仲曰:「知臣莫如君.」公曰:「易牙如何?」對曰:「殺子以適君, 非人情, 不可.」公曰:「開方如何?」對曰:「倍親以適君, 非人情, 難近.」公曰:「豎刀如何?」對曰:「自宮以適君, 非人情, 難親.」管仲死, 而桓公不用管仲言, 卒近用三子, 三子專權.

3.《呂氏春秋》知接篇

管仲有疾. 桓公往問之曰:「仲父之疾病矣, 將何以教寡人?」管仲曰:「齊鄙人有諺曰: 居者無載, 行者無埋. 今臣將有遠行, 胡可以問?」桓公曰:「願仲父之無讓也.」管仲對曰:「願君之遠易牙·豎刁·常之巫·衛公子啓方.」公曰:「易牙烹其子以慊寡人, 猶尚可疑邪?」管仲對曰:「人之情, 非不愛其子也, 其子之忍, 又將何有於君?」公又曰:「豎刁自宮以近寡人, 猶尚可疑耶?」管仲對曰:「人之情, 非不愛其身也, 其身之忍, 又將何有於君?」公又曰:「常之巫審於死生, 能去苛病, 猶尚可疑邪?」管仲對曰:「死生命也, 苛病失也. 君不任其命·守其本, 而恃常之巫, 彼將以此無不爲也.」公又曰:「衛公子啓方事寡人十五年矣, 其父死而不敢歸哭, 猶尚可疑邪?」管仲對曰:「人之情, 非不愛其父也, 其父之忍, 又將何有於君?」公曰:「諾.」管仲死, 盡逐之, 食不甘, 宮不治, 苛病起, 朝不肅. 居三年, 公曰:「仲父不亦過乎? 孰謂仲父盡之乎?」於是皆復召而反. 明年, 公有病, 常之巫從中出曰:「公將以某日薨. 易牙·豎刁·常之巫相與作亂, 塞宮門, 築高牆, 不通人, 矯以公令. 有一婦人踰垣入, 至公所.」公曰:「我欲食.」婦人曰:「吾無所得.」公又曰:「我欲飮.」婦人曰:「吾無所得.」公曰:「何故?」對曰:「常之巫從中出曰: 公將以某日薨. 易牙·豎刁·常之巫相與作亂, 塞宮門, 築高牆, 不通人, 故無所得. 衛公子啓方以書社四十下衛.」公慨焉歎涕出曰:「嗟乎! 聖人之所見, 豈不遠哉? 若死者有知, 我將何面目以見仲父乎?」蒙衣袂而絶乎壽宮. 蟲流出於戶, 上蓋以楊門之扇, 三月不葬. 此不卒聽管仲之言也. 桓公非輕難而惡管子也, 無由接見也. 無由接, 固却其忠言, 而愛其所尊貴也.

055 〈挽歌詩〉(三首)
『만가시』

055-1 〈挽歌詩〉
첫째 수

태어남이 있었으니 죽는 것도 필연,
일찍 죽는다고 명이 재촉한 것 아닐세.
엊저녁엔 똑같이 이 세상 사람이었더니
오늘 아침 귀신의 호적에 그 이름 올랐구나.
혼백과 정기는 어디로 흩어져 사라지고
마른 시신만 빈 관 속으로 들어가나!
교태롭던 아이는 아비 찾아 울부짖고
친한 친구는 날 만지며 곡을 한다.
득실에 대하여는 더 이상 알 수 없고
시비 또한 어찌 능히 자각하랴!
천추만세 흐른 뒤에
영화인지 치욕인지 그 누가 알겠는가?
다만 한스럽긴 이 세상에 있을 때에
술이라도 실컷 마시지 못한 것뿐.

(其一)

有生必有死, 早終非命促.

昨暮同爲人, 今旦在鬼錄.

魂氣散何之, 枯形寄空木!

嬌兒索父啼, 良友撫我哭.

得失不復知, 是非安能覺!

千秋萬歲後, 誰知榮與辱?

但恨在世時, 飮酒不得足.

【挽歌】 '輓歌'로도 쓰며 죽어 상여를 메고 무덤까지 가면서 부르는 노래. 漢
나라 때 田橫이 처음 지었다 함. 참고란을 볼 것.
【促】 短促함.
【鬼錄】 귀신의 명부에 기록됨. 曹丕의 〈與吳質書〉에 "觀其姓名, 已爲鬼錄"
이라 함.
【魂氣】 혼백과 정기. 《左傳》昭公 7년에 "人生始化曰魄, 旣生魄, 陽曰魂"
이라 하였고, 孔穎達의 疏에 "有身體之質, 名之曰形; 有噓吸之動, 謂之爲氣.
……附形之靈爲魄, 附氣之神爲魂"이라 함.
【何散之】《西京雜記》(3)에 "骨肉歸於后土, 其魂無所不之"라 함.
【枯形】 죽어서 말라버린 시신.
【空木】 비어 있던 棺을 말함.

055-2 〈挽歌詩〉

둘째 수

지난날 살았을 땐 마실 술도 없었으나
오늘 아침 죽고 나니 빈 잔에 술 채우네.
봄 술에 떠오르는 거품,
그 어느 때 다시 맛을 보랴!
좋은 안주상이 내 앞에 가득하나
친구들은 내 곁에서 울기만 하는구나.
말하고자 하나 소리를 낼 수 없고
보고자 하나 눈에 빛이 전혀 없다.
지난날엔 높은 집에 편히 잠을 잤으나
오늘 저녁부터는 거친 풀밭이 잠자리일세.
하루 아침 문을 나서 떠나고 나면
다시 돌아오기란 영영 불가능.

(其二)

在昔無酒飮, 今但湛空觴.
春醪生浮蟻, 何時更能嘗!
肴案盈我前, 親舊哭我傍.
欲語口無音, 欲視眼無光.
昔在高堂寢, 今宿荒草鄕.
一朝出門去, 歸來良未央.

【今但湛空觴】湯漢본에는 ‘今旦’으로 되어 있음. 죽은 날 아침 시신이 되어
서는 술이 마련되었음을 말함.

【春醪】술 이름.《洛陽伽藍記》(城西, 法雲寺)에 낙양 서쪽에 河東 사람 劉白墮
라는 이가 술을 잘 빚었는데 어떤 도둑이 이를 마시고 취하여 잡히고 말아
당시 “不畏張弓拔刀, 唯畏白墮春醪”라는 속담이 생겼다 함.

【浮蟻】부평초를 타고 떠다니는 개미. 여기서는 술에 떠오르는 거품을 말함.
張衡의 〈南都賦〉에 “醪敷徑寸, 浮蟻若萍”이라 하였고, 唐 劉良의 주에 “酒膏
徑寸, 布於酒上, 亦有浮蟻如水萍也”라 함.

【昔在高堂寢, 今宿荒草鄕】宋代 郭茂倩의《樂府詩集》(27) 相和歌辭(2)에 실린
陶潛의 〈挽歌三首〉에는 이 다음에 “荒草無人眠, 極視正茫茫”의 두 구절이
더 들어 있으나 이는 다음 제 3수의 “荒草何茫茫”과 “四面無人居”와 중복
되는 것으로 보임. ‘荒草鄕’은 풀이 무성한 묘지를 가리킴.

【出門去】관을 묘지로 옮기다. 출관하다.

【未央】‘央’은 ‘盡’과 같은 뜻임. 영원히 다함이 없음을 말함. 불가능함을 나타
내는 말.《詩經》小雅 庭燎에 “夜如何其, 夜未央, 庭燎之光. 君子至止, 鸞聲
將將”이라 함.

055-3 〈挽歌詩〉

셋째 수

황량한 들풀 어찌 그리 망망한가?
백양나무도 쓸쓸한 바람에 흔들리네.
된서리 9월 달에
나를 묻으러 멀리 교외로 나가네.
사방에는 사람 사는 곳 없고
높은 봉분들만 우뚝 솟아 처량하네.
가던 말은 하늘 향해 울음 한번 터뜨리고,
바람은 제 스스로 쓸쓸히 불어오네.
무덤에 넣은 다음 일단 한 번 닫고 나면
천년 지나도록 아침이란 볼 수 없네.
다시 살아날 수 없으니
현자이건 달인이건 어찌한단 말인가?
방금 나를 묻으러 왔던 이들
각자 제집으로 돌아가네.
친척들은 혹 남은 슬픔 못이기나
다른 사람이야 이미 잊고 노래 부르는 걸.
죽어 떠나고 나면 무슨 말을 하겠는가?
이 몸은 산에 맡겨 함께 산이 되는 것을.

(其三)

荒草何茫茫? 白楊亦蕭蕭.

嚴霜九月中, 送我出遠郊.

四面無人居, 高墳正嶕嶢.

馬爲仰天鳴, 風爲自蕭條.

幽室一已閉, 千年不復朝.

千年不復朝, 賢達無奈何.

向來相送人, 各自還其家.

親戚或餘悲, 他人亦已歌.

死去何所道? 託體同山阿.

【何茫茫】 어찌 그리 넓고 끝이 없는가? 〈古詩十九首〉에 "四顧何茫茫, 東風
  搖百草"라 함.
【白楊】 역시 〈古詩十九首〉에 "驅車上東門, 遙望北郭墓. 白楊何蕭蕭, 松柏夾
  廣路"라 함.
【蕭條】 쓸쓸함을 나타내는 첩운연면어.
【幽室】 무덤. 묘혈.
【已歌】 이미 즐겁게 노래를 부른 다음이라면 곡은 하지 않음. 즉 고인을 벌써
  잊고 더 이상 슬퍼하지 않는다는 뜻.《論語》述而篇에 "子於是日哭, 則不歌"
  라 하였는데 남들은 이에 거꾸로 하고 있음을 말함.
【何所道】 '할말이 무엇이 있으리오'의 뜻. 도는 說, 言, 云과 같음.

1. 이 글은 〈自祭文〉과 같은 시기에 지은 것으로 元嘉 4년(427) 9월, 그의
나이 63세 때이다. 그로부터 2달 뒤 도연명은 세상을 떠났다. 한편 《昭明文選》
에는 이 3수의 末篇만 실려 있으며 〈挽歌詩〉라 하여 '擬'자가 빠져 있다.

2.《顏氏家訓》文章篇

挽歌辭者, 或云古者虞殯之歌, 或云出自田橫之客, 皆爲生者悼往告哀之意. 陸平原多爲死人自歎之言, 詩格旣無此例, 又乖製作本意.

3.《古今注》(崔豹) 音樂篇

薤露: 蒿里, 並喪歌也. 出田橫門人. 橫自殺, 門人傷之, 爲之悲歌.

4.《搜神記》(16)

挽歌者, 喪家之樂, 執紼者相和之聲也. 挽歌辭有〈薤露〉·〈蒿里〉二章, 漢田橫門人作. 橫自殺, 門人傷之, 悲歌. 言人如薤上露, 易晞滅. 亦謂人死精魂歸於蒿里. 故有二章.

5. 기타《樂府詩集》(27),《酉陽雜俎》(續四),《初學記》(14),《北堂書鈔》(29),《文選》(陸士衡〈挽歌詩〉注) 등에 널리 실려 있음.

〈牛耕圖〉 1972 甘肅 嘉峪關 戈壁灘 魏晉墓 출토

056 聯句

『서로 이어 구절을 짓다』

슬피 우는 기러기 바람을 타고 날아가네.
가고가고 또 가서 어느 끝까지 가려는가?
저 불쌍하게 사는 선비를 생각하니
어찌 탄식하지 않으리오?(淵明)

비록 구만리를 솟아 오르려도
회오리바람으로 어찌 그 힘 다 하리오?
멀리 왕자교를 불러올 수만 있다면
구름수레 장식하여 오를 수 있을 텐데.(愔之)

제 짝을 돌아보며 머뭇머뭇 배회터니
드디어 흩어져 하늘가로 날아가네.
서리 이슬인들 어찌 매섭지 않으랴만
함께 갈 생각에 날개 짓을 아끼지 않네.(循之)

높은 나무 우뚝 솟은 가지와 줄기,
멀리서 바라보니 하늘과 같은 색깔.
생각이 끊어지니 그 기러기 보지 않아 다행일 뿐,
공연히 미혹된 마음만 생기게 하네.(淵明)

鳴雁乘風飛, 去去當何極?
念彼窮居士, 如何不歎息?(淵明)

雖欲騰九萬, 扶搖竟何力.
遠招王子喬, 雲駕庶可飭.(憺之)

顧侶正徘徊, 離離翔天側.
霜露豈不切, 務從忘愛翼.(循之)

高柯擢條幹, 遠眺同天色.
思絶慶未看, 徒使生迷惑.(淵明)

【聯句】 고대 작시의 한 형식. 각 시인들이 한 구절 혹은 두 세 구절씩 짝을
　이루어 완성하는 것을 聯句라 함.
【九萬】 구만리의 높은 하늘.《莊子》逍遙遊에 "鵬之徙於南冥也, 水擊三千里,
　搏扶搖而上者九萬里"라 함.
【扶搖】 飅風을 뜻함. 회오리바람. 여기서는 솟아오르는 모양을 가리킴.
【王子喬】 고대의 선인.《列仙傳》에 실려 있으며 주나라 영왕의 아들로
　태자진. 학을 타고 신선이 되어 떠났다고 전해짐.
【離離】 참지 못하고 흩어지는 모습. 혹 근심으로 괴로워하는 모양.
【忘愛翼】 날개짓을 하여 짝을 따라가고자 아까운 날개의 힘을 잊음.
【思絶慶未看】 '思絶'은 聯句를 이어갈 생각이 끊어짐을 뜻하며 '慶未看'은
　자신이 '높이 나는 기러기를 아직 보지 못하였음을 다행으로 여기다'의 뜻.

1. 도연명이 이러한 시를 쓴 배경이나 제작 시기에 대하여는 구체적으로 알 수 없다. 특히 여기에 보이는 '憎之', '循之'등의 인명에 대해서도 알 수 없다. 시의 내용은 주로 기러기를 읊은 것(詠雁)이다.

2.《古文源》(8)에 의하면 漢 武帝 元封 3년(B.C.108) 柏梁臺를 완성하고 군신들을 모아 〈柏梁臺詩〉를 聯句로 짓도록 한 것이 최초였다 한다.《文心雕龍》明詩篇에 "聯句共韻, 則柏梁餘製"라 하였다.

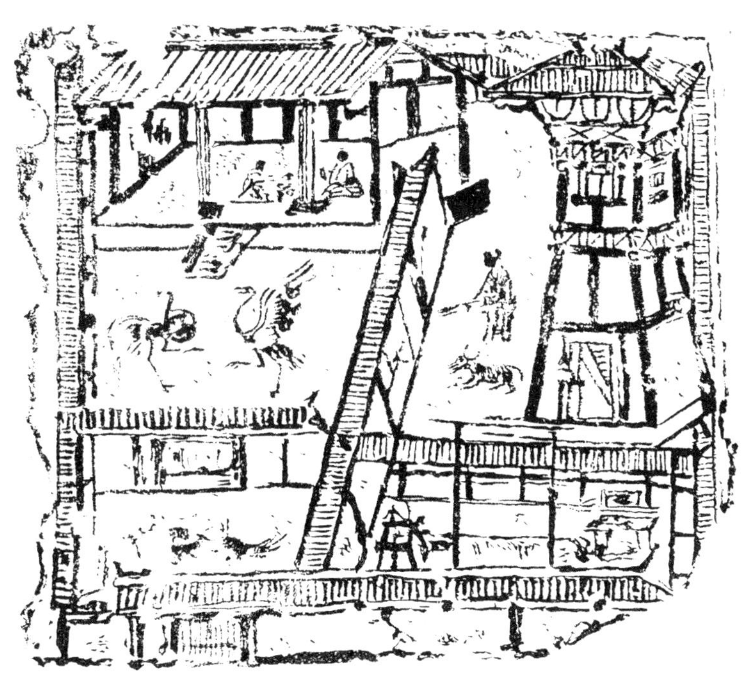

〈庭院建築紋〉漢代 畫像磚 四川 成都 揚子山 출토

卷五『부賦·사賦』

(057 – 059)

〈容膝齋圖〉 元 倪瓚(그림) 臺北故宮博物館 소장

057 〈感士不遇賦〉(并序)
『선비의 불우함에 대한 느낌을 부로 지음』

　옛날 동중서董仲舒는 〈사불우부士不遇賦〉를 지었고, 사마천司馬遷도 또한 이러한 부〈悲士不遇賦〉를 지었다. 나는 일찍이 삼여三餘의 날들이나 강론하고 학습하는 중에 짬이 나면 그 문장을 읽고 개탄하며 슬피 여겼었다. 무릇 신의를 실천하고 순종을 사색하는 것은 사람으로서 옳은 행동이며 박실함을 품고 조용함을 지키는 것은 군자로서의 독실한 본 바탕이다. 자연의 순박한 풍조가 사라지고부터 거짓 풍기가 흥기하여, 여염집에서는 염퇴廉退의 절조가 해이해졌고, 시조市朝에서는 쉽게 출세하려는 마음이 치달리게 되었다. 정직함을 가슴에 품고 도에 뜻을 둔 선비라 할지라도 더러는 그 당세에 아예 벼슬길에 나서지 않았고, 자신만을 깨끗이 하고 절조를 맑게 지키려는 사람일지라도 죽는 날까지 헛되이 고생만 한 경우가 있다. 그러므로 백이伯夷와 사호四皓는 "어디로 갈 것인가"라 탄식하였고, 삼려대부三閭大夫 굴원屈原은 "끝났도다"라고 슬퍼하였다. 슬프다! 사람이 육신을 가지고 사는 것이 백년 눈 깜짝할 사이에 사라지고 마는 것으로 그 짧은 기간에 공을 세우기란 어려운 법인데 그렇게 해 놓고도 성城 하나 상으로 받지 못하고 만다. 이것이 옛사람들이 붓을 적셔 강개하며 여러 차례 자신의 뜻을 풀어 놓으면서도 결국 능히 그만두지 못하는 이유이다. 무릇 뜻과 기氣를 이끌어낼 수 있는 것이라면 아마 오직 문장이라는 것일 뿐이리라! 책을 어루만지며 주저하다가 드디어 느낌이 있어 이 부賦를 짓는다.

昔董仲舒作士不遇賦, 司馬子長又爲之; 余嘗以三餘之日, 講習之暇, 讀其文, 慨然惆悵. 夫履信思順, 生人之善行; 抱朴守靜, 君子之篤素. 自眞風告逝, 大僞斯興, 閭閻懈廉退之節, 市朝驅易進之心. 懷正志道之士, 或潛玉於當年; 潔己淸操之人, 或沒世以徒勤. 故夷皓有『安歸』之歎, 三閭發『已矣』之哀. 悲夫! 寓形百年, 而瞬息已盡; 立行之難, 而一城莫賞; 此古人所以染翰慷慨, 屢伸而不能已者也. 夫導達意氣, 其惟文乎! 撫卷躊躇, 遂感而賦之.

【董仲舒】 한나라 때 학자이며 문학가.《漢書》에 傳이 있음.《春秋繁露》를 남김.〈飮酒詩〉(18)를 참조할 것.

【士不遇賦】 동중서의 賦 작품으로《藝文類聚》(30)에 실려 있음. 참고란을 볼 것.

【司馬子長】 사마천을 가리킴.《史記》130권을 남김.《史記》에 太史公自序가 있으며《漢書》에 司馬遷傳이 있음. 그는 〈悲士不遇賦〉라는 부를 지었으며 이는《藝文類聚》(30)에 실려 있음. 참고란을 볼 것.

【三餘】《三國志》魏志 王肅傳 裴松之 注에 "學者當以三餘: 夜者日之餘, 冬者歲之餘, 雨者晴之餘"라 하였으며,《幼學瓊林》에는 "月有三浣: 初旬十日爲上浣, 中旬十日爲中浣, 下旬十日爲下浣; 學足三餘: 夜者日之餘, 冬者歲之餘, 雨者晴之餘"라 함.

【講習】 원래는 친구끼리 배운 것을 학습하고 토론하는 것을 말함.《周易》兌卦 象辭에 "君子以朋友講習"이라 함.

【思順】 자연의 천도에 순응하기를 생각함.《周易》繫辭(上)에 "天之所助者, 順也; 人之所助者, 信也. 履信思乎順, 又以尙賢也, 是以自天祐之, 吉, 無不利也"라 함.

【抱朴】 抱樸과 같음.《老子》19장에 "見素抱樸, 少私寡欲"이라 함.

【守靜】 청정함을 지켜냄.《老子》16장에 "致虛極, 守靜篤"이라 함.

【閭閻】 일반 백성들의 집. 민간.

【廉退之節】 청렴하고 겸양하는 절조와 예의.

【市朝】시장과 조정. 朝市와 같음. 조정에서는 권력을 자랑하고 시장에서는
부귀를 자랑하여 그러한 권세와 부귀를 다투는 곳이라는 뜻.

【易進之心】벼슬길로 나서면서 쉽게 출세하고자 하는 마음.

【潛玉】藏玉, 懷玉, 懷寶와 같은 뜻. 자신의 좋은 옥을 감춤. 자신의 재능을
감추고 벼슬길에 나서지 않음. 자신의 몸만 온전히 보전하고자 함.《論語》
陽貨篇에 “陽貨欲見孔子, 孔子不見, 歸孔子豚. 孔子時其亡也, 而往拜之.
遇諸塗. 謂孔子曰:「來! 予與爾言.」曰:「懷其寶而迷其邦, 可謂仁乎?」曰:
「不可.」「好從事而亟失時, 可謂知乎?」曰:「不可.」「日月逝矣, 歲不我與.」孔子
曰:「諾, 吾將仕矣.」라 함.

【徒勤】徒勞無功. 헛되이 힘만 쓰고 공적은 없음. 司馬遷의 〈悲士不遇賦〉에
“將逮死而長勤”이라 함.

【夷皓】伯夷·叔齊와 商山四皓의 고사를 뜻함. 백이와 숙제는《史記》伯夷列傳
및 〈飮酒詩〉의 주를 참조할 것. 商山四皓는 〈贈羊長史〉(027)를 참조할 것.

【安歸】백이와 숙제의 〈采薇歌〉에 “登彼西山兮, 采其薇矣. 以暴易暴兮, 不知
其非矣. 神農虞夏忽焉沒兮, 我安適歸矣! 于嗟徂兮, 命之衰矣”라 하였고, 商山
四皓의 노래에도 “莫莫高山, 深谷逶迤. 曄曄紫芝, 可以療饑. 唐虞世遠, 吾將
何歸? 駟馬高蓋, 其憂甚大. 富貴之畏人, 不如貧賤之肆志.”라 한 것을 말함.

【三閭】三閭大夫 屈原을 가리킴. 屈原은 〈讀山海經〉의 주를 참고할 것.

【已矣】‘끝이로다!’의 탄식어. 굴원의 〈離騷〉에 “已矣哉! 國無人莫我知兮, 又何
懷乎故都? 旣莫足以爲美政兮, 吾將從彭咸之所居”라 한 말을 인용한 것.

【寓形】몸에 의탁함. 세상에 태어나 살고 있음을 말함.

【翰】붓으로 글을 지음.

【躊躇】‘머뭇거리다’의 쌍성연면어. 猶豫와 같음.

부賦

아, 대자연의 만물이 기를 받은 것 가운데,

어찌 이 인간만이 유독 신령한가?

신령한 지혜를 받아 그 절조를 간직하고 있으니

삼정三正과 오행五常을 잡고 이름을 남기기 때문.

더러는 흙덩이 두드리며 스스로 즐기고

더러는 불쌍한 백성 크게 구제하였네.
잠룡潛龍이건 혹약或躍이건 자신의 분수 아닌 것 없으니
언제나 도도하게 자신의 실정에 맞추었네.
세월이 흘러 그 시대 지난날이 되었고
무리별로 나뉘고 형상 따라 구분되었네.
촘촘한 그물 만드니 물고기가 놀라고,
커다란 새 그물 만드니 새들이 놀라네.
저 통달한 사람만이 먼저 깨닫고,
벼슬에서 도망하여 전원으로 돌아갔네.

산은 그림자를 품어 주고,
냇물은 넓고 넓어 물소리를 감추었네.
헌원씨, 도당씨를 바라보며 길게 탄식하노니,
빈천을 달게 여겨 부귀영화 사양했네.
순박한 근원 멀리 흘러 먼 곳에 나뉘듯이
미악美惡을 짓는 자들 갈 길을 달리 하네.
온갖 행동 중에 귀한 것을 근본으로 삼으니
착한 일 하는 것보다 즐거운 일 없어라.
하늘이 이루어준 내 천명을 받들고
성인이 남겨 주신 글들을 스승 삼아
충효를 널리 펴서 임금과 부모 모시고,
신의를 들춰내어 마을에 펴 보이네.
성심을 미루어 존귀함을 얻어야지,
거짓으로 행동하여 명예를 구할 수야 없지.

아! 자신과 같으면 뇌동하고 다른 이는 헐뜯으니,
사물이란 자신보다 윗자리는 미워하는 법.
기묘한 계산을 해내는 자를 두고 미혹하다 말하고,
정도를 지키는 자를 두고 망녕되다 이르네.

솔직하고 공평하여 남을 시기하지 않아도
마침내 치욕을 뒤집어쓰고 비방을 받는구나.
비록 구슬을 품고 난초를 잡고 있어도
그저 향기롭고 깨끗할 뿐 누가 알아주리오!
안타깝다, 선비의 불우함이여,
이미 염제나 제괴 시대에 태어나지 못함이여.

홀로 수양하고 스스로 부지런하여
어찌 삼성三省을 폐한 적이 있겠는가?
군자로서 덕을 닦아 때 기다려 쓰렸더니
때가 왔건만 순리대로 되지 않네.
원앙爰盎이 무제에게 추천하지 않았다면
장계張季之는 끝내 가려졌을 것이며,
풍당馮唐은 장중서장의 벼슬로 늙었으나
위상魏尙의 일을 처리하여 드러나게 되었지.
비록 겨우 알려지게 되었지만
역시 고통스런 마음으로 긴 세월 보냈었네.
시장에 호랑이 없음을 당연히 알면서도
세 사람이 같은 말하면 현혹되고 마는 법.
애달프다, 가의賈誼는 재주가 뛰어났으나
급박하게 고삐 죄이는 천리마와 같았네.
슬프다, 동중서는 학문이 깊었으나
자주 위기에 몰렸다가 요행으로 살아났네.
명철한 사람 짝을 만나지 못함을 개탄하노니,
눈물이 홍건하여 옷깃을 적시도다.
옛 임금들의 밝은 가르침을 받아 보니,
하늘의 도는 치우침이 없다 했고,
하나의 맑은 도는 세상 비추는 거울이며
언제나 착한 이, 어진 이를 돕는다 하였지.

그러나 백이는 늙어서도 굶주렸고

안회는 일찍 죽고 가난했네.

안회의 아버지는 아들 위해 수레 팔아 곽을 준비하기를 청했으며,

백이, 숙제는 고사리 캐먹다가 삶을 마쳤네.

비록 학문을 좋아하고 의를 행하였건만

어찌 죽고 삶이 이토록 괴로운가!

의심스럽도다, 덕을 갚음에 이런 정도인가,

두렵도다 옛 말이 거짓일 수도 있음이.

어찌 넓은 세상 인재가 없으랴만

인생의 한살이가 막힘없는 자 드무네.

이리하여 옛 사람들은 강개하며

기이한 이름 남기지 못함을 걱정했다네.

이광李廣은 겨우 머리 묶을 나이에 정벌에 나서

만읍을 봉 받아도 부끄럽지 않을 공적을 쌓았건만

웅대한 그 의지가 외척의 소인 위청에게 굴복 당하여

끝내 한 척의 땅도 받지 못하였지.

그러나 진실한 믿음 죽은 뒤에 남아

많은 사람들을 울려 감동시켰다네.

왕상王商은 바른 법을 세워 폐단을 바로 잡고자 하여

처음에는 채납되었으나 뒤에는 환난이 찾아왔네.

어찌 하여 좋은 기회는 쉽게 사라지고

어찌하여 충성한 자를 해치자는 마음은 그리도 급한고!

푸른 하늘은 아득히 멀고

사람의 일이란 끝날 때가 없구나.

감격하는 일도 있고 알 수 없는 일도 있으니

누가 그 이치를 측량할 수 있으리오!

차라리 '진실로 궁함'을 가지고 뜻을 구제 받을지언정,

뜻을 굽혀 내 몸 해치는 일은 하지 않겠노라.

높은 벼슬 영화가 아님을 확인했으니
어찌 거친 옷을 부끄럽다 여기랴!
진실로 오류를 범했어도 치졸함을 지키는 일이니
즐거운 마음으로 고향으로 돌아가리.
굳은 절개 가슴에 안고 내 삶을 마치리니
비싼 값으로 조시朝市에 팔리기는 사양하노라.

咨大塊之受氣, 何斯人之獨靈?
稟神智以藏操, 秉三五而垂名.
或擊壤以自歡, 或大濟於蒼生,
靡潛躍之非分, 常傲然以稱情.
世流浪而遂徂, 物羣分以相形,
密網裁而魚駭, 宏羅制而鳥驚;
彼達人之先覺, 乃逃祿而歸耕.

山嶷嶷而懷影, 川汪汪而藏聲,
望軒唐而永歎, 甘貧賤以辭榮.
淳源汨以長分, 美惡作以異途,
原百行之攸貴, 莫爲善之可娛.
奉上天之成命, 師聖人之遺書;
發忠孝於君親, 生信義於鄕閭.
推誠心而獲顯, 不矯然而祈譽.

嗟乎! 雷同毀異, 物惡其上,
妙算者謂迷, 直道者云妄.
坦至公而無猜, 卒蒙恥而受謗,
雖懷瓊而握蘭, 徒芳潔而誰亮!
哀哉, 士之不遇, 已不在炎帝帝魁之世.

獨祗修以自勤, 豈三省之或廢?
庶進德以及時, 時旣至而不惠.
無爰生之晤言, 念張季之終蔽;
愍馮叟於郎署, 賴魏守以納計.
雖僶然於必知, 亦苦心而曠歲.
審夫市之無虎, 眩三夫之獻說.
悼賈傅之秀朗, 紆遠轡於促界,
悲董相之淵致, 屢乘危而幸濟.
感哲人之無偶, 淚淋浪以灑袂.
承前王之清誨, 曰天道之無親;
澄得一以作鑒, 恆輔善而佑仁.

夷投老以長飢, 回早夭而又貧;
傷請車以備槨, 悲茹薇而隕身.
雖好學與行義, 何死生之苦辛!
疑報德之若茲, 懼斯言之虛陳.

何曠世之無才, 罕無路之不澀;
伊古人之慷慨, 病奇名之不立.
廣結髮以從政, 不愧賞於萬邑,
屈雄志於戚豎, 竟尺土之莫及.
留誠信於身後, 動衆人之悲泣.
商盡規以拯弊, 言始順而患入;
奚良辰之易傾, 胡害勝其乃急!

蒼昊遐緬, 人事無已;
有感有昧, 疇測其理!
寧固窮以濟意, 不委曲而累己;
旣軒冕之非榮, 豈縕袍之爲恥!
誠謬會以取拙, 且欣然而歸止;
擁孤襟以畢歲, 謝良價於朝市.

【咨】글 머리의 감탄사. '嗟'와 같음.

【大塊】대자연. 《莊子》齊物論 "大塊噫氣"의 成玄英 疏에 "大塊者, 造物之名, 亦自然之稱也"라 함.

【受氣】《莊子》秋水篇에 "比形於天地, 受氣於陰陽"이라 하였으며, '氣'에 대하여는 至樂篇에 "雜乎芒芴之間, 變而有氣, 氣變而有形, 形變而有生"이라 함.

【三五】三正과 五常. 三正은 三才라고도 하며 天, 地, 人. 五常은 五行(金木水火土)에 대응된 仁義禮智信의 다섯 가지 덕행.

【擊壤】擊壤歌를 말함. 堯임금 때의 태평성대를 상징하는 민요. 여기서는 은거의 뜻. 참고란을 볼 것.

【潛躍】《周易》乾卦 象辭에 "初九: 潛龍勿用, 陽在下也. ……九四: 或躍在淵, 進无咎也"라 하여 隱潛과 出仕를 뜻함.

【密網】 촘촘하여 빠져나갈 수 없는 그물. 어떤 물고기도 다 잡아 내는 그물.

【影】 그림자, 은사의 몸을 가리킴.

【聲】 은사의 노래소리. 즉 은사가 산 속에 은거하였다는 뜻.

【軒唐】 黃帝 軒轅氏와 陶唐氏 帝堯.《史記》五帝本紀에 "黃帝者, 少典之子, 姓公孫, 名曰軒轅"이라 하였고, "帝堯者, 放勳"이라 하였으며《史記正義》에 徐廣의 말을 인용하여 "號陶唐"이라 함. 그리고 다시《帝王紀》를 인용하여 "堯都平陽, 於詩爲唐國"이라 함.

【辭榮】 부귀영화를 사양함.

【成命】 이미 정해진 명령.

【毀異】 자신과 다른 것은 모두 헐뜯고 훼방함.

【物惡其上】 사람은 자신보다 나은 것을 증오하게 마련임.《晉書》袁宏傳 三國名臣頌에 "人惡其上, 世不容哲"이라 함.

【懷瓊】 좋은 옥을 품고 있음. 고상하고 청결한 뜻을 지니고 있음을 말함.

【誰亮】 여기서의 '亮'은 '諒'과 같음.《詩經》鄘風 柏舟의 "母也天只, 不諒人只"라 하였으며 陸德明《釋文》에 "亮, 本亦作諒"이라 함. 믿어 주고 이해함을 뜻함.

【炎帝帝魁】 염제는 神農氏. 帝魁는 신농의 이름. 그러나 이에 대하여는 이설이 많음. 張衡의〈東京賦〉"仰不賭炎帝帝魁之美"에 대하여《文選》주에는 "炎帝, 神農後也. 帝魁, 神農名, 並古之君號也"라 하였으나 논리적으로 맞지 않음. 여기서는 두 사람의 고대 제왕으로 임시 풀이함.

【祗脩】 공경히 여겨 자신을 수양함. '祗修'로도 표기함.

【三省】 하루 세 번, 혹 세 가지로 자신을 반성함.《論語》學而篇에 "曾子曰:「吾日三省吾身: 爲人謀而不忠乎? 與朋友交而不信乎? 傳不習乎?」"라 함.

【進德】《周易》乾卦 文言傳에 "君子進德修業, 欲及時也"라 함.

【爰生】 한나라 때 爰盎(袁盎)을 가리킴. 자는 絲, 楚나라 사람으로 漢 文帝 때 中郎이었으며 문제에게 충간을 하였던 인물.《史記》에는 '袁盎'으로《漢書》에는 '爰盎'으로 되어 있으며 모두 傳이 있음. 晤言은 원앙이 무제에게 장석지를 알아듣게 추천하였음을 말함.

【張季】 張釋之를 가리킴. 자는 季. 궁중의 馬匹을 관리하던 낮은 직급이었으나 뒤에 文帝에게 중용되어 廷尉에 이름.《史記》張釋之馮唐列傳 참조.

【馮叟】 馮唐을 가리킴. 효자로 이름났었으며 나이가 늙도록 郎官의 낮은 직책을 지녔음. 뒤에 雲中太守 魏尙의 사건을 잘 처리한 일로 인해 車騎

將軍에 오름. '曳'는 늙은이라는 뜻으로 풍당이 늙도록 낮은 벼슬을 하였음을 말함.《史記》張釋之馮唐列傳 참조.

【納計】 운중태수 魏尙에 관한 일 처리 계획을 문제가 채납함.

【市之無虎】 '三人成虎'의 고사를 말함. 시중에 호랑이가 나타나지 않았지만 세 사람이 똑같은 말을 하면 믿게 됨을 뜻함. '衆口鑠金'과 같은 뜻임.《韓非子》,《戰國策》,《新序》 등에 실려 있음. 참고란을 볼 것.

【賈傅】 賈誼를 가리킴. 어린 나이에 출중하여 文帝가 발탁하였으나 周勃과 灌嬰 등의 반대에 부딪쳐 결국 長沙王 太傅로 폄직 되었으며 가는 길에 屈原을 조문한 〈弔屈原賦〉가 유명함. 자신의 운명을 점친 〈鵩鳥賦〉를 지었으며 33세의 젊은 나이로 죽음.《史記》屈原賈生列傳 참조.

【董相】 董仲舒를 가리킴. 그가 江都易王과 膠西王의 相을 지내어 '董相'이라고 부른 것.

【前王】 老子를 가리킴. 孔子와 노자는 모두 실제 왕의 지위를 갖지는 못하였지만 그들의 덕행은 제왕에 비길 만하다고 여겨 흔히 '素王'이라 불렀음.《莊子》天道篇에 "虛靜恬淡, 寂寞無爲者, 萬物之本也. ……以此處下, 玄聖·素王之道也"라 하였고, 成玄英의 疏에 "用此虛淡而居臣下者, 玄聖·素王之道也. 夫有其道而無其爵者, 所謂玄聖·素王自貴者也, 卽老君·尼父是也"라 함.

【天道無親】《老子》79장에 "天道無親, 常與善人"이라 함.

【得一】《老子》39장에 "天得一以淸"이라 함.

【車以備槨】 顔淵이 죽자 안연의 아버지 顔路가 수레를 팔아 棺槨을 쓰겠다고 하였지만 이를 공자가 자신의 아들 孔鯉가 죽었을 때는 그렇게 하지 않았다고 하면서 반대한 고사.《論語》先進篇에 "顔淵死, 顔路請子之車以爲之槨. 子曰:「才不才, 亦各言其子也. 鯉也死, 有棺而無槨. 吾不徒行以爲之槨. 以吾從大夫之後, 不可徒行也.」"라 함.

【茹薇】 茹는 '먹다', 薇는 '고사리'(蕨菜). 백이와 숙제가 수양산에서 고사리를 캐 먹으며 주나라에 반대한 고집을 말함.

【好學】 공자가 顔回를 두고 학문에 열중을 다하였음을 칭찬한 내용.《論語》雍也篇에 "哀公問:「弟子孰爲好學?」 孔子對曰:「有顔回者好學, 不遷怒, 不貳過. 不幸短命死矣, 今也則亡, 未聞好學者也.」"라 함.

【斯言】 이 말. 즉 '天道無親, 常與善人'의 말.

【廣結髮以從政】 廣은 李廣을 가리킴. 西漢 때의 명장으로 李陵의 조부이며 흉노를 무찌른 활약상이 널리 알려짐.《史記》李將軍列傳 참조. 結髮은

겨우 머리를 묶을 나이. 어린 나이, 흔히 15세를 말함.《史記》에 "廣結髮與
匈奴大小七十餘戰"이라 함.

【萬邑】 사기에 漢 文帝가 그를 두고 "惜乎, 子不遇時, 如令子當高帝時, 萬戶
侯豈足道哉!"라 함.

【戚豎】 '외척 녀석'이라는 말. 여기서는 衛靑을 가리킴. 위청은 漢 武帝 衛皇后
의 동생으로 외척이었음.《史記》에 의하면 이광이 대장군 위청을 따라 흉노
토벌에 나섰을 때 위청의 명령을 제대로 듣지 않아 위청이 공훈을 세우지
못하자 귀환하여 이광을 핍박, 결국 자살하도록 하였음.

【尺土】 이광은 전혀 봉토를 받지 못하였음을 말함.《史記》에 "自漢擊匈奴,
而廣未嘗不在其中, 而諸部校尉以下, 才能不及中人, 然以擊胡軍功取侯者數
十人, 而廣不爲後人, 然無尺土之功以得封邑"이라 함.

【衆人悲泣】 이광이 죽은 뒤 많은 사람들이 그를 위해 곡을 함.《史記》에
"得賞賜輒分其麾下, 飮食與士共之, ……見水, 士卒不盡飮, 廣不近水; 士卒不
盡食, 廣不嘗食. ……一軍皆哭, 百姓聞之, 知與不知, 無老壯皆爲垂涕"라
하였으며, 司馬遷의 讚에 "彼其忠實心誠信於士大夫也"라 함.

【商進規以拯弊】 商은 王商을 가리킴.《漢書》王商傳에 의하면 자는 子威.
젊을 때 太子中庶子였으며 아버지가 죽자 樂昌侯를 습봉 받음. 元帝 때
右將軍, 光祿大夫에 올랐으며 成帝 때에는 左將軍을 거쳐 丞相에 오름. 당시
홍수로 장안이 잠길 것이라는 謠言을 처리한 것으로 유명함.

【始順而患入】 처음에는 왕상의 뜻을 따라 일이 잘 처리되었으나 뒤에 다시
환난을 만남. 成帝가 왕상의 의견대로 요언일 뿐임을 인정하였으나 大將軍
王鳳과 太中大夫 張匡, 左將軍 史丹 등이 日蝕을 이유로 왕상의 집안에서
내란을 일으킬 것이라 참소하여 왕상은 결국 재상직에서 면직되었으며 사흘
만에 피를 토하고 죽음.

【蒼旻】 푸른 하늘. 蒼天과 旻天.

【疇】 '誰'와 같음.

【固窮】《論語》衛靈公篇의 구절. "君子固窮, 小人窮斯濫矣"라 함.

【軒冕】 고관대작이 됨을 뜻함. 헌은 수레의 지붕. 면은 관리의 모자.《莊子》
繕性篇에 "古之所謂得志者, 非軒冕之謂也, 謂其無以益其樂而已矣"라 함.

【縕袍】 허름하고 좋지 못한 의복.《論語》子罕篇에 "子曰:「衣敝縕袍, 與衣
狐貉者立, 而不恥者, 其由也與!『不忮不求, 何用不臧?』」子路終身誦之. 子曰:
「是道也, 何足以臧?」"라 함.

【良價】좋은 값. 훌륭한 값. 《論語》子罕篇에 "子貢曰:「有美玉於斯, 韞匵而藏諸? 求善賈而沽諸?」子曰:「沽之哉! 沽之哉! 我待賈者也.」"라 함.
【朝市】조정과 시장. 세속의 경쟁이 심한 곳.

1. 이 시는 대개 宋나라가 晉나라를 교체한 뒤에 쓴 것으로 도연명 만년의 작품으로 보인다.

2. 《藝文類聚》(30) 士不遇賦(董仲舒)

漢董仲舒士不遇賦曰:「嗚呼嗟乎. 遐哉邈矣. 時來曷遲. 去之速矣. 屈意從人. 悲吾族矣. 正身俟時. 將就木矣. 心之憂兮. 不期祿矣. 遑遑匪寧. 祇增辱矣. 努力觸藩. 徒摧角矣. 不出戶庭. 庶無過矣. 重曰. 生不丁三代之盛隆兮. 而丁三季之末俗. 末俗以辯詐而期通. 貞士以耿介而自束. 雖日三省於吾身. 繇懷進退之唯谷. 彼寔繁之有徒. 指貞白以爲墨. 目信嫭而言眇. 口信辯而言訥. 鬼神不能正人事之變戾. 聖賢亦不能開愚夫之違惑. 出門則不可與偕同. 藏器又蚩其不容. 退洗心而內訟. 固亦未知其所從. 觀上世之清暉. 廉士榮榮而靡歸. 殷湯有卞隨與務光. 周武有伯夷與叔齊. 孰若反身於素業. 莫隨世俗而輪轉. 雖矯情而獲百利. 不如復心而歸一善.」

3. 《藝文類聚》(30) 悲士不遇賦(司馬遷)

漢司馬遷悲士不遇賦曰:「悲夫士生之不辰. 愧顧影而獨存. 恆克己而復禮. 懼志行而無聞. 諒才韙而世戾. 將逮死而長勤. 雖有行而不彰. 徒有能而不陳. 何窮達之易惑. 信美惡之難分. 時悠悠而蕩蕩. 將遂屈而不伸. 使公於公者. 彼我同兮. 私於私者. 自相悲兮. 天道微哉. 吁嗟闊兮. 人理顯然. 相傾奪兮. 好生惡死. 才之鄙也. 好貴夷賤. 哲之亂也. 炤炤洞達. 胸中豁也. 昏昏罔覺. 內生毒也. 我之心矣. 哲已能忖. 我之言矣. 哲已能選. 沒世無聞. 古人惟恥. 朝聞夕死. 孰云其否. 逆順還周. 乍沒乍起. 無造福先. 無觸禍始. 委之自然. 終歸一矣.」

4. 擊壤歌

(1) 宋 葛立方《韻語陽秋》(17)

《帝王世紀》及《逸士傳》載, 帝堯之時, 天下大和, 有八九十老人, 擊壤而歌於康衢, 其詞曰: '日出而作, 日入而息. 鑿井而飲. 耕田而食, 帝何力於我哉!' 初不知壤爲何物, 因觀《藝經》云: 壤以木爲之, 前廣後銳, 長尺四寸, 闊三寸, 其形如履. 將戲, 先側一壤於地, 遠三四十步, 以手中兩擊之, 中者爲上, 蓋古戲也.

(2) 曾先之《十八史略》(1)

(堯)治天下五十年, 不知天下治歟, 不治歟? 億兆願戴己歟, 不願戴己歟? 問左右不知, 問外朝不知, 問在野不知. 乃微服游於康衢, 聞童謠, 曰:「立我烝民, 莫匪爾極. 不識不知, 順帝之則.」有老人, 含哺鼓腹, 擊壤而歌曰:「日出而作, 日入而息. 鑿井而飲, 畊田而食, 帝力何有於我哉!」

5. 三人成虎

(1)《韓非子》内儲說上

龐恭與太子質於邯鄲, 謂魏王曰:「今一人言市有虎, 王信之乎?」曰:「不信.」「二人言市有虎, 王信之乎?」曰:「不信.」「三人言市有虎, 王信之乎?」王曰:「寡人信之.」龐恭曰:「夫市之無虎也明矣. 然而三人言而成虎. 今邯鄲之去魏也遠於市. 議臣者過於三人. 願王察之.」龐恭從邯鄲反, 竟不得見.

(2)《戰國策》魏策(2)

龐葱與太子質於邯鄲, 謂魏王曰:「今一人言市有虎, 王信之乎?」王曰:「否.」「二人言市有虎, 王信之乎?」王曰:「寡人疑之矣.」「三人言市有虎, 王信之乎?」王曰:「寡人信之矣.」龐葱曰:「夫市之無虎明矣, 然而三人言而成虎. 今邯鄲去大梁也遠於市, 而議臣者過於三人矣. 願王察之矣.」王曰:「寡人自爲知.」於是辭行, 而讒言先至. 後太子罷質, 果不得見.

(3)《新序》雜事(二)

魏龐恭與太子質於邯鄲, 謂魏王曰:「今一人來言市中有虎, 王信之乎?」王曰:「否.」曰:「二人言, 王信之乎?」曰:「寡人疑矣.」曰:「三人言, 王信之乎?」曰:「寡人信之矣.」龐恭曰:「夫市之無虎明矣, 三人言而成虎. 今邯鄲去魏遠於市, 議臣者過三人, 願王察之也.」魏王曰:「寡人知之矣.」及龐恭自邯鄲反, 讒口果至, 遂不得見.

058 〈閑情賦〉(幷序)
『정감의 한계를 부로 지음』

　처음에 장형張衡이 〈정정부定情賦〉를 지었고, 채옹蔡邕은 〈정정부靜情賦〉를 지어 일탈한 말을 검속하고 담백한 정서를 으뜸으로 삼았다. 그리하여 시작은 생각을 탕일하게 펼쳤지만 그 끝은 바르고 곧은 것으로 맺고 있다. 이로써 장차 유탕流宕한 사심邪心을 억제하고 진실로 풍간諷諫에 도움이 된다고 여겼다. 글을 짓는 선비라면 대대로 이어서 이렇게 글을 지었고 아울러 같은 경우에 접하게 되면 그 글의 뜻을 넓혀 왔다. 나는 전원의 시골에 살아 여가가 많아 나도 붓을 찍어 한 편을 지어 보았다. 비록 문장이 묘미가 풍족하지는 못하지만 그러나 아마도 전에 지은 이들의 뜻에 어긋나지야 않으리라!

　初, 張衡作定情賦, 蔡邕作靜情賦, 檢逸辭而宗澹泊, 始則蕩以思慮, 而終歸閑正. 將以抑流宕之邪心, 諒有助於諷諫. 綴文之士, 奕代繼作; 並因觸類, 廣其辭義. 余園閭多暇, 復染翰爲之; 雖文妙不足, 庶不謬作者之意乎!

【張衡】 자는 平子, 南陽 출신으로 東漢 때의 유명한 賦 작가이며 과학자.
【定情賦】 장형의 부 작품 이름.《藝文類聚》(18)에 잔문이 전하고 있음.

【蔡邕】 자는 伯喈(132~192). 東漢 陳留人으로 靈帝 때 郎中을 지냈으며 楊賜와 함께 六經의 문자를 정하여 太學門 밖에 비로 세움. 董卓을 의지하여 中郎將이 되었으나 그가 패하자 하옥되어 죽음. 학문에 뛰어났고 辭章과 音律에 밝았으며 글씨에도 뛰어나 《書斷》이라는 저술을 남김. 《後漢書》(60)에 傳이 있음.

【靜情賦】 채옹의 부 작품으로 《藝文類聚》(18)에 〈檢逸賦〉 10句가 전하며 이것이 〈靜情賦〉의 잔문이 아닌가 함.

【檢逸辭】 逸辭(일사, 마구 지은 문장, 분방한 문장)를 점검함.

【閑正】 바르고 곧은 것, 즉 예의에 맞는 것을 근본으로 함. 閑은 '잘못된 것을 방비하다'의 뜻임. 《說文》에 "閑, 闌也"라 하였고, 《廣韻》에는 "閑, 防也"라 함.

【流宕之邪心】 제멋대로 흘러가는 사악한 심리 상태.

【綴文】 지은 글을 철함. 作文과 같은 뜻임.

【弈代】 歷代와 같음.

【繼作】 계속하여 같은 글을 지음. 여기서는 陳琳과 阮瑀가 〈止欲賦〉를, 王粲이 〈閑邪賦〉를, 應瑒이 〈正情賦〉를 짓는 등을 말함.

【並固觸類】 陶澍본은 張自烈본을 따라 "並因觸類"라 함. '같은 유를 접촉하므로써 더욱 발전해 나가다'의 뜻.

【染翰】 붓에 먹을 적심. 글을 씀을 말함.

【庶】 '아마도'의 뜻. 흔히 기대의 뜻을 포함하여 쓰는 부사.

부賦

얼마나 옥처럼 뛰어난 자태인가,
넓은 세상 비길 수 없이 뛰어나네.
성을 기울일 만큼 아름다움 나타내며
덕행은 세상에 전해지길 바라네.
울리는 옥 소리와 고결함을 견주고
그윽한 난초와 향내를 다투네.
세속에 살면서도 담박하고 부드러운 정,
높은 구름 밖으로 우아함을 품고 있네.

새벽 빛 금방 저녁 됨을 슬퍼하고
인생이 이리도 고생 많음을 한탄하도다.
누구나 똑같이 백년이면 끝날 인생,
어찌 기쁨은 적고 근심은 많은고!
붉은 휘장 걷어올리고 꼿꼿이 앉아
맑은 소리 거문고 타며 즐거움을 삼을 뿐.
섬섬옥수 내밀어 거문고 타는 솜씨,
흰 소매는 찬연하게 흩날리누나.
그 눈길 아름다워 흐르듯 보는 모습,
말하려다 웃는 모습 웃는지 말하는지.

곡조를 반쯤 타니
해 그림자는 서쪽 창에 떨어지고
상조商調로 슬피 가니 수풀까지 울리고,
흰 구름은 산에 머물러 듣는누나.
눈을 들어 하늘을 보다가
머리 숙여 거문고 줄 급히 튕기네.
신비로운 자태는 아름답기 그지없고
행동거지는 자상하고 곱기도 해라.
맑은 소리 울려 나를 감동시키니
원하건대 무릎 맞대고 말이라도 나눴으면.
달려가 사랑의 맹세를 맺고자 하나
예의를 거슬러 잘못하면 어쩌나.
봉황새 기다렸다 그를 통해 뜻 전하되
다른 사람 나보다 먼저일까 두렵네.
마음은 황급하여 편할 수가 전혀 없고
혼백은 잠깐 사이 아홉 번을 오락가락.

원컨대 옷 중에서 그대의 옷깃 되어
아름다운 머리에 남은 향기 맡고 지고,
밤이 되면 비단옷깃 벗을 때의 슬픔,
끝나지 않을 가을밤이 원망스럽겠지.
원컨대 치마 중에 그대의 치마 끈 되어
그대의 가는 몸을 묶고 싶지만,
아서라, 따뜻하고 추운 계절 바뀔 때마다
옛 옷 벗어 버리고 새 옷 입을 때 어찌할거나.
원컨대 머리카락에서 그대 위해 머릿기름 되어
어깨까지 늘어진 검은 머리 빗겨 주고 싶지만,
슬프다, 아름다운 그대 자주 머리 감아
맑은 물로 씻어 내면 어찌할거나.
원컨대 그대 눈썹에 검은 먹물 되어,
그대의 눈길 따라 드날리고 싶지만
슬프다, 연지 곤지 고운 것만 좋다고 여겨
혹시나 화려한 화장에 지워질까 두렵네.
원컨대 왕골로 그대 돗자리 되어
가을 석 달 그대 약한 몸 편히 해 주고 싶지만,
슬프다, 무늬 놓은 자리가 대신 차지하여
한 해 지나 날 찾을까 두렵도다.
원컨대 실로서 그대 신발이 되어
흰 발에 붙어 다니고 싶지만
슬프다, 행동에 절도를 지키느라
헛되이 침상 앞에 버려질까 두렵도다.
원컨대 낮에 그대 그림자 되어
그 모습 따르면서 서쪽 동쪽 비치고 싶지만
슬프다, 높은 나무 그늘이 가려 안타깝게
때에 따라 따르지 못하면 어쩌나.
원컨대 밤이라면 그대 위해 촛불 되어

기둥 옆에서 옥 같은 얼굴 비춰 주고 싶지만
슬프다, 부상扶桑의 해가 서서히 떠서
갑자기 불꺼져 밝은 빛 사라지면 어쩌나.
원컨대 대나무로 그대 위해 부채 되어
시원한 바람 내며 그대 부드러운 손에 잡히고 싶지만
슬프다, 흰 이슬이 새벽에 내려
멀리서 그대 옷깃만 바라보면 어쩌나.
원컨대 나무로서 그대 위해 오동나무가 되어
그대 무릎의 거문고가 되고지고,
슬프다, 즐거움이 지극하면 슬픔이 오나니
끝내 나를 밀쳐 내고 연주를 그치면 어쩌나.

생각해 보니 내 소원은 어긋날 수밖에 없나니
한갓 근심하며 마음만 괴로울 뿐.
괴로운 마음 껴안고 호소할 곳 없어,
남쪽 숲 걸으면서 배회할 뿐이라네.
이슬 내린 목란 나무 아래에서 쉬면서
푸른 솔 남긴 그늘 아래 몸을 숨기네.
혹시 오가다가 볼 수라도 있었으면
설렘과 두려움이 가슴속에 엇갈린다.
끝내 적막하게 보이지 않으니
홀로 안타까워 공상하며 헛되이 찾아 나섰네.
가벼운 옷자락 거두어 올리고 다시 길을 되돌아서서
석양을 바라보니 탄식만 흐르누나.
걸음을 옮겨 봐도 갈 곳을 잊었네,
안색은 처참하여 얼굴 표정 굳어졌네.
나뭇잎은 우수수 가지에서 떨어지고
공기는 차고 차서 추운 계절 재촉하네.
해는 그림자를 짊어지고 함께 사라지고

달은 구름 끝에서 고운 빛을 내는구나.
새는 슬피 울며 혼자서 돌아오고
짝을 찾는 짐승은 돌아가지 못하네.
한창 시절 이미 저물어 지나가니 슬프기 짝이 없고
이 해도 또 다 가는 것 한스럽구나.
꿈속에서라도 그리운 이 나타날까
정신이 떠돌아 아련하여 찾을 수 없네.
마치 배에 올랐으나 노를 놓친 심정이니
비유컨대 벼랑에 오르면서 잡을 곳이 없는 형세.

이에 필성과 묘성은 창밖에 가득하고
북풍은 쌀쌀하게 불어 오누나.
가물가물 초조함에 잠 못 이루고
온갖 생각에 이리저리 배회하다,
일어나 띠를 매고 아침을 기다리나
섬돌에 쌓인 서리 하얗게 반짝일 뿐.
닭은 날개를 접은 채 울 생각을 아니하고
피리 소리만이 멀리서 구슬프네.
처음에는 묘밀하고 한가하더니
끝날 때는 요량하여 애간장을 다 태우네.
그 사람 여기 있다 생각해 보니
뜬구름에 부탁하여 내 마음을 전하리.
흘러가는 구름은 가면서도 말이 없이
시간도 그를 따라 흘러갈 뿐이로다.
한갓 고통만 겪을 뿐 스스로 슬퍼하니
끝내는 산이 막고 강이 막았네.
맑은 바람 맞이하여 고통 없애고
약한 마음 흘러가는 저 파도에 맡기리.
만초蔓草 시의 남녀 사사로운 만남 나무라고

소남邵南을 읊으면서 뒷구절을 노래하네.
만 가지 염려 털어 내고 성실함 맘 지켜내어
아득히 세상 밖을 떠돌던 내 심정을 쉬게 하리.

夫何瓌逸之令姿, 獨曠世以秀羣;
表傾城之艷色, 期有德於傳聞.
佩鳴玉以比潔, 齊幽蘭以爭芬;
淡柔情於俗內, 負雅志於高雲.
悲晨曦之易夕, 感人生之長勤;
同一盡於百年, 何歡寡而愁殷!
襃朱幬而正坐, 汎淸瑟以自欣.
送纖指之餘好, 攘皓袖之繽紛;
瞬美目以流盼, 含言笑而不分.

曲調將半, 景落西軒,
悲商叩林, 白雲依山.
仰睎天路, 俯促鳴絃;
神儀嫵媚, 擧止詳姸.
激淸音以感余, 願接膝以交言.
欲自往以結誓, 懼冒禮之爲諐;
待鳳鳥以致辭, 恐他人之我先.
意惶惑而靡寧, 魂須臾而九遷.

願在衣而爲領, 承華首之餘芳,
悲羅襟之宵離, 怨秋夜之未央.
願在裳而爲帶, 束窈窕之纖身;
嗟溫涼之異氣, 或脫故而服新.
願在髮而爲澤, 刷玄鬢於頹肩;
悲佳人之屢沐, 從白水以枯煎.
願在眉而爲黛, 隨瞻視以閒揚;
悲脂紛之尚鮮, 或取毀於華妝.
願在莞而爲席, 安弱體於三秋;
悲文茵之代御, 方經年而見求.
願在絲而爲履, 附素足以周旋;
悲行止之有節, 空委棄於牀前.
願在晝而爲影, 常依形而西東;
悲高樹之多蔭, 慨有時而不同.
願在夜而爲燭, 照玉容於兩楹;
悲扶桑之舒光, 奄滅景而藏明.
願在竹而爲扇, 含凄飆於柔握;
悲白露之晨零, 顧衿袖以緬邈.
願在木而爲桐, 作膝上之鳴琴,
悲樂極以哀來, 終推我而輟音.

考所願而必違, 徒契契以苦心.
擁勞情而罔訴, 步容與於南林.

栖木蘭之遺露, 翳青松之餘陰;
儻行行之有覿, 交欣懼於中襟.
竟寂寞而無見, 獨悁想以空尋.
斂輕裾以復路, 瞻夕陽而流歎;
步徙倚以忘趣, 色慘悽而矜顏.
葉燮燮以去條, 氣淒淒而就寒;
日負影以偕沒, 月媚景於雲端.
鳥悽聲以孤歸, 獸索偶而不還,
悼當年之晚暮, 恨茲歲之欲殫.
思宵夢以從之, 神飄颻而不安;
若憑舟之失櫂, 譬緣崖而無攀.

於是畢昴盈軒, 北風淒淒,
惆不寐, 眾念徘徊.
起攝帶以伺晨, 繁想燦於素階.
雞斂翅而未鳴, 笛流遠而清哀.
始妙密而閒和, 終寥亮而藏摧.
意夫人之在茲, 託行雲以送懷;
行雲逝而無語, 時奄冉而就過.
徒勤思以自悲, 終阻山而帶河.
迎清風以祛累, 寄弱志於歸波.
尤蔓草之爲會, 誦邵南之餘歌.
坦萬慮以存誠, 憩遙情於八遐.

【懷逸】瓖逸로 보아야 함. 모두가 뛰어난 옥이나 출중한 능력.

【令姿】아름답고 뛰어난 자태.

【曠世以秀羣】세상에 둘도 없이 특출하게 뛰어남.

【傾城】성을 기울게 할 정도로 아름다움. 한 성의 사람들을 모두 매혹시킬 정도의 미모. 傾國之色, 傾城之色을 말함.《漢書》孝武夫人傳에 이부인의 오빠 李延年이 노래를 잘 불러 자신의 여동생을 두고 “北方有佳人, 絶世而 獨立. 一顧傾人城, 再顧傾人國”이라 함.

【鳴玉】몸에 차고 다니는 옥으로 걸을 때 서로 부딪쳐 소리가 남. 고결함을 뜻함.

【幽蘭】사람이 없는 곳에 자라난 난초.《楚辭》離騷에 “謂幽蘭其不可佩”라 하였고,《孔子家語》在厄篇과《荀子》宥坐篇,《韓詩外傳》(7),《說苑》雜言篇 등에 “芝蘭生於深林, 不以無人而不芳”이라 함.

【易夕】쉽게 해가 짐. 저녁이 쉽게 옴.

【人生之長勤】사람이 살아가면서 오랫동안 근심이 많음을 뜻함. ‘勤’은 ‘憂’의 뜻.《楚辭》遠遊에 “惟天地之無窮兮, 哀人生之長勤”이라 하였고, 王逸의 주에 “傷己命祿, 多憂患也”라 함.

【清瑟】彈琴에서 손가락 연주법이라 함. 龔斌의 주에 徐時綺의《綠綺新聲》을 인용하여 “丿, 泛也, 言右手扣絃, 左手輕浮著弦而應”이라 함.

【纖指】가는 손가락으로 아름답게 표현하는 손가락 연주법이라 함.

【攘】소매를 걷어 팔을 드러내는 것.

【流眄】아름다운 눈빛으로 흘기는 것.

【景】햇빛으로 인한 그림자. 日影.

【悲商】商은 오행으로 金이며 흰색, 계절로는 가을을 뜻함.《禮記》月令에 “孟秋之月, 其音商”이라 함.

【嫵媚】아름다움을 뜻하는 쌍성연면어.

【冒禮】예법에 어긋남. 남녀가 중매없이 사귐을 말함.《孟子》滕文公(下)에 “不待父母之命, 媒妁之言, 鑽穴隙相窺, 踰牆相從, 則父母國人皆賤之”라 함.

【鳳皇】鳳凰과 같음. 고대 高辛氏가 簡狄을 아내로 맞을 때 봉황이 중매를 하였다 함.《楚辭》離騷에 “鳳皇旣受詒兮, 恐高辛之先我”라 함.

【靡寧】불안함, 안녕을 얻지 못함. ‘靡’는 ‘無’와 같음.

【魂須臾而九遷】사람의 혼백이 아주 짧은 사이에 사라져 버림.《楚辭》九章 抽思에 “魂一夕而九逝”라 함.

【宵離】밤이 깊어서야 헤어짐.

【未央】끝이 없음. 다함이 없음.《詩經》小雅 庭燎에 “夜如何其, 夜未央, 庭燎

之光. 君子至止, 鸞聲將將”이라 함.

【黛】눈썹을 그리는 검은 색 화장품의 일종. 白居易의 〈長恨歌〉에 “六宮粉
  黛無顔色”이라 함.

【瞻視】멀리 쳐다보기도 하고 가까이 보기도 하는 눈빛. 《論語》堯曰篇에
  “君子正其衣冠, 尊其瞻視”라 함.

【莞】왕골의 일종. 자리를 짜는데 사용함.

【三秋】孟秋(7), 仲秋(8), 季秋(9)의 가을 석달.

【文茵】花紋席의 돗자리. 혹은 虎皮로 만든 자리라고도 함. ‘文’은 ‘紋’과 같음.
  《詩經》秦風 小戎 “文茵暢轂”의 毛傳에 “文茵, 虎皮也”라 함.

【扶桑】해가 뜨는 곳. 원래는 神木의 이름으로 해가 그 나무 아래에서 떠오
  르기 시작한다 함. 《淮南子》天文訓에 “日出於暘谷, 浴於咸池, 拂於扶桑,
  是謂晨明”이라 함.

【滅景】촛불이 꺼짐.

【藏明】자신의 밝음을 거두고 태양에게 그 밝음을 넘김.

【緬邈】아주 멀리 떠남.

【鳴琴】張華의 〈情詩〉에 “北方有佳人, 端坐鼓鳴琴”이라 함.

【契契】고민하고 괴로워하는 모습. 《詩經》小雅 大東에 “契契寤歎, 哀我憚人”
  이라 함.

【罔訴】하소연할 곳이 없음.

【容與】배회함. 쌍성연면어. 《楚辭》九章 哀郢에 “楫齊揚以容與兮”라 함.

【栖木蘭】《楚辭》離騷에 “朝飮木蘭之墜露兮”라 함. 이슬이 떨어지는 목란
  아래에 서식함. 살아감.

【欣懼】즐거움과 두려움.

【裾】옷섶. 옷섶을 여며 떠나고자 함.

【復路】되돌아 옴. 《楚辭》離騷에 “回朕車以復路兮, 及行迷之未遠”이라 함.

【徙倚】배회하며 앞으로 나가지 못함. 《楚辭》哀時命에 “獨徙倚而彷徉”이라
  하였고, 王逸의 주에 “徙倚, 猶低徊也. 言……獨徘徊彷徉而遊戲也”라 함.

【志趣】‘忘趣’의 오기. (陶澍本) ‘趣’는 ‘趨’와 같음.

【矜顔】얼굴 표정이 엄숙함.

【無攀】잡고 오를 수가 없음.

【畢卯】畢星과 卯星. 모두 28수(宿)의 하나.

【惘】‘炯炯’과 같음. 《正字通》에 “小明也”라 하였고, 《楚辭》哀時命에 “夜炯
  炯而不寐兮, 懷隱憂而歷玆”라 하였고 王逸 주에 “言己中心愁悁, 目爲炯炯

而不能眠, 如遭大憂, 常懷戚戚, 經歷年歲, 以至於此也"라 함.

【伺晨】 아침이 오기를 기다림.

【素階】 서리가 내려 하얀 색을 띤 계단.

【流遠】 피리 소리가 멀리서 아련히 들려옴.

【妙密·寥亮】 모두 피리 소리를 나타내는 雙聲連綿語. 向秀의 〈思舊賦〉序에 "鄰人有吹笛者, 發聲寥亮"이라 함.

【摧藏】 최장. 지극히 애통스러움. 쌍성연면어. '悽愴'과 같음. 古詩 〈爲焦仲卿妻作〉(孔雀東南飛)에 "摧藏馬悲哀"라 함.

【奄苒】 시간이 점점 흘러감을 나타내는 쌍성연면어.

【帶河】 '滯河'의 오기로 봄. 물이 막혀 갈 수 없음. 위 구절의 '阻山'과 상대하여 쓴 말.

【祛累】 그리워하는 고통을 제거해 버림.

【蔓草】《詩經》鄭風 野有蔓草를 가리킴. 이 시는 남녀가 혼기를 놓치고 혼인 약속 없이 사사롭게 만나는 것을 풍자한 것임. "野有蔓草, 零露溥兮. 有美一人, 淸揚婉兮. 邂逅相遇, 適我願兮"라 하였고, 〈詩小序〉에 "男女失時, 思不期而會"라 함.

【邵南】 召南.《詩經》15개 國風의 하나. 모두가 예절에 맞게 배우자를 만나는 아름다운 내용을 담은 것으로 〈詩小序〉에 草蟲의 경우 "大夫妻能以禮自防也"라 하였고, 采蘋은 "大夫妻能循法度也"라 하였으며, 野有死麕에는 "惡無禮野"라 함.

【存誠】 성실함을 지켜냄. 周易 乾卦 文言傳에 "閑邪存其誠"이라 함.

【八遐】 팔방 밖의 아주 먼 곳.

1. 이 글의 제작 연대는 구체적으로 알 수 없으나 도연명이 젊었을 때 지은 것으로 보고 있다.

2. '閑情'은 '사사로운 남녀의 邪惡한 情念을 막고 逸脫의 한계를 짓는다'는 뜻이다. 도연명이 어찌하여 이러한 글을 지었는지에 대하여 蕭統은 〈陶淵明集序〉에서 "白璧微瑕者, 惟在閑情一賦, 揚雄所謂勸百而諷一者, 卒無諷諫, 何足搖其筆端? 惜哉! 無是可也"라고 안타까워하였다.

059 〈歸去來辭〉(幷序)
『귀거래사』

　나는 집이 가난하여 농사를 지어도 자급自給하기가 부족하였다. 어린 아이는 집안에 가득하고 쌀독에는 양식도 없어 살아가는 데에 바탕이 되는 바의 그 어떤 기술도 드러내지 못하였다. 친척과 벗들이 나에게 장리長吏를 해 보도록 여러 번 권하였고 나도 탈연脫然히 그러한 뜻을 품어 이를 구하였으나 길이 없었다.

　마침 사방지사四方之事가 있어 제후께서 혜애惠愛를 덕으로 여겼고 가숙家叔도 나의 빈곤함을 들어 추천하여 드디어 소읍小邑에 임용되었다. 당시에는 세상 풍파가 아직 가라앉지 않아 먼 곳에 나가 일하는 것을 마음속으로 꺼려하였지만 팽택彭澤은 집으로부터 백 리 거리요, 공전公田의 이익은 술까지 얻을 수 있으리라 여겨 곧바로 가겠다고 나선 것이었다. 그런데 며칠이 지나자 그만 권연眷然한 마음에 귀여지정歸歟之情이 솟구쳤으니 어찌된 일인가? 나는 본디 타고난 질성質性이 자연을 그리워하여 억지로 꾸민다고 해서 될 일이 아니었기 때문이었다. 배고픔과 추위가 절박하다고 해도 내 자신을 위배하는 것은 더욱 괴로운 일이었다. 일찍이 남에게 복종하여 일한 것은 모두가 입과 배가 스스로 그렇게 시킨 것이었다. 이에 창연悵然히 강개하여 평소 지녔던 뜻을 깊이 부끄러워 하였다. 오히려 1년 만 참아 내고 그 때에는 마땅히 옷을 거두어 밤에 조용히 떠나리라고 기대하였었다. 그런데 얼마되지 않아 정씨程氏에게 시집간 누이동생이 무창武昌에서 죽어, 어서 달려가고 싶은 심정에 그만 직책을 면탈하여 사직하게 된 것이다. 중추仲秋에서 겨울까지 관직에 머문 것은 80여 일, 사정을 이유로 마음내키는 대로 따라 이 글을 「귀거래혜歸去來兮」라 하였다. 을사乙巳 11월이다.

「余家貧, 耕植不足以自給; 幼稚盈室, 缾無儲粟, 生生所資, 未見其術. 親故多勸余爲長吏, 脫然有懷, 求之靡途; 會有四方之事, 諸侯以惠愛爲德, 家叔以余貧苦, 遂見用於小邑. 於時風波未靜, 心憚遠役; 彭澤去家百里, 公田之利, 足以爲酒, 故便求之. 及小日, 眷然有歸歟之情. 何則? 質性自然, 非矯厲所得; 飢凍雖切, 違己交病. 嘗從人事, 皆口腹自役. 於是悵然慷慨, 深愧平生之志. 猶望一稔, 當斂裳宵逝; 尋程氏妹喪于武昌, 情在駿奔, 自免去職. 仲秋至冬, 在官八十餘日. 因事順心, 命篇曰歸去來兮. 乙巳歲十一月也.」

【歸去來辭】 일부 판본에 따라서는 〈歸去來兮辭〉로 되어 있으며 '來'자와 '兮'자는 의미가 없는 어조사이다. 錢鍾書는 《管錐編》(4)에서 "辭作於'歸去'之前, 故'去'後著'來', 白話中尙多同此, 如西遊記第五回女王曰: '請上龍車, 和我同上金鑾寶殿, 匹配夫婦去來!' 又女妖曰: '那裡走! 我和你耍風月兒去來!' 皆將而猶未之詞也"라 함.
【生生】 생활을 유지하고 영위해 나감.
【長吏】 벼슬 이름. 縣丞, 縣尉와 같음. 《漢書》百官公卿表(上)에 "縣令·長, ……皆有丞·尉, 秩四百石至二百石, 是謂長吏"라 함.
【脫然】 '홀연히'의 뜻.
【四方之事】 명을 받들고 사방을 다녀야 하는 업무. 도연명 자신의 벼슬생활 중에 겪었던 일들을 말함.
【諸侯】 여기서는 지방 장관을 뜻함. 구체적으로 建武將軍과 江州刺史를 지냈던 劉敬宣을 가리킴.

【家叔】 집안의 삼촌. 도연명의 숙부인 陶夔. 太常卿을 지냈음.

【小邑】 彭澤縣을 지칭함.

【風波未靜】 나라의 혼란이 아직 安靜되지 못한 상태였음을 말함. 역사적으로 安帝 때 桓玄이 비록 元興 3년(404)에 馮遷에게 피살되었지만 환현의 구세력인 桓振이 江陵을 함락시켜 안제가 구금을 당하자 장군 劉懿와 何無忌가 물러나 尋陽(九江)을 지키고 있었다. 그런가 하면 10월에는 盧循이 다시 廣州를 공격하였으며 義熙 원년(405) 3월에는 안제가 江陵에서 建康으로 풀려나자 환진이 다시 강릉을 공격하였다. 5월에는 환현의 구장 桓亮이 湘州를 공격하는 등 전란이 끊이지 않았음.

【彭澤】 현 이름. 彭蠡湖 근처에 있어 얻은 이름으로 江西 북쪽 長江가이다. 이곳은 도연명의 고향 柴桑(지금의 江西 九江 서쪽)에서 약 1백여 리 거리라 함.

【歸歟之情】 '歸歟'(歸與)의 정.《論語》公冶長篇에 "子在陳, 曰:「歸與! 歸與! 吾黨之小子狂簡, 斐然成章, 不知所以裁之.」"라 하여 고향으로 돌아가고 싶어 하는 심정을 말함.

【矯勵】 정을 억제하고 절조로 독려하다. 여기서는 꾸미다의 뜻.

【人事】 벼슬살이에서의 인간관계 및 업무들.

【稔】 곡식이 익음. 수확을 뜻함.

【斂裳】 행장을 수습하여 짐을 쌈.

【程氏妹】 정씨 집안으로 시집간 도연명의 여동생. 〈祭程氏妹文〉(067) 참조.

【武昌】 지금의 湖北 鄂城. 晉나라 때는 荊州에 속했었음.

【駿奔】 달려가 奔喪함.

【自免去職】 스스로 벼슬을 그만두고 사직함. 이는《宋書》隱逸傳과 蕭統의 〈陶淵明傳〉에 보이는 '五斗米'때문에 사직한 것과 다름.

【乙巳年】 晉 安帝 義熙 원년(405년).

사辭

돌아가리로다.

전원이 장차 황무해 가니 어찌 돌아가지 않으리오?

이미 스스로 마음으로써 육신을 위해 노역을 시켰으니,

어찌 추창惆悵하여 홀로 슬퍼만 하겠는가!

지나간 일은 이러쿵저러쿵 할 수 없음을 깨우쳤고,
다가올 일이나 가히 추구追求할 수 있음을 알았다네.
일을 잃었으나 아직 멀리 벗어남이 아님을 사실로 여기고,
오늘이 옳고 어제가 그릇됨을 깨달았도다!
배는 흔들흔들 가볍게 바람을 타고,
바람은 한들한들 옷깃에 불어 오네.
길손에게 앞길을 물어 보고,
새벽 빛 희미함을 한스럽게 여기네.
드디어 우리 집이 바라보이니,
즐거워 내달아 달려 가도다.
동복僮僕은 즐겁게 맞이하고,
어린 아이들 문에서 기다려 주네.
세 갈래 오솔길은 거의 황폐해졌으나,
소나무 국화꽃은 그래도 남아 있네.
어린 아이 손을 잡고 방안에 들어가 보니,
술 동이 가득 술이 있다네.
술병과 잔을 끌어 혼자서 따르면서,
뜰 앞 나뭇가지 보니 마음 편해 얼굴이 펴지네.
남쪽 창가에 기대어 완한 표정도 지어보고,
무릎을 겨우 용납할 좁은 집이건만 편안함을 느낀다네.
정원을 날마다 간섭하여 즐거움을 이루고,
문을 세웠으나 항상 닫혀 있네.
지팡이로 늙은 몸 의지하여 흐르는 대로 쉬다가,
때때로 고개 돌려 먼 곳도 바라보네.
구름은 무심히 산봉우리에 솟아나고,
새는 날기에 지쳐 돌아올 줄 아는구나.
날이 어둑어둑 서쪽으로 기울려 함에,
한 그루 소나무 어루만지며 그저 맴돌고 있네.

돌아가리로다.
사귐도 쉬고 교유도 끊기를 청하노라.
세상과 나와는 서로 맞지 않으니,
수레 타고 나서서 구할 것이 다시 무엇이리오?
친척들의 정다운 대화를 즐거워하고,
거문고와 독서로 근심 녹이는 즐거움.
농부가 봄이 왔노라 나에게 일러 주니,
장차 서쪽 밭두둑에 할 일이 있도다.
때로는 작은 수레 갖추도록 명령도 하고,
때로는 배 한 척 저어 가기도 하네.
이미 그윽한 골짜기를 찾아도 보고,
역시 험한 언덕도 경유해 보았네.
나무는 즐거워 무성하게 치솟고,
샘물은 졸졸 첫 흐름을 시작하네.
만물이 제 때를 얻음을 부러워하면서,
내의 삶의 행휴行休에 감회가 서리네.

그만 둘지어다.
이 몸 세상에 붙어삶이 그 얼마나 되겠는가!
어찌 마음을 거류去留에 맡기지 않으리오?
무엇을 위하여 허겁지겁 어디로 가려는가?
부귀는 내가 원하는 것이 아니요,
제향帝鄕도 기약할 수 없는 것.
좋은 시절 여겨지면 홀로라도 거닐면 되고,
혹 지팡이 꽂아 놓고 김매기를 하면 되지.
동쪽 언덕에 올라 편안히 휘파람도 불고,
맑은 물에 임해서는 시도 지으면서,
애오라지 자연의 조화를 따르다가 끝을 마치면 되고,
무릇 천명을 즐기면 그 뿐인데 무엇을 의심하리오!

辭

歸去來兮,

田園將蕪胡不歸?

旣自以心爲形役, 奚惆悵而獨悲!

悟已往之不諫, 知來者之可追.

實迷途其未遠, 覺今是而昨非.

舟遙遙以輕颺, 風飄飄而吹衣.

問征夫以前路, 恨晨光之熹微.

乃瞻衡宇, 載欣載奔;

僮僕歡迎, 稚子候門.

三逕就荒, 松菊猶存;

攜幼入室, 有酒盈罇.

引壺觴以自酌, 眄庭柯以怡顏.

倚南窗以寄傲, 審容膝之易安;

園日涉以成趣, 門雖設而常關;

策扶老以流憩, 時矯首而遐觀.

雲無心而出岫, 鳥倦飛而知還;

景翳翳以將入, 撫孤松而盤桓.

歸去來兮, 請息交以絶遊.

世與我而相違, 復駕言兮焉求?

悅親戚之情話, 樂琴書以消憂.

農人告余以春及, 將有事於西疇.

或命巾車, 或棹孤舟;
旣窈窕以尋壑, 亦崎嶇而經丘.
木欣欣以向榮, 泉涓涓而始流;
善萬物之得時, 感吾生之行休.

已矣乎, 寓形宇內, 能復幾時!
曷不委心任去留? 胡爲乎遑遑欲何之?
富貴非我願, 帝鄕不可期.
懷良辰以孤往, 或植杖而耘耔.
登東皋以舒嘯, 臨淸流而賦詩.
聊乘化以歸盡, 樂夫天命復奚疑!

【胡不歸】《詩經》邶風 式微에 "式微式微, 胡不歸?"라 함.
【心爲形役】마음이 몸의 욕구를 위해 사역을 당함. 糊口之策의 삶을 위해
고생함을 뜻함.
【惆悵】괴로워하고 슬프게 느낌. 쌍성연면어. 宋玉 〈九辯〉에 "惆悵兮而私自憐"
이라 함.
【來者之可追】다가올 일은 가히 다를 수 있음.《論語》微子篇의 楚狂接輿가
孔子를 향해 부른 노래. "楚狂接輿歌而過孔子曰: 「鳳兮鳳兮! 何德之衰? 往者
不可諫, 來者猶可追. 已而, 已而! 今之從政者殆而!」孔子下, 欲與之言. 趨而
辟之, 不得與之言"이라 함.
【迷途】길을 잃음. 적극적으로 벼슬에 가담하다가 옳은 길을 놓침을 비유함.
屈原의 〈離騷〉에 "回朕車以復路兮, 及行迷之未遠"이라 함.
【遙遙】陶澍의 校註에 "綠君亭本云: 一作搖搖"라 함. 뱃길이나 뱃머리가 흔들
리는 모습.
【衡宇】衡門으로 대강 얽은 초라한 집.
【載】'又'의 뜻.

【三逕】 오솔길 세 갈래. 이는 東漢 趙岐의《三輔決錄》에 의하면 羊仲과 求仲
　　두 사람의 隱士의 고사를 지칭한 것. 西漢 말 克州刺史 蔣詡는 王莽의 횡포를
　　보고 벼슬을 버리고 杜陵에 은거하였는데 그는 가시로 자신의 집을 가리고
　　살았음. 그의 집 곁에는 오직 세 갈래의 오솔길이 있어 이 길로 당시 같은 뜻
　　으로 은거하고 있던 羊仲과 求仲만이 왕래할 수 있었다 함.(〈與子儼等疏〉 참조)

【寄傲】 세상을 오만하게 노려보는 정서나 눈빛. 陸機의 〈逸民賦〉에 “眄淸霄
　　以寄傲兮”라 함.

【容膝】 무릎을 겨우 용납할 정도의 좁은 공간. 아주 초라한 집을 뜻함.《韓詩
　　外傳》(9)에 “楚莊王使使賚金百斤, 聘北郭先生. 先生曰: 「臣有箕帚之使, 願入
　　計之.」 卽謂婦人曰: 「楚欲以我爲相, 今日相, 卽結駟列騎, 食方丈於前, 如何?」
　　婦人曰: 「夫子李以織屨爲食. 食粥毚履, 無怵惕之憂者, 何哉? 與物無治也.
　　今如結駟列騎, 所安不過容膝; 食方丈於前, 所甘不過一肉. 以容膝之安, 一肉
　　之味, 而殉楚國之憂, 其可乎?」 於是遂不應聘, 與婦去之. 詩曰: 『彼美淑姬,
　　可與晤言』”라 한데서 나온 말.

【扶老】 ‘노인을 부축하다’는 뜻으로 지팡이의 이름.

【鳥倦】 새가 날기를 피곤히 여김. 도연명 자신이 벼슬살이로 힘들었음을
　　상징한 것.

【盤桓】 어슬렁거리며 한가히 산보함. 첩운연면어.

【駕言】 ‘나들이 나가다’의 뜻.《詩經》邶風 泉水에 “駕言出遊, 以寫我憂”라 함.

【巾車】 수건 따위로 대강 덮은 수레.

【善】 부러워함. 羨慕함.

【行休】 곧 끝나다. 생명이 곧 끝나려고 한다는 뜻.

【寓形宇內】 형체(육신)를 우주 안에 기탁하고 있음. 살아감을 뜻함.

【委心】 마음 가는 대로 내버려 둠. 委性과 같음. 嵇康의 〈琴賦〉에 “齊萬物
　　兮超自得, 委性命兮任去留”라 함.

【帝鄕】 天帝가 사는 고향. 이상세계.《莊子》天地篇에 華封人이 堯임금에게
　　한 말.

【植杖】 지팡이를 꽂아 둠. 참고란을 볼 것.

【耘耔】 耘은 ‘김을 매다’이며, 자(耔)는 ‘흙을 북돋워주다’의 뜻. 농사일을 말함.
　　《詩經》小雅 甫田에 “今適南畝, 或耘或耔”라 함.

【歸盡】 죽음을 뜻함.

【天命】 태어난 운명.《周易》繫辭(上)에 “樂天知命, 故不憂”라 함.

1. 이 글은 작자 陶淵明이 晉 安帝 義熙 元年(405, 작자 41세) 乙巳年 11월에 쓴 것으로 알려져 있다. 작품 앞에 幷記하는 序文과 본문에 해당하는 〈歸去來辭〉를 함께 연결한 것으로 辭는 원래 楚辭에서 연유된 것이며 이를 漢代 賦와 묶어「辭賦」라고도 한다. 이 〈귀거래사〉는 일종의 抒情賦에 속한다고 할 수 있다. 도연명은 세속의 벼슬에 뜻이 맞지 않아 致仕하고 田園으로 돌아갈 수밖에 없는 자신의 심회를 아름답게 읊어 田園文學의 眞髓를 보여 주고 있으며, 우리나라 국문학에도 致仕落鄕의 이상적인 인간상을 노래하는 문학에 매우 깊은 영향을 미쳤다. 특히 벼슬을 그만두고 과감히 歸去來하게 된 상황을 그가 彭澤令으로 있을 때의「五斗米」사건과 결부시킴으로써 더욱 흥미를 유발하고 있다.

2. 《論語》微子篇

子路從而後, 遇丈人, 以杖荷蓧. 子路問曰:「子見夫子乎?」丈人曰:「四體不勤, 五穀不分. 孰爲夫子?」植其杖而芸. 子路拱而立. 止子路宿, 殺雞爲黍而食之, 見其二子焉. 明日, 子路行以告. 子曰:「隱者也」使子路反見之. 至, 則行矣. 子路曰:「不仕無義. 長幼之節, 不可廢也; 君臣之義, 如之何其廢之? 欲潔其身, 而亂大倫. 君子之仕也, 行其義也. 道之不行, 已知之矣.」

〈播種圖〉漢代 畫像磚 1955 四川 德陽縣 출토

임동석(茁浦 林東錫)

慶北 榮州 上茁에서 출생. 忠北 丹陽 德尙골에서 성장. 丹陽初中 졸업. 京東高 서울教大 國際大 建國大 대학원 졸업. 雨田 辛鎬烈 선생에게 漢學 배움. 臺灣 國立臺灣師範大學 國文硏究所(大學院) 博士班 졸업. 中華民國 國家文學博士(1983). 建國大學校教授. 文科大學長 역임. 成均館大 延世大 高麗大 外國語大 서울대 등 大學院 강의. 韓國中國言語學會 中國語文學硏究會 韓國中語中文學會 會長 역임. 저서에《朝鮮譯學考》(中文)《中國學術槪論》《中韓對比語文論》. 편역서에《수레를 밀기 위해 내린 사람들》《栗谷先生詩文選》. 역서에《漢語音韻學講義》《廣開土王碑硏究》《東北民族源流》《龍鳳文化源流》《論語心得》〈漢語雙聲疊韻硏究〉 등 학술 논문 50여 편.

임동석중국사상100

도연명집 陶淵明集

陶淵明 撰 / 林東錫 譯註
1판 1쇄 발행/2010년 12월 12일
2쇄 발행/2014년 3월 1일
발행인 고정일
발행처 동서문화사
창업 1956. 12. 12. 등록 16-3799
서울강남구신사동도산대로163(신사동,1층) ☎546-0331~6 (FAX)545-0331
www.dongsuhbook.com
잘못 만들어진 책은 바꾸어 드립니다.

✱

사업자등록번호 211-87-75330
ISBN 978-89-497-0645-0 04080
ISBN 978-89-497-0542-2 (세트)